# グローバル・イスラーム金融論

吉田悦章

ナカニシヤ出版

# 目　　次

## 序　章　イスラーム金融のグローバル化をどう捉えるか……3

1　課題の所在と問題意識　3
2　本書の主題と目的　5
3　先行研究および本書の意義と視座　7
4　本書の構成　12

## 第1章　現代イスラーム金融取引の基底……14

1　はじめに　14
2　市場拡大とグローバル化　19
3　金融商品・市場の基本的枠組み　23
4　イスラーム金融取引の基礎契約概念　27
5　小　括　36

## 第2章　イスラーム金融の国別発展形態と環境要因……38

1　はじめに　38
2　国別発展に関する宗教性と金融発展度合いによる類型の枠組み　42
3　各類型における特徴　57
4　各類型を超えるグローバル展開を支えた種々のインフラ　67
5　小　括　82

## 第3章　イスラーム金融の「周縁地域」における発展経路…84

1　はじめに　84
2　潜在市場型——アフリカ諸国における萌芽——　86

i

3 先端金融型①
     英国，シンガポール，フランスにおける発展　　99
  4 先端金融型②　日本における進展
     ——制度と金融機関の取り組み——　　115
  5 小　括　127

## 第 4 章　イスラーム金融商品の発展系譜 …………………… 128
     ——理念と金融技術の相互作用——
  1 はじめに　128
  2 イスラーム金融の発展に関する 2 つの考え方　129
  3 ムダーラバ・コンセンサスの批判的検討と再解釈　136
  4 コンバージョン・コンセンサスと逆説的捷径　149
  5 小　括　157

## 第 5 章　「地域軸×商品軸ベクトル」によるイスラーム
     　　　　金融市場発展の解釈法 …………………………… 159
  1 はじめに　159
  2 事業環境マトリクスと商品との関係　160
  3 「地域軸×商品軸ベクトル」によるイスラーム金融発展史　165
  4 小　括　172

## 結　論 ………………………………………………………………… 174

＊

  注　　　　178
  参考文献　192
  あとがき　206
  人名索引　211
  事項索引　212

# 図表一覧

| | | |
|---|---|---|
| 1-1 | 主なムスリム・マジョリティ国 | 18 |
| 1-2 | アルバラカ・グループによる海外事業展開 | 21 |
| 1-3 | ムスリム・マジョリティ国のイスラーム金融機関による海外展開の例 | 22 |
| 1-4 | ムスリム・マイノリティ国の金融機関によるイスラーム金融の海外展開の例 | 22 |
| 1-5 | デット取引とエクイティ取引の基本的相違 | 25 |
| 1-6 | 金融市場の分類 | 27 |
| 1-7 | ムダーラバの基本スキーム | 29 |
| 1-8 | ムシャーラカの基本スキーム | 31 |
| 1-9 | ムシャーラカ・ムタナーキサを用いた住宅ローンのスキーム例 | 31 |
| 1-10 | ムラーバハの基本スキーム | 33 |
| 1-11 | イスティスナーウ／サラムの基本スキーム | 34 |
| 1-12 | イスラーム金融における金融取引と代表的な契約概念の関係例 | 36 |
| 2-1 | 国別類型化のための「事業環境マトリクス」 | 47 |
| 2-2 | 事業環境マトリクスに基づく各国の位置づけ | 49 |
| 2-3 | 宗教的要素と金融発展度合による国分類：データに基づく各国の位置 | 50 |
| 2-4 | イスラーム金融実践国の類型例（その1） | 53 |
| 2-5 | 各類型とイスラーム金融の勃興時期 | 55 |
| 2-6 | イスラーム金融実践国の類型例（その2） | 56 |
| 2-7 | 各地域における商品別ウェイト（％） | 58 |
| 2-8 | 制度的諸側面に関するカテゴリごとの評価概観 | 65 |
| 2-9 | スンナ派4大イスラーム法学派と地域の対応 | 69 |
| 2-10 | イスラーム金融の国際機関 | 70 |
| 2-11 | IFSBサミットの開催実績 | 72 |
| 2-12 | 主な実務家向け国際コンファレンス | 76 |
| 2-13 | イスラーム金融教育を提供する機関数（地域別内訳） | 78 |
| 2-14 | イスラーム金融教育を提供する機関数（国別） | 79 |
| 2-15 | イスラーム金融の教育機関（上位10か国） | 80 |
| 2-16 | イスラーム金融の資格を提供する機関 | 80 |
| 3-1 | アフリカのムスリム人口（2010年時点） | 87 |
| 3-2 | 地域別イスラーム金融資産残高 | 88 |
| 3-3 | アフリカ各国のムスリム人口（2010年時点） | 89 |
| 3-4 | イスラーム金融を提供する機関数（国別，2013年時点） | 90 |
| 3-5 | 英国のイスラーム専業銀行 | 101 |

| 3-6 | 英国における政策対応の推移　106 |
| --- | --- |
| 3-7 | ムラーバハ取引認可の根拠：法律 S622/2005，22 段落の要点（筆者要約）　109 |
| 3-8 | イスラーム金融関連の税制改正措置　109 |
| 3-9 | 先端金融型諸国のイスラーム金融の諸側面　115 |
| 3-10 | 銀行法（抜粋）　120 |
| 3-11 | 金融審議会金融分科会第二部会報告書（抜粋）　121 |
| 3-12 | 銀行法施行規則（昭和五十七年大蔵省令第十号）　122 |
| 3-13 | 日本版スクークの基本スキーム　123 |
| 4-1 | 効用関数による図解でみる2つの見地　131 |
| 4-2 | イスラーム金融の商品学的発展略史　135 |
| 4-3 | 全世界の金融資産の内訳　137 |
| 4-4 | 各地域における商品別ウェイト　138 |
| 4-5 | ムダーラバ・コンセンサスの再解釈の概念図　139 |
| 4-6 | エクイティ取引の増加期待に潜む資金不足のリスク　141 |
| 5-1 | 事業環境マトリクスと主な金融商品分野　162 |
| 5-2 | 金融技術の向上と実践国数の増加：面的拡大　164 |
| 5-3 | 「地域軸×商品軸ベクトル」でみるイスラーム金融の発展　165 |
| 5-4 | 中東・北アフリカ地域で広がった初期イスラーム銀行の設立　166 |
| 6 | イスラーム金融研究の接近手法とその循環　176 |

[凡例]

　本書で用いるアラビア語表記については，原則として，大塚和夫・小杉泰・小松久男・東長靖・羽田正・山内昌之編『岩波イスラーム辞典』（岩波書店，2009年CD-ROM版）における転写法に従い，イタリックで示す。ただし，汎用性の観点から通常の英文アルファベットや記号の範囲での表記とするほか，「シャリーア」については，現代イスラーム金融の基本書である Usmani［2005（1998）］やイスラーム法に関する基本邦文文献である両角［2011］に倣い，*Shari'ah* とする。

# グローバル・イスラーム金融論

序章

# イスラーム金融のグローバル化をどう捉えるか

## 1　課題の所在と問題意識

　本書は，現在世界の各地で様々な態様にて実践されているイスラーム金融について，今日みられるようなグローバルな事象に至るまでに発展した経路やその特徴を，主として各国・地域のおかれた社会環境やイスラーム金融取引の商品性・市場特性などの観点から動態的に把握することを試みたものである。

　イスラーム金融は，イスラームという宗教的要素，実践される地域という社会・地理的要素，個々の金融商品に内包されるミクロ合理性的要素，実践の場である市場・国といった制度的要素，それらの時系列での変遷といった歴史的要素など，実に様々な要素を含んでいる。このため，多様なアプローチや複数の学問領域を横断する学際的な分析が可能な研究対象である。

　その点において，本書は，イスラーム金融の地域間比較による地域研究という位置づけのもと，グローバルな文脈からその地域ごとの特徴を整理し，もってイスラーム金融の発展のあり方につき仔細な理解を可能とする枠組みを提供する。従来の研究は，ともすればイスラーム金融をイスラーム世界に固有の金融形態として考察してきた傾向があるのに対して，本書は，イスラ

ーム金融がすでに非イスラーム世界でも実践されていることも踏まえつつ，よりグローバルな地域間比較が可能であり，またそれが必要とされるという立場を採って論考を進める。

　本書では，イスラーム金融が実践されている「現場」，すなわち実際の金融取引の状況や規制体系・法制などの制度・政策について，必要に応じて経済学や金融論，経営学等の理論的枠組みも用いて，具体的事象や統計等による実証的記述により，イスラーム金融の発展について解析・検証を行なう。従来の研究はややもすれば，イスラーム金融の原点にある規範的な理念やイスラーム法学の規定にこだわる傾向が強く，イスラーム金融をその実践から実証的に考察する面が弱かった。本書は，そのような研究上の空白を埋めるという課題に挑戦するものである。

　筆者がそのような問題意識を持つと同時に，実践的な手法を採ることが可能となった背景には，イスラーム金融に関する調査・分析や理論的な考察に加えて，世界各国のイスラーム金融の実務家・当局者・研究者等と継続的に意見交換を実施してきた筆者の経験的知識の蓄積がある。ひとつの契機は，2007年6月に実務家・当局者向け国際会議として英国のロンドンで開催された第1回スクーク・サミット（Sukuk Summit）であった。マレーシア中央銀行のゼティ・アフタル・アジズ総裁（当時）に続き筆者が基調講演を行ない，爾来，同総裁や，そのイベントで同じくスピーカーでありその後ゲートハウス銀行（英国のイスラーム専業銀行）のCEOとなったリチャード・トーマスなどとは，世界各地における公式・非公式の会議の場にてイスラーム金融の近況や将来像に関する率直な意見交換を行なってきた。他にも，イスラーム法学者（定義は第1章の1にて述べる）であるムハンマド・ダウド・バカルをはじめ，クウェートのクウェート・ファイナンス・ハウス，バハレーンのアルキャピタ，マレーシアのCIMBなどといった地場系金融機関，シティバンクやスタンダード・チャータードといった国際的金融機関，シンガポール金融管理局（Monetary Authority of Singapore; MAS）やジブチ中央銀行といった金融当局，マレーシアの国際イスラーム金融大学（International Centre for Education in Islamic Finance; INCEIF）のような教育・研究機関など，実に多様な実務家・当局者・研究者等との間で，会議や面談，電子メールのやり

取りなどという形態で対話の場を持ってきた。こうした場を通じて，筆者は，イスラーム金融のグローバルな発展やその変化の形をその「現場」において直接的に参与観察し，実践的な観点から考察を続けてきた。本書で扱う内容の発案やその根幹となっているのはそのような過程で収集された実践知と考察であり，本書は，金融実務の知見や経済学の論理といった枠組みをも援用しながら，それを体系化することを試みるものである。

## 2　本書の主題と目的

本書では，グローバルな地域間比較の視座から，イスラーム世界および非イスラーム世界におけるイスラーム金融の発展を，地域や国の特性およびグローバル化の両面から捕捉しながら，動態的に考察する。対象とする時代は，20世紀半ば以降のイスラーム金融の黎明期・初動期についての歴史的認識を前提としつつ，2000年代後半から現在までとする。具体的には，次の3つを目的とする。

第1に，イスラーム金融が多くの国で発展している現状について，有意な分類要素をもとに類型化し，その特徴を把握することである。例えば，マレーシアにおいて多様な金融分野（銀行・保険・証券・投資信託等）でイスラーム金融サービスが提供されていることと，バングラデシュにおいて個人向け商業銀行業務を中心にイスラーム金融への取り組みがみられることの違いなどを検証していくが，イスラーム金融という大きな括りで共通する部分に着目するにとどまらず，生起の契機や伸長の過程，今後の見通し，その内容などについて，両国のおかれた環境の違いや金融サービスの性格を明確にすることで，より的確な市場の把握が可能となる。また近年，英国やルクセンブルクなど，ムスリムがマジョリティでない西洋の先進国がイスラーム国債を発行したこと（詳細は第2章の3参照）も考慮すると，「世界各国でイスラーム金融への積極的な取り組みがみられる」と形容するだけでは漠然としすぎており，グローバルなイスラーム金融の現状を把握するためには，より緻密な実態把握と考察が求められている。本書では，とかく各国ごとの記述や国をまたいだ事例の羅列にとどまりがちなイスラーム金融の経年的進展の把握

について，各国をその社会環境から類型化して整理し，グローバル・イスラーム金融の発展との関連性を見出すことを目指している。

　第2の目的は，イスラーム金融のこれまでの歴史が，商品の発展という側面において教義や理念の観点から望ましい方向に向かっているのかを評価することである。現代イスラーム金融は，1970年代半ば以降，着実に成長を続けている。規模や地域の拡大・拡張のみならず，実に多様な金融商品が提供されるようになっており，預金・貸付といった商業銀行業務にとどまらず，資本市場やデリバティブといった高度な金融技術を伴うサービスも取引されている。こうしたイスラーム金融の商品面の発展が，イスラームの教義やイスラーム金融の理念が望ましいとしてきた「ムダーラバ・コンセンサス」［長岡 2011: 5］の方向に沿っているのか否か，実際の発展史と照らし合わせて整理する。とりわけイスラームの理念からイスラーム金融を捉えるアプローチを採る論者は，後述するような損益分担型の資金供与が望ましいと考える傾向があり（＝「ムダーラバ・コンセンサス」），イスラーム銀行が提供する負債性融資という形態の資金供与が大勢である現状を憂慮してさえもいる。こうした考え方について，イスラーム金融の商品性を機能の面で捉えながら，やや批判的観点からの検討も加え，イスラーム金融の商品面での発展ならびにその見通しに関する現実的・客観的な記述を試みる。

　第3に，イスラーム金融がグローバルな発展を遂げる過程とその見通しについて，コンベンショナル金融（＝第1章の1で述べる，通常の金融のこと）との相対比較において捉える観点も踏まえつつ，その評価を試みることである。これは，上述の第1と第2の目的を発展させて，さらに複合的な評価を行なう作業とも言える。また，「イスラーム世界」とその外側，あるいはムスリムがマジョリティである国と非ムスリムがマジョリティである国という完全な区分ができない状況にあって，コンベンショナル金融がイスラーム金融の発展に与える影響についても考察を加える。

　これらの作業により，「イスラーム金融はグローバルに成長している」との単純な認識を超えて，その実態を教義理念の反映のされ方や金融商品の差異を含めてより具体的かつ有意な文脈のもとに捕捉しつつ，現代世界におけるイスラーム金融を地域的特性とグローバル性の両面から実証的に捉えるこ

とが本書の目的である。

## 3　先行研究および本書の意義と視座

　先に述べたとおり，研究対象としてのイスラーム金融は，イスラームという宗教的側面，その実践の場という地理的側面，金融取引という経済的側面など，その多面性ゆえ幾つかのアプローチが可能である。本書の意義と本書が立脚する視座を明確にするため，イスラーム金融に関する学術研究のアプローチを示すと，大きく以下の4つに分類することが可能である。

### （1）　イスラームの宗教・理念からのアプローチ

　イスラーム金融が，ムスリムによって宗教的動機に基づき開発・実践され，発展してきたものであることは明白である。イスラームの禁忌であるリバー（*riba*：金利）やガラル（*gharar*：不確実性）の要素を含まない金融取引を開発する必要があることは，イスラーム金融の商品面の発展をみる上での大前提であり，イスラーム金融のあり方をイスラームの宗教・理念の観点から論じたこのアプローチは，今日の学術研究においても主流であると言える。これは，長岡慎介が「イスラーム金融をめぐる研究の大半は現在にいたるまで，本書が定義するところの近代イスラーム経済学（Modern Islamic Economics）という学問領域によって担われてきた」［長岡 2011: 5］と論じていることと共通する。同書の言う近代イスラーム経済学とは，ここでは，イスラームの理念に基づく経済システムの形成についてイスラームの論理・価値観をもとに解釈する学問領域，という程度に捉えておく。代表例として，ウマル・チャプラやムハンマド・エル＝ガマールのような近代イスラーム経済学者，またムハンマド・タキー・ウスマーニーやムハンマド・ダウド・バカルのようなイスラーム法学者（定義については第1章の1参照）などが挙げられる。主張の内容や研究領域の違いはあるが，いずれもイスラームの理念に基づきイスラーム金融の実践を支える学術的貢献をしている人々である。

## (2) 経済学・金融論からのアプローチ

上記とは対照的に,イスラームの理念(＝宗教的要素)を考慮することなく,その機能や事実を無機的に——経済合理性や論理・データのみに着目して——分析するアプローチに基づく研究業績も,これまでに多くみられている。イスラーム金融が多様な国で勃興・成長し,次第に人々(顧客)の生活に密着したり国際金融市場で注目されたりする存在となっていったことから,ムスリムであろうとなかろうと多くの研究者がその機能を経済学等の言語で表現した。初期の研究業績の代表例としては,イスラーム金融の取引やシステムについて経済学的観点から論じた Khan and Mirakhor [1987] が挙げられる。近年では,金融技術指南の性格が強い書籍や論文も増えている。例えば英国を拠点とし金融分野で強みを持つ出版社であるユーロマネー社の書籍シリーズ(Thomas et al. [2005] や Adam and Thomas [2004] など),国際通貨基金(IMF)による一連の論文(代表例は Sundararajan and Errico [2002] や Jobst and Sole [2012] など)がその一例である。また最近では,イスラーム銀行の収益性比較(コンベンショナル金融との対比や他地域との考量等)など計量経済学を用いた実証分析も増えており[1],これらもこのアプローチに分類される。なお,ここで経済学と言う場合,「マルクス経済学」の存在をあえて考慮すれば,それとの対比において「近代経済学」を意味することとなるが,現代社会科学の学術研究の世界において後者が圧倒的優位にある状況を踏まえると,単に経済学との呼称で事足りるだろう。

さらに,イスラーム金融取引につき,法律(イスラーム法の対義語としての世俗法)の観点での論考も多いが,そうした分野についても,学問的ディシプリンの意味では経済学や金融論でなかったとしても,「世俗の社会科学」という広い意味でこのグループに入ると捉えることができる。Nethercott and Eisenberg [2012] がその代表例である。

## (3) 各国地域研究からのアプローチ

このアプローチは,(1)のような長い歴史により蓄積されたイスラーム法の規範や(2)のような既に体系化・制度化された社会科学的分析枠組みによりイスラーム金融を捉えるのではなく,各国や地域で実践されているイス

ラーム金融の制度や市場について事実を記述することに主眼をおくものである。こうした観点に基づく業績としては，中東経済研究で名高いロドニー・ウィルソンの一連の著作（古くは Wilson［1983］，近年の代表例としては Wilson［2009］など。また商品面の進化を含む Wilson［2002; 2007］など）や，わが国ではアジア経済研究所による情報発信（比較的初期の段階では同研究所発行の『アジア経済』所収の論文［山中 1988; 桑原 1998］，近年では同研究所における研究会「イスラーム金融のグローバル化と各国の対応」（2008～2009年度）の成果である濱田・福田［2010］）などを例として挙げることができる。また，わが国においてイスラーム金融への関心が近年高まったことを背景に，イスラーム金融を紹介する文献が増えたが，そうした文献における各国に関する実態・制度も，学術的な地域研究の業績ではないが，このアプローチに分類することができるだろう。遠藤［2009］や国際協力銀行・海外投融資情報財団［2007: 27-32］がその例である。

### （4） 歴史研究からのアプローチ

（3）として触れた各国地域研究からのアプローチが現在あるいは近年の事実を記述の対象としているのに対して，このアプローチはより長い時間軸でみた史実を編集する手法と整理することができる。イスラーム金融の現代的文脈に限って言えば，その端緒がドバイ・イスラーム銀行やイスラーム開発銀行の設立された1975年のことに過ぎず，たかだか40年余りの実践の軌跡を歴史学的手法で考察するには無理があるかもしれない。ただ，より広く「イスラーム世界の経済史」という範囲で捉えると，そしてその中での金融や資本主義のあり方について論じたのがこのアプローチだと定義すると，例えばムラト・チザクチャ（例［Cizakca 2011］）やアブラハム・ユドヴィッチ（例［Udovitch 1979; 1981］）の業績をここにカテゴライズすることができる。

上記（1）ならびに（2）のアプローチは，加藤［2003: 104-111］の指摘する研究アプローチの2分類にそれぞれ相当するものと捉えることができる。すなわち，イスラームの教義から得られる経済システムを構築する動きとしての「イスラーム経済論」が（1）であり，経済学的手法によりイスラー

経済を解明する「「イスラーム経済」論」に類するものが(2)であると言える。しかし、同論文所収書籍の出版から10年以上が経過し、その間にイスラーム金融の実践が世界的に拡大していく中で、各国の制度を論じた(3)のカテゴリに属する業績は格段に増えた。また、イスラーム金融が興隆したからこそ、またその間に資本主義の帰結の一端として米国発世界金融危機を経験したからこそ、その現状を歴史的パースペクティブのもとで捉え直す(4)の意義も増している。(3)も(4)も、加藤の2分類に従えば「「イスラーム経済」論」なのかもしれないが、上述のとおり、(2)、(3)、(4)はそのディシプリンを互いに大きく異にするものであるため、アプローチを4種に分けたことには意味があるだろう。

　もちろん、上述した4種のアプローチについて、ひとつのアプローチがそれ以外のアプローチから常に完全に独立しているとは限らない。例えば、歴史研究のアプローチにおいてイスラームの理念を交えた諸制度を読み解く作業は必要になる場合もある。経済学的手法に基づきイスラーム金融市場の実証分析を実施する上で、そこで対象とする各国の制度の確認なしには実証モデルが意味を成さないことも多い。

　本書の目的については本章の2で既に述べたとおりであるが、上述の4種のアプローチを踏まえながら本書で採用する手法を予め示すと、「必要に応じてイスラーム法の理念を金融取引の生起・変化の理由として考慮しつつ、主として経済学・金融論などの社会科学的方法論を採用して、地理的対象としてグローバル市場を捉えた学際的アプローチ」ということができるだろう。先に長岡が指摘したとおり、現代イスラーム金融に関する業績の多くはイスラーム的価値観を前面に押し出す手法に依拠したものと言えるが、本書においては、そうしたイスラームの理念や価値観に言及することはあっても、また分析の枠組みにそれを取り入れることはあっても、各章各節における筆者の主張がそれに全面的に依拠することはない。あくまで、現象としてのイスラーム金融市場の発展を事実として捉え、その質や関係性を整理することに分析の主眼をおいている。その意味で、本書の立脚する考え方——全部ではなくともその大部分——は、長岡の言う「現実重視の立場」[長岡 2011: 6]であると言うこともできる。本書の意義は、ともすれば規範性が強い性格か

ら現実の市場を考察対象とする上で客観性が不十分となる論考もある「イスラームの宗教・理念からのアプローチ」ではなく，現象を解釈する枠組みとして経済学や金融論が併せ持つ自然科学的手法の要素を用いて，今やグローバル規模となったイスラーム金融の発展の軌跡を事実として解釈することにある。こうしたアプローチによりイスラーム金融市場やその商品構造と正面から向き合うことで，「イスラームの宗教・理念からのアプローチ」にも貢献し得る含意があると考えている。

　加えて本書では，イスラーム金融の発展をグローバルな現象として捉え，それは洋の東西を問わず，また宗教を問わず考察の対象としている。その上で，ともすれば事実の羅列にとどまりかねない「各国研究のアプローチ」にありがちな執筆スタイルではなく，国や地域に関する有意な要素分類や結合，その比較などを強く意識して論考を進める。

　そもそも社会科学は，論理・事実からなる自然科学的な要素と，感情・想像を対象とする人文科学的要素の双方を兼ね備えた学問である。著述家の西部邁は，「社会科学は二面的な表現法を採る。文芸・人文知にたいしてはミュートス（物語性）の肢を，自然科学知にたいしてはロゴス（論理性）の肢をのばしてそれぞれを理解しようとする。（中略）社会科学は科学的理性に依存するのでもないし文学的完成に頼るものでもない。むしろ両者の絶妙な混合あるいは化合をめざして，自分に独自の文体を煉るのである」と述べた［西部 1991: 11-12］。この文脈において，本書が記述対象とするイスラーム金融は，宗教という人文科学的側面と，金融取引という自然科学的性格を兼ね備えた研究対象と捉えることができるだろう。折しも，確率論的マクロ経済学の進展や金融工学の隆盛などますます自然科学性を強める経済学・金融論においても，他方で人間の心理学的側面を考慮に入れた行動経済学・行動ファイナンスの分野が進展をみせる(2)など，人間の心理や限界（不完全合理性）を前提とした部分も意識されるようになっている。イスラームの理念という人文的要素を踏まえながら，金融取引・市場の現実を客観的に解釈する本書は，広い意味ではこうした社会科学の学際性に立脚した論考と捉えることができる。

## 4　本書の構成

　以上述べたような研究スタンスに立脚して，次章以降で現代イスラーム金融のグローバルな発展の様子を読み解いていく。本書の構成は，次のとおりである。
　第 1 章「現代イスラーム金融取引の基底」では，現代イスラーム金融の動態的発展を把握するために必要な前提として，イスラーム金融市場の現状に関するスナップショット，利子が禁じられるイスラーム金融の基礎契約概念，金融の一般論としての商品性や市場の枠組みなどについて，基礎事項を簡潔に整理する。
　第 2 章「イスラーム金融の国別発展形態と環境要因」では，中東諸国やマレーシアなどのムスリムがマジョリティを占める国々に加え，ムスリムがマイノリティである国においてもイスラーム金融への取り組みがみられる現状を踏まえ，そうした要素も環境要因のひとつに加えながら，世界各国でイスラーム金融への取り組みがみられている状況について考察する。こうした作業により，イスラーム金融の実践のされ方が画一的で平板なものではなく，ある国がおかれた環境特性によって異なり，そのため環境要素による幾つかの分類が可能となることを説明する。
　第 3 章「イスラーム金融の「周縁地域」における発展経路」では，第 2 章で用いた枠組みを実証するための事例研究として，アフリカ諸国ならびにムスリムがマイノリティである国におけるイスラーム金融の発展の様子を記述する。中東諸国やマレーシアのようにしばしば学術研究や実務情報の対象として取り上げられる地域ではなく，これらの国々（総称して「周縁地域」と呼んでいる）の記述に焦点を当てることで，現代イスラーム金融の地理的拡張の印象が強くなると考えている。また，ここで記述する情報により，イスラーム金融のグローバル化における拡張の実態が，地域カテゴリごとの違いを含めて，より具体的に示される。
　第 4 章「イスラーム金融商品の発展系譜——理念と金融技術の相互作用」では，イスラーム金融市場の発展を把握する上での考察対象に金融商品とい

う軸を加え，イスラーム金融の具体的な商品の発展系譜を実例とともに辿り，グローバルな発展を解読する上での視点を提供する。また，具体的商品の発展史を追うだけでなく，その背後にあるイスラームの理念との関係についても考察を加える。これは，イスラーム金融の将来像を描く上での有用な枠組みとなる。

　第 5 章「「地域軸×商品軸ベクトル」によるイスラーム金融市場発展の解釈法」では，第 2 章の地理的な類型次元に，第 4 章で述べた「商品」という軸を加え，「地域軸×商品軸ベクトル」という概念として，グローバルなイスラーム金融市場につき，その動態的発展の解読を試みる。これは，第 4 章での内容と同様，イスラーム金融の将来像を描く上でも有用な枠組みであり，同章の後段ではその一例の議論を展開する。

　最後に，本書の結論として，全体の議論を総括する。

# 第1章
# 現代イスラーム金融取引の基底

## 1　はじめに

　本書が考察の対象とするのは，現代イスラーム金融である。「現代イスラーム金融」の定義を明確にするため，「現代」と「イスラーム金融」に分けて論を進めよう。

　まず「イスラーム金融」は，イスラームの教義に即した金融サービスの総称である。イスラーム金融サービスが提供される際には，一般に，顧客たるムスリムにとって信頼に足る形態にて，そのサービスがイスラームの教義に即していることにつき認定を取得する過程を経る。現行の一般的なプラクティスとして，イスラーム金融サービスを提供する金融機関は，教義上の有識者（後述する「イスラーム法学者」）により構成される会議体より適格性に関する意見書（「ファトワー」と呼ばれる）を取得することで，教義を遵守していることの認証を得る。逆に，イスラーム金融の特徴として広く知られる利子の禁止について，例えば2人のムスリムの間で，利子なし・元本のみの資金貸借取引が交わされた場合，行為としてはたとえイスラームの教義に抵触しない金融取引であったとしても，有識者によるファトワーを伴っていない取引であるため，現在の一般的な文脈では，これをイスラーム金融とは認識しな

い．また，イスラーム金融の隆盛を背景に，上記の認証プロセスを経ずに「イスラーム投資信託」などと銘打つ金融商品を目にすることもまれにあるが，これも同様の理由によりイスラーム金融の文脈には含まれない．あくまで，イスラーム法学者による認証過程を含む制度化されたものが，本書の記述の対象とするイスラーム金融である．

　なお，上述の定義において「金融サービスの総称」としたのは，具体的には実に多様な形態の商品が既にイスラーム金融サービスとして提供されている現状があるからである．預金，貸付，保険，債券，株価指数，投資ファンド，上場投資信託，デリバティブ（先物，フォワード，スワップ，オプション），証券化商品など，現実の取引量や実績は別としても，品揃えだけみれば既にコンベンショナル金融に概ね匹敵すると言ってもよい．このため，具体的なイスラーム金融商品を呼称する際には，例えば「イスラーム預金」などと，金融商品名に「イスラーム」を付した方が具体性を帯びたものとして伝わる表現となる．それゆえ「イスラーム金融」との語は，総称としての性格が強くなってくるのである．

　次に，「現代」に関するスコープの定義として，1975 年の世界初のイスラーム商業銀行であるドバイ・イスラーム銀行の設立（第 4 章の 1 参照）やイスラーム開発銀行の業務開始に象徴される 1970 年代中盤以降現在までを「現代」イスラーム金融として扱うこととする[1]．既に述べたように，本書の趣旨は，イスラーム金融の「今」をその経緯も含めて動態的に把握し，将来への含意をも得られる解釈やその枠組みを提示することにあるからである．その意味で，例えば石田［1987a: 134-135］が，イスラーム金融の初期段階として 1950～60 年代のパキスタンやエジプトにおけるイスラーム金融の原始的取り組みにつき Wilson［1983: 75-77］を引きつつ記述しているが，上述の定義で言う「現代」より前の時代となるため，本書の直接の対象としては扱わない．また，序章で述べたチザクチャやユドヴィッチに代表される歴史的アプローチが対象とする中世・近世も考察の対象としない．もちろん，今日のイスラーム金融を形成するに至った系譜やその歴史的対比のために，過去のイスラーム金融の態様への言及が適切な場合にはそうしている部分もあるが，それはあくまで現代イスラーム金融の特徴を明確に形容するための作業であ

って，本書における論考の射程は，あくまで上述の定義に言う現代とする，ということである．

こうした現代イスラーム金融を扱う本書を通じて議論の基本となる3つの重要な概念について，本節のこれまでの記述でも若干の言及があったが，以下にて簡潔に説明しておく．

### (1) イスラーム法とその適格性

先にイスラーム金融の定義として，イスラーム法の観点から適格であるとの認定を得た上で提供される金融サービスの総称と述べた．通常，その認定を下すのは，イスラームの知識（'ilm）を持った有識者（'ulama）であり，現代イスラーム金融の文脈において英語で表現する場合，そうした有識者は Shari'ah scholar と呼ばれることが多い．これはシャリーアの語がイスラーム法を意味するとの前提に基づく表現だが，イスラーム法の学術研究者である両角［2011: 2］が言うように，"Shari'ah" の語が他の宗教でもその規範として用いられる場合もあること[2]に鑑み，あり得べき混同を避けるため，本書では，宗教的適格性の認定を下す有識者を意味する表現として「イスラーム法学者」の語を採用することとする[3]．ただし，イスラーム法の観点から適格であることについては，英語でイスラーム金融を扱う文献や実務の世界において Shari'ah compliant というのが通例となっていることに倣い，本書の日本語表記としては「シャリーア適格」とする．これは，「シャリーア適格性」，「シャリーア不適格な金融商品」などといった形態で変化したり追記されたりし得る．また，その関連で，金融取引のシャリーア適格性を審査するプロセスを「シャリーア・スクリーニング」と言い[4]，その過程で不可欠である，イスラーム金融サービスを提供する金融機関に通常設置されている，複数名のイスラーム法学者から成る会議体を「シャリーア・ボード」と呼称することとする．

### (2) イスラーム金融と対をなす金融

イスラーム金融ではなく，それと対をなす，現在広範に利用されている通常の金融について，英語で conventional の語が通常用いられることに倣い

（例：conventional banking や conventional finance など），本書では「コンベンショナル金融」と表現する。これもやはり，「コンベンショナル銀行」や「コンベンショナル債券」など，変化し得る。conventional の意味として，英和辞書には「伝統的」や「従来型」などの訳語があるが，「伝統」，「従来」などの語が有してしまう「過去のもの」との語感を排除し，あえて片仮名表記とすることで記号論的に「イスラーム金融ではない金融」を表現することとし，このような表記を採用する。[5]

### （3） ムスリム・マジョリティ国／ムスリム・マイノリティ国

次節にて述べるとおり，イスラーム金融は既にグローバル化している事象であり，それは，ムスリムが大半を占める中東や東南アジアなどの幾つかの国にとどまらず，ムスリムがほとんどいないいわゆる西洋世界の国々にも及んでいる。両者を区別することでグローバル化の議論を展開しやすくなるため，便宜上，それぞれのグループを次のとおり呼称する。ムスリムがマジョリティを占め，あるいはまとまった規模の人口があり，イスラーム協力機構（Organisation of Islamic Cooperation; OIC）に加盟しているなど，主として人口面からムスリムが大勢である国を「ムスリム・マジョリティ国」と呼ぶ。そして，それ以外の国を「ムスリム・マイノリティ国」と表現する。ここでは，世界の全ての国についてその両者のどちらかに厳密に二分することを目的としていないが，そのイメージを摑むため Pew Research Center ［2011］による 2010 年時点の国別ムスリム人口推計データにより，主なムスリム・マジョリティ国を抽出して**図表 1-1** に掲載した。同図表への採択基準は，ムスリム人口の総人口に占める比率が 50% 以上としている。ただし，50% に満たない中で最も比率の高いナイジェリア（ムスリム人口比率 47.9%）については，①ムスリム人口が 7500 万人であり世界第 5 位のムスリム大国であること，②第 3 章の 2 でも言及するとおりイスラーム金融に関する相応の実績がみられること，の 2 つの理由により意図的に図表に含めた。

なお，同図表の読み方としては次の点に留意が必要である。まず，Pew Research Center ［2011］では，国として認識されていないことも多い地域についてもデータが記載されているが，わが国外務省が国家であることを認定

図表1-1 主なムスリム・マジョリティ国

| 地域 | 国名 | 人口(万) | ムスリム比率（％） | OIC 加盟 |
|---|---|---|---|---|
| 中東 | イラン | 7,482 | 99.7 | ○ |
| | イエメン | 2,402 | 99.0 | ○ |
| | イラク | 3,111 | 98.9 | ○ |
| | ヨルダン | 640 | 98.8 | ○ |
| | パレスチナ | 430 | 97.5 | ○ |
| | サウディアラビア | 2,549 | 97.1 | ○ |
| | シリア | 2,090 | 92.8 | ○ |
| | オマーン | 255 | 87.7 | ○ |
| | クウェート | 264 | 86.4 | ○ |
| | バハレーン | 66 | 81.2 | ○ |
| | カタル | 117 | 77.5 | ○ |
| | UAE | 358 | 76.0 | ○ |
| | レバノン | 254 | 59.7 | ○ |
| 南アジア | アフガニスタン | 2,905 | 99.8 | ○ |
| | モルディブ | 31 | 98.4 | ○ |
| | パキスタン | 17,810 | 96.4 | ○ |
| | バングラデシュ | 14,861 | 90.4 | ○ |
| 東南アジア | インドネシア | 20,485 | 88.1 | ○ |
| | マレーシア | 1,714 | 61.4 | ○ |
| | ブルネイ | 21 | 51.9 | ○ |
| 中央アジア等 | タジキスタン | 701 | 99.0 | ○ |
| | トルコ | 7,466 | 98.6 | ○ |
| | アゼルバイジャン | 880 | 98.4 | ○ |
| | ウズベキスタン | 2,683 | 96.5 | ○ |
| | トルクメニスタン | 483 | 93.3 | ○ |
| | コソボ | 210 | 91.7 | × |
| | キルギスタン | 493 | 88.8 | ○ |
| | アルバニア | 260 | 82.1 | ○ |
| | カザフスタン | 889 | 56.4 | ○ |
| 北アフリカ | モロッコ | 3,238 | 99.9 | ○ |
| | チュニジア | 1,035 | 99.8 | ○ |
| | アルジェリア | 3,478 | 98.2 | ○ |
| | リビア | 633 | 96.6 | ○ |
| | エジプト | 8,002 | 94.7 | ○ |
| サブサハラアフリカ | モーリタニア | 334 | 99.2 | ○ |
| | ソマリア | 923 | 98.6 | ○ |
| | コモロ | 68 | 98.3 | ○ |
| | ニジェール | 1,563 | 98.3 | ○ |
| | ジブチ | 85 | 97.0 | ○ |
| | セネガル | 1,233 | 95.9 | ○ |
| | ガンビア | 167 | 95.3 | ○ |
| | マリ | 1,232 | 92.4 | ○ |
| | ギニア | 869 | 84.2 | ○ |
| | シエラレオネ | 417 | 71.5 | ○ |
| | スーダン | 3,086 | 71.4 | ○ |
| | ブルキナファソ | 960 | 58.9 | ○ |
| | チャド | 640 | 55.7 | ○ |
| | ナイジェリア | 7,573 | 47.9 | ○ |

（出所）　Pew Research Center [2011]．イスラーム協力機構（OIC）ウェブサイト。

していない「西サハラ」と「フランス領マヨット」の2地域については掲載を省略した。次に，とりわけアフリカ地域諸国については，上述の図表掲載基準を満たさなくても，国内にムスリムが多い地域があったりしてイスラーム金融への取り組みがみられているケースがある。アフリカ諸国におけるイスラーム金融の萌芽については本書の第3章の2にて紹介しているが，国ベースで均した比率が低いからといって，イスラーム金融市場が成立する一要因としてのムスリム人口の多さがないということにはならない。このため，同図表に掲載した国の扱いについては参考程度にとどめておくべきである。

図表には，イスラーム協力機構の加盟国であるか否かの情報も掲載したが，結果として掲載国のうち未加盟なのはコソボ共和国のみであった。2008年の独立後間もないため，国際連合への加盟さえ実現していないことが背景と考えられる。ここでは，ムスリム人口比率を基準としたことから，同図表に掲載している。逆に，図表には掲載しなかったがイスラーム協力機構の加盟国となっている国として，ムスリム人口比率の高い順に，ギニアビサウ，コートジボワール，ベナン，モザンビーク，カメルーン，スリナム，トーゴ，ウガンダ，ガボン，ガイアナがある。地域的にはアフリカとラテン・アメリカのみである。

いずれにせよ，本書で扱うのは，まとまったムスリム人口があることがイスラーム金融の成立・発展に寄与しやすいという観点であるため，上述したような国ベースで均した比率が低くともムスリム人口の多さがイスラーム金融取引につながっているケースは多くあり，図表の作成基準も含めると，ある国の**図表1-1**での掲載・非掲載は本書の議論の展開に大きな影響を与えるものではない。

なお，国の概念を特段考慮せず，ムスリム社会の集合を漠然と意味する際には，（既に用いている語ではあるが）「イスラーム世界」と表現することとする。

## 2 市場拡大とグローバル化

既に繰り返し述べているように，現代イスラーム金融はすぐれてグローバ

ル化していることが一つの特徴である。世界各国の現状に関する公式統計はないが，AlHuda CIBE［2015］によれば，世界には90以上の国に1,500ほどのイスラーム金融機関があるとされている。その国の数から判断するに，イスラーム金融はムスリム・マジョリティ諸国にとどまらず，ムスリム・マイノリティ諸国も交えて拡張しており，これをもってグローバル化しているとの評価をうかがい知ることができる。

　片倉もとこはかつて，イスラーム世界の拡張について「これまで，イスラーム圏の広がりについて語られるときには，「アフリカの西からインドネシアにかけて第三世界とよばれる地域に広がり……」というような表現がよく使われた。（中略）イスラームは今や，この地域にかぎらず，ヨーロッパ，アメリカ，ソ連をはじめ，ほとんど全世界に広がっている」と述べた［片倉1991: 4］。ここで言う「イスラーム」を，「イスラーム金融」に置き換えれば――アフリカやインドネシアが第三世界であるかどうかは別として――現代のイスラーム金融の状況をそのまま形容しているとみることもできる。現代イスラーム金融は今や，ほとんど全世界に広がっているのである。

　グローバル化の様子は，個別の民間金融機関の海外展開という文脈からも読み取ることができる。以下にてその事例を紹介する。ただし，地理的に「中東域内」や「アジア域内」といった同一地域内の海外展開は含めていない。例えばUAEの金融機関がバハレーンに拠点を構えた，というようなケースは，ともすれば局地的な現象として矮小化して捉えられかねないからである。また，記述対象とする金融機関について，「ムスリム・マジョリティ国の金融機関」と「欧米系の金融機関」とに分けて論じる。

　ムスリム・マジョリティ諸国の地場系金融機関のグローバル展開の事例として，古くは二つのサウディアラビア系金融グループのグローバル展開がよく知られている[6]。1981年に設立されたDMIグループ（Dar al-Maal al-Islami Group）は，エジプトのファイサル・イスラーム銀行，スーダンのファイサル・イスラーム銀行を抱え，パキスタン，バハレーン，ルクセンブルクなどにも拠点を構えた。また，1982年設立のアルバラカ・グループは，本部機能としてサウディアラビアにアルバラカ投資開発（Albaraka Investment and Development）を設置し，エジプト，スーダン，ヨルダン，シリア，レバノ

ン,トルコ,パキスタン,チュニジア,アルジェリア,南アフリカ,インドネシアに業務拠点を置いた。こうしたグローバル展開の結果,アルバラカ・グループの現在の事業展開国ならびに拠点名称は**図表1-2**のとおりとなっている。

より近代的な現象としては,ムスリム・マジョリティ国の金融機関が2000年代になって地域を越えた海外展開を実施する事例を挙げるべきであろう。**図表1-3**はその代表例である。

さらに,英国やシンガポールなどムスリム・マイノリティ国の金融機関による海外展開も目立っている(**図表1-4**)。もともとコンベンショナル金融業務にてグローバル展開している銀行にとって,各拠点にてイスラーム金融サービスを提供することは,ムスリム・マジョリティ国の地場金融機関が海外展開する場合に比べてハードルが低いとみられるが,そうした面もあるだけにグローバル金融機関がイスラーム金融のグローバル化に果たしている部分は小さくないと言えるだろう。

図表1-2 アルバラカ・グループによる海外事業展開

| 国 | 設立年 | 拠点名称 |
| --- | --- | --- |
| トルコ | 1985 | Al Baraka Turk Participation Bank |
| ヨルダン | 1978 | Jordan Islamic Bank |
| エジプト | 1980 | Al Baraka Bank Egypt |
| アルジェリア | 1991 | Banque Albaraka D'Algerie S.P.A. |
| バハレーン | 1984 | Al Baraka Islamic Bank B.S.C. |
| パキスタン | 1991 | Al Baraka Bank (Pakistan) Limited |
| チュニジア | 1983 | Al Baraka Bank Tunisia |
| シリア | 2009 | Al Baraka Bank Siria S.A. |
| 南アフリカ | 1989 | Al Baraka Bank Limited — South Africa |
| レバノン | 1991 | Al Baraka Bank Lebanon S.A.L. |
| スーダン | 1984 | Al Baraka Bank Sudan |
| サウディアラビア | 2007 | Itqan Capital |
| インドネシア | 2008 | Al Baraka Banking Group, Representative Office, Indonesia |
| リビア | 2011 | Al Baraka Banking Group, Representative Office, Libya |

(出所) Al Baraka Banking Group (B.S.C.) [2013]

**図表1-3　ムスリム・マジョリティ国のイスラーム金融機関による海外展開の例**

| 金融機関名 | 本拠地 | 海外展開先（本拠地以外） |
| --- | --- | --- |
| クウェート・ファイナンス・ハウス | クウェート | バハレーン，トルコ，ヨルダン，マレーシア，オーストラリア，ドイツ，サウディアラビア |
| ドバイ・イスラーム銀行 | UAE | ヨルダン，スーダン，パキスタン |
| カタル・イスラーム銀行 | カタル | イギリス，レバノン，スーダン，マレーシア |
| CIMB | マレーシア | インドネシア，シンガポール，ブルネイ，バハレーン |

（出所）　各銀行ウェブサイト（文末リスト参照）

**図表1-4　ムスリム・マイノリティ国の金融機関によるイスラーム金融の海外展開の例**

| 金融機関名 | 本拠地 | 海外展開先（本拠地以外） |
| --- | --- | --- |
| スタンダード・チャータード銀行 | イギリス | バハレーン，バングラデシュ，ブルネイ，インドネシア，ヨルダン，ケニア，マレーシア，パキスタン，カタル，サウディアラビア，シンガポール，トルコ，UAE，アメリカ |
| HSBC | イギリス | マレーシア，サウディアラビア |
| アジア・イスラーム銀行 | シンガポール | バハレーン |

（出所）　各銀行ウェブサイト（文末リスト参照）

　なお，HSBCについては，図表に掲載した2か国以外にも，かつてはUAE，イギリス，バハレーン，バングラデシュ，インドネシア，シンガポール，モーリシャスにてイスラーム金融業務を展開していた。しかし，2012年10月，世界的な経営再編の一環として，マレーシアとサウディアラビアを除く各国でのイスラーム金融業務からの撤退を決定した経緯がある[7]。

　ところで，やや応用編の記述になるが，ひとつのイスラーム金融機関による海外展開は，各機関に蓄積されたイスラーム金融商品に関するノウハウを各地で利用可能という側面だけでなく，シャリーア・スクリーニングの過程を通じて，国境を越えたイスラーム金融取引の態様の収斂に寄与している可能性がある。というのも，本国の機関本部に附設しているシャリーア・ボードを構成するイスラーム法学者が海外子会社のシャリーア・ボード・メンバ

ーとなるケースも少なくないからである。例えば，先に挙げたクウェート・ファイナンス・ハウスの場合，クウェート本部のシャリーア・ボードを構成するイスラーム法学者4名のうち2名（Sheikh Prof. Dr. Mohammad Abdul Razaq Al-Tabtabae, Sheikh Dr. Anwar Shuaib Abdulsalam）は，マレーシア子会社のシャリーア・ボードにも名を連ねている。ちなみに，海外拠点の位置づけが子会社ではなく支店となっている場合には，本部の機能が及び得るという観点から，本部のシャリーア・ボードのスクリーニングを経る構造にあるため，同一のシャリーア・ボードがシャリーア・スクリーニングを担当するのは，組織の指揮系統体制から考えて明白である。

## 3　金融商品・市場の基本的枠組み

　本節では，本書を通じて展開される金融面の基礎事項について確認しておく。イスラーム金融に限らず，一般的な意味での金融全般に関して商品・市場の制度的枠組みを踏まえておくことで，イスラーム金融の諸側面に関する理解が容易になるからである。
　イスラーム金融の実践の起源を振り返ると，産業革命後に隆盛した近代資本主義型金融システムが利子をベースとしたものであり，20世紀前後以降，そうした金融取引に対してムスリム知識人が反対し，代替する金融システムの創設を訴えたことが背景にある［Iqbal and Molyneux 2005: 36］。すなわちイスラーム金融は，そもそもそれ自体としてイスラーム世界から誕生してきたというよりは，その外部で成立した，教義に反する金融システムに対するアンチテーゼとして捉えることが可能な面がある。こうした経緯もあり，イスラーム金融は，その商品構造や全体的な制度等，あらゆる面においてコンベンショナル金融との共通点は多い。その背景には，これまでに実践されているイスラーム金融商品は，「コンベンショナル金融における同等物の機能をイスラーム法に反さない形で再構築されたもの」とみることができる面があるからである。こうした現況に対して，「イスラーム金融はコンベンショナル金融の擬製（mimic）に過ぎない」とする批判［El-Gamal 2003: 127］や「シャリーア転換技術（*Shariah* conversion technology）」［DeLorenzo 2007］と揶揄

する論調も少なからずみられるが，イスラーム金融市場の実際の発展を考察対象とする上では，——理念に照らした評価は別として——コンベンショナル金融との共通点があることを踏まえておく必要がある。

　ところで，本章の1でも述べたように，イスラーム金融の必要条件でもある「シャリーアに反していないこと」を，本書では「シャリーア適格」と表現する。英語では，とりわけ実務の世界において「*Shari'ah* compliant」との表現が一般化しており，それに相当する邦訳である。「シャリーア遵守」ではルールに束縛されるものという点でやや意味が強すぎ，「シャリーア遵法」ではイスラーム法という意味でのシャリーア自体が世俗的な「法」と誤解されてしまうリスクがあるからである。また，片仮名表記にしないのは，「シャリーア・コンプライアント」あるいは「シャリーア・コンプライアンス」との語がむしろ否定的に捉えられる場合もあるからである。一方で，コンベンショナル金融において，例えば「投資適格」や「適格担保」など，ある一定の基準をクリアしていることを「適格」との表現で意味することも多いため，この語を採用する。

　上述したように，イスラーム金融の商品や市場，また総体としてのイスラーム金融システムを考察する上で，コンベンショナル金融における枠組みを確認しておくことは，イスラーム金融にコンベンショナル金融との共通性があることを踏まえると，極めて重要である。本書においては，特に第4章において金融システムを具体的な取引・市場・商品レベルに分解して考察する部分が多くあることもあり，議論の前提となるコンベンショナル金融の枠組みを以下にまとめておく。

　商品レベルでは，まず——とりわけイスラーム金融の個別取引を議論する上で——デット（負債性）取引とエクイティ（資本性）取引の区別が重要である（**図表1-5参照**）。デット取引は，資金調達者と資金提供者の関係において，資金調達者にとって調達した資金が負債となることからそのように呼ばれる。要するに，返済義務を伴う類の資金取引である。通常，デット取引においては，資金提供の対価として利子が付されるのが大半であり（例外は無利子取引であるが，経済合理性の観点からそうした取引は実際の市場では成立しにくい），それがイスラーム金融の禁じるリバーに相当することから，イスラー

図表1-5 デット取引とエクイティ取引の基本的相違

| デット取引 | | エクイティ取引 |
|---|---|---|
| 償還期限あり | 期間 | 償還期限なし |
| あり | 元本償還義務 | なし |
| 低 | 元本回収リスク | 高 |
| 金利 | 定期的利益 | 配当 |
| 低 | 収益変動リスク | 高 |
| 債権 | 権利 | 財産持分 |
| 優先 | 優先劣後関係 | 劣後 |

(出所) 筆者作成。

ム金融においてデット取引は,コンベンショナル金融の相当取引に比べより複雑なストラクチャリングにて実現されている(次節にて後述)。

　これに対しエクイティ取引は,資金調達者にとって文字通り資本であり,資金拠出者に対する返済の義務はない。デット取引における利子の類のような,予め支払うことが決まっている(＝調達した資金を投入して行なう事業の結果如何にかかわらず支払い義務のある)対価もない。調達した資金を利用して実施した事業が好成績を収め多額の配当を支払うこともあれば,事業が不振に終わり,最悪の場合,資金提供者としては投下資本の回収ができない,ということもあり得る。

　イスラーム金融において,論者によっては,このような損益分担(profit/loss sharing)方式(次節にて後述)がより望ましいとし,デット取引はそれに劣後するとの考え方もある。この点については第4章で検討する。その上でも,また次節におけるイスラーム金融の基礎契約を理解する上でも,デットとエクイティの違いを明確に捉えておくことは極めて重要である。

　ただし金融取引には,デットやエクイティとは異なる性質の類も含まれる。例えば,債務を条件次第で肩代わりするような保証取引,何らかの金融サービスの対価としての手数料,あるいは全くの贈与といった類の取引も実際にみられる。イスラーム金融においてもこれらに相当する取引は存在するが,それらについては本書の必要な個所にて随時説明する。

次に，金融市場の構成要素について概観する。一般に，金融市場の類型法のひとつとして**図表1-6**のような分類がある。間接金融は銀行取引を指す。最終的資金需要者である企業等と最終的資金供給者である個人（マクロ経済学で言う家計部門）等との間に金融仲介機関として銀行が介在し，一方で個人等との預金取引，他方で企業等への貸付を行なうことで金融仲介機能を担うシステムである。他方，直接金融は，そうした金融仲介機関による資金のプール過程を経ずに，資金需要者である企業等と資金供給者である投資家等による直接の取引である。直接金融における金融仲介機関の役割は，資金需要者と資金供給者との間の媒介であり，手数料の徴収はあっても，基本的には資金をプールしたりすることはない（仲介機関自身が投資家の役割を果たすケースはある）。

　また，金融商品を分類するひとつの次元として，金融機関の取引相手（顧客）を基準とし，個人向け（リテール）と金融法人・事業法人・政府向け（ホールセール）に類型化する方法がある。上記の直接金融・間接金融の分類において，直接金融の分野では基本的にはホールセール取引のみと考えてよい。厳密には，リテールの証券市場商品として，個別株式の個人向け販売や個人向け国債，株式・債券向け投資を対象とする個人用投資信託等，多くのものがある。ただしここでは，以下の記述を容易にするためであることをも踏まえ，単純化の観点からそれらを捨象する。

　直接金融について先に述べたデット／エクイティの枠組みを適用すると，エクイティ取引として株式（より広義のエクイティとしてはファンド商品等も含む）と，デット取引である債券に分けることができる。銀行については，その特性から基本的にはデット取引のみを行なう。現実には銀行が投資を行なう場合もあるが，ここでは金融論の教科書などで言う銀行を想定し，融資のみを実行する機関と捉えている。また，**図表1-6**においては保険取引についてイスラーム保険（タカーフル）の現在の市場実勢を踏まえリテール市場としたが，保険取引においても，企業向け取引や保険会社間取引（正確には，保険会社の持つリスクを引き受ける再保険会社との取引）なども含まれ，ホールセール取引も存在する。

図表1-6 金融市場の分類

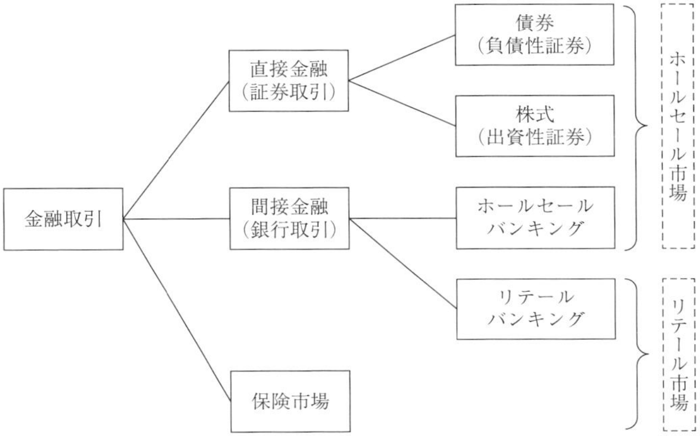

```
                        ┌─ 債券
            ┌─ 直接金融 ─┤  （負債性証券）     ┐
            │  （証券取引）│                  │ ホールセール市場
            │            └─ 株式             │
            │               （出資性証券）    ┘
金融取引 ───┤            ┌─ ホールセール
            │  間接金融  │   バンキング
            ├─（銀行取引）┤                   ┐
            │            └─ リテール         │
            │               バンキング       │ リテール市場
            │                                │
            └─ 保険市場                      ┘
```

（出所）筆者作成。

## 4　イスラーム金融取引の基礎契約概念

　本節では、イスラーム金融の取引において用いられる代表的な基礎契約概念について予めまとめておく。以下に紹介する5つの基礎契約概念はいずれも実際のイスラーム金融取引で一般的に用いられるものである。ただし、これらはあくまで基礎契約概念なのであって、取引として具現化している実際の金融商品ではない点に留意する必要がある。このことについては本節の後段で触れる。また、ここに掲載する契約概念のほかにも幾つかのものが本書において言及されることがあるが、それらについてはその都度説明することとする。

　以下では、イスラーム金融の基礎契約概念を、**図表1-5**で整理したようにデット性取引とエクイティ性取引に分けて論じる。デット性取引においては、資金貸借という性格上、何もしなければイスラーム法で禁止されるリバー（利子）が伴ってしまうため（無利子の資金貸借を除く）、シャリーア適格とするため取引構造上の工夫がなされている点が大きな特徴である。他方で、エクイティ性取引においては、もともとリバーを含まないため、基本的には

第1章　現代イスラーム金融取引の基底　　27

シャリーア適格とするための取引構造上の工夫をする必要がない。

資金提供者としての見返りや報酬の類が存在しない取引（無利子の貸借や贈与）では，資金を持つ者が資金を提供することが著しく少なくなってしまうため，現実の金融システムとして成立することは見込みにくい。イスラーム金融がひとつの金融システムとして成立している背景には，（利子であるかどうかは別として）資金提供者としての見返りや報酬の類が存在している点を指摘することができる。リバーではない見返りや報酬の類については，以下の基礎契約概念の中で説明するが，その対比として，イスラームで禁じられるリバーに関する2つの性質を踏まえておく必要がある。

ひとつは金融限定性である。上記のケースにおいて，資金提供者と資金受領者との契約の範囲が「資金対資金」に限定しているものである場合，返戻時の差額分はリバーと解される。[11]後述する基礎契約概念は，商業や投資等の実体的経済行為を通じて利得を生み出す部分を含んでおり，全てこの金融限定性を克服した取引であるとみることができる。

もうひとつは事前決定型増殖性である。資金提供者から資金受領者に渡り，一定の期間を経て資金提供者に返戻される際に，渡った金額よりも増加して返戻されることが取引開始前に決まっているような取引は，差額が増殖分であるリバーとして禁じられる。換言すれば，次項にて後述する投資取引における配当のように，資金提供の事後的な成果としての増殖分はリバーとは解されない。

以下では，イスラーム金融にて一般に奨励されることの多いエクイティ性取引として2つの基礎契約概念につき説明した後で，デット性取引の3つの基礎契約概念について述べる。いずれの記述も，取引の詳細においては個別のケースや法学派の考え方の違い等々により異なる部分もあるが，以下では一般的な基本形ということで簡潔に要点を説明する。[12]

### (1) ムダーラバ（*mudaraba*）

ムダーラバは，資金を持ちその運用を他者に委託する者と，資金の運用を他者から受託する者の二者によって構成される契約概念である。前者はラッブ・アル＝マール（*rabb al-mal*）と呼ばれ，後者はムダーリブ（*mudarib*）と

図表1-7　ムダーラバの基本スキーム

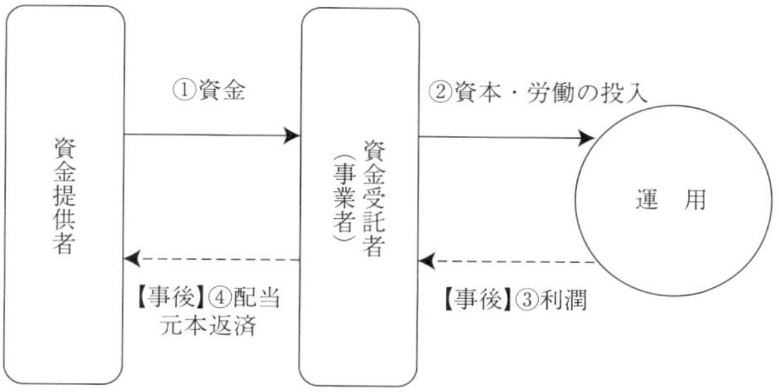

```
[資金提供者] ──①資金──→ [資金受託者(事業者)] ──②資本・労働の投入──→ ( 運用 )
           ←┈┈┈┈┈┈┈┈                    ←┈┈┈┈┈┈┈┈
           【事後】④配当                    【事後】③利潤
            元本返済
```

呼ばれる。ラッブ・アル=マールは、ムダーリブによる運用の結果がプラスの場合、予め定められた割合により配当という形で分配を受ける。逆に、運用により損失が生じた場合、ラッブ・アル=マールは出資金（運用を委託した資金）の一部または全部を失い、ムダーリブは成功報酬たる運用益の一部を失う。こうした性質によりムダーラバはエクイティ性取引であることが分かる。

このように、資金提供者と資金受託者が、運用の結果に応じてともに利得を享受したりともに損失を被ったりする金融取引契約の性質は、イスラーム金融の文脈においてしばしば損益分担方式（profit/loss sharing。PLSとも呼ばれる）と称され、公平を美徳とするイスラームにおいては望ましい金融契約とされている。逆に、イスラームで禁じるリバー（利子）が禁じられる理由のひとつは、資金受領者が事業・運用に失敗した場合であっても一定金額の利子を支払わなければならないことが事前に確定しており、逆に資金提供者は事業・運用の結果のリスクを負わずに一定金額の利子を得ることが事前に確定していることから、不公平な契約となっていることにある。

上述のように、ラッブ・アル=マールとムダーリブの間で授受される配当は、ムダーリブによる資金運用の成果の一部であり、本節にて記述したような、資金提供者が提供した資金が増殖して返戻されたものではないため、イスラーム法に反しないと解されている。

### (2) ムシャーラカ（*musharaka*）

ムシャーラカは，複数の当事者が共同で資金を出資する契約概念である。自己資金より多くの資金を必要としている事業者と，資金を供給可能な資金提供者が，ともに共同出資者となる。出資者は，事業者であろうと資金提供者であろうと，事業の結果が好調であった場合には出資に対する配当を予め定められた割合で受領し，事業が損失を生んだ場合には一定の割合でその損失を負担することとなる。こうした性質があることから，(1)で述べたムダーラバと同様に損益分担方式と整理することができ，エクイティ性取引であることは明らかである。出資者が受ける配当は，出資の結果としてもたらされた利潤の一部であり，資金提供者が提供した資金が増殖して返戻されたものではないため，イスラーム法の禁ずるリバーには該当しない。

ムシャーラカを応用した契約形態であるムシャーラカ・ムタナーキサ（*musharaka mutanaqisa*）も銀行実務においては広く用いられている。ムシャーラカ・ムタナーキサの詳細について，実際に適用されることの多い住宅ローンを例に**図表1-9**を用いて説明する。

住宅購入資金が必要な個人（銀行にとっての顧客）は，購入する住宅を特定した後，資金提供者たる銀行との間で当該住宅取得のための共同出資契約を締結する。顧客は，頭金に相当する初期出資分として一定金額（**図表1-9**中の仮設例では住宅価格の25%）を出資する。残り（75%）は，共同出資者である銀行の持分である。この銀行の持分が，本住宅ローンによる顧客にとっての借入総額に相当するとみてよい。顧客は，本共同出資の開始時より当該住宅へ居住するが，その時点では75%の持分が銀行の所有となっているため，その分の利用料を銀行に支払う。この利用料が一般の住宅ローンにおける利子に相当すると考えてよい。顧客は，一定期間ごとに一定金額を支払って出資持分を買い取るが，これは一般の住宅ローンで言えば返済に相当し，返済するごとに顧客の持分が増え銀行の持分が減少していく。最終償還時には，顧客が銀行からの全出資単位の取得を完了し，一般の住宅ローンで言えば完済となる。なお，銀行の持分が徐々に減少（diminish）していく契約である特徴を踏まえた，ディミニッシング・ムシャーラカ（diminishing *musharaka*）との語も広く用いられる。本書では今後，実務で用いられる英語表現として

図表1-8　ムシャーラカの基本スキーム

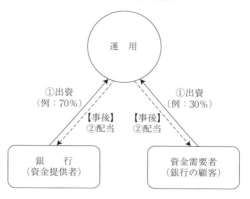

図表1-9　ムシャーラカ・ムタナーキサを用いた住宅ローンのスキーム例

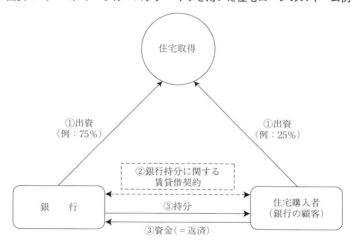

より一般的とみられるこの語を使用することとする。

　なお，このディミニッシング・ムシャーラカがデット性取引かエクイティ性取引かを簡単に論じると，ムシャーラカとの語は含まれるもののエクイティ性取引ではなく，デット性取引と解する方が自然であろう。**図表1-9**を用いた上記の説明においては明確に言及していないが，顧客たる個人が住宅

第1章　現代イスラーム金融取引の基底　　31

に居住する際，一定割合の持分を有する銀行から当該持分を賃借しており[Usmani 2005: 82]，後述するイジャーラ（リースに相当する取引）の契約概念が内包されている。また，通常のムシャーラカでは，出資を受けた事業によって生じる利潤が配当となり資金提供者たる銀行の収益源となるが，上記の例にあるような住宅向けファイナンスにおいて，銀行の収益は銀行の持分の貸与による賃料である。**図表1-5**でデットとエクイティを論じた際の基準でもある，期間が定まっていること，顧客が銀行から持分を全額取得することが事前に決まっていること，一定の収益源が決まっていることなどを踏まえると，ディミニッシング・ムシャーラカはデット性取引であるとの結論が導かれる。その意味で，ディミニッシング・ムシャーラカは，「ムシャーラカ」の名がついてはいるものの，経済効果としては「出資の形態を借りたデット性取引」と解するのが適切と考えられる。

### (3) ムラーバハ（*murabaha*）

次に，デット性取引の基礎契約概念について，その代表格であるムラーバハから説明する。ムラーバハは，商品等の実物資産売買のファイナンスに用いられる基礎契約概念である。説明のための仮設例として，実物資産を自動車とし，イスラーム金融方式での自動車購入用ファイナンスを想定して説明を進める。

自動車の買い手（銀行にとっての顧客）は，購入すべき自動車を特定した上で，銀行に対して自動車販売会社（商品の売り手）からの購入を委託する。購入する自動車を特定するのは，金融取引が実体（実物資産の取引）を伴うものであることを確保するためであり，不確実性・不明瞭性を意味するガラル（*gharar*）の要素を極力排除することを目的としている。形式的には，銀行が自動車販売会社より当該自動車を価格Xにて購入し，銀行はその自動車を$X+a$の価格で顧客に転売する。ここで$a$は銀行にとっての利潤であり，コンベンショナル自動車ローンで言う利子に相当すると考えてよいが，顧客が銀行から借りてそれを返済する際の上乗せ額ではなく，ムラーバハに基づく本取引全体において銀行の代行手数料とも解される利得であり，このためイスラーム法の面からも問題ない契約と解されている。顧客は銀行に対し，一

図表 1-10 ムラーバハの基本スキーム

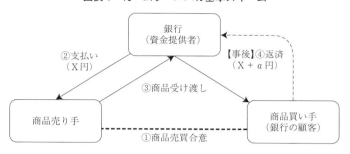

括あるいは分割で，事後に総額 X+a を支払うこととなる。顧客にとっては，自動車購入時点で手許に X の資金がなくとも自動車を取得することができることから，金融サービスを享受できたこととなる。また銀行も，金融取引開始時点で X を供与し一定期間経過後には X+a を得ていることから，金融サービスの供与とそれによる利益を得ることができている。また，この取引において，顧客は銀行が販売会社から取得した価格が X であること，それに上乗せして a が課されていることを知っており，この意味からもガラルの要素が取り除かれていると考えられる。

## (4) イスティスナーウ（istisna'）／サラム（salam）

上述のムラーバハでは，商品の取引に伴いその売買から生じる利潤により利息と同等の効果を得て自動車ローンと同じ機能を持つ金融取引を実現していた。ところが，現実の経済世界では，金融取引が成立する時点では当該実物資産が存在せず，金融取引（いわゆる「前払ファイナンス」）を受けて製造・建設され，完成したところで顧客に渡されるようなケースも多い。このような場合に用いられるのが，イスティスナーウやサラムである。イスティスナーウやサラムでは，銀行が製造や建設を行なう業者に対し実物資産の売買に先んじて代金を支払い，製造・建設業者はその資金をもとに実物資産を生産し，完成したら（形式上）銀行に納入する。銀行は，上乗せ分とともに顧客に転売し，顧客は，銀行が製造・建設業者に支払った金額 X と上乗せ分 a を銀行に支払う。業者に資金を先払いする際，一括して支払うのがサラム，建

図表1-11 イスティスナーウ／サラムの基本スキーム

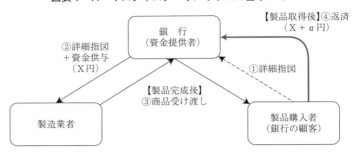

設の進捗等に応じて分割して支払うのがイスティスナーウと一般に認識されている。

また，ムラーバハにおいては金融取引の対象となる実物資産を金融取引契約の締結時点にて特定することで金融取引と実体取引との間のガラル要素を排除したが，イスティスナーウやサラムにおいてはそうした実物資産が金融取引契約の締結時点においては存在しないため，代わりに生産物の製造仕様等の情報を用いて金融取引の対象となる製造・建設取引を特定することで，不確定要素を極力排除する。

ムラーバハと同様，顧客は銀行が業者に支払った金額Xを知った上で，X＋$a$を事後的に銀行に返済する。ムラーバハと同様，上乗せ分$a$は，形式的には銀行が対象実物資産の売買により得た利潤であり，金融限定取引にて得た利子ではないため，リバーではないと解釈される。

(5) イジャーラ（*ijara*）

イジャーラは，コンベンショナル金融で言うリースとほぼ同義の取引である。実物資産の借り手は，その貸し手に対して一定のリース料を支払う。イスラーム金融の考え方では，用益権の対価がリース料であると解釈される。

一般にリース取引には，大きく分けて①実物資産を借りることを主目的としたオペレーティング・リースと，②賃借対象の実物資産を最終的に取得することを目的としたファイナンス・リースの2種がある。イスラーム金融方式でのリース取引においても同様の二分類が可能であり，実際に両者が用い

られているが，いずれの場合においても実物資産の貸し手が借り手から得るリース料は実物資産の利用の対価であり，資金のみの取引ではないことから，イスラーム法の観点でリバーには該当しないと理解されている。

　ファイナンス・リース概念の発展は，リース取引を単に物の賃貸借ではなく，物権取得に必要なプロセスの一部と捉えたことで，金融業界においてリース取引の利用が大きく広がった。同様に，ファイナンス・リースの概念との共通点を多く有する，イジャーラ・ワ・イクティナーウ（ijara wa iqtina'）も広範に活用されている。イジャーラ・ワ・イクティナーウは，最終的な物件取得を前提としたリース取引であり，毎期のリース料も実物資産自体の購入を前提に決定される。

　イジャーラは，後述するようなスクーク（sukuk。イスラーム債券のこと）であれプロジェクト・ファイナンスであれリテールの自動車ローン等であれ，広範に用いられる契約概念である。実物資産の取引を重視するイスラーム経済において，一時的であれ実物資産のリース取引が頻繁に利用されるのは，ある意味自然とも言える。

　イスラーム金融取引に用いられることの多い代表的な基礎契約概念は以上のとおりであるが，先に触れたとおり，上記で述べた契約概念は金融取引が成立する上での基本形であることに留意する必要がある。すなわち，貸付や預金などといった具体的な金融取引を組成する際に適用されるのが上述した契約概念なのであって，概念そのものを金融取引として理解するべきではない。その関係を整理すると，**図表 1 - 12** のとおりである。

　なお，**図表 1 - 12** でも明らかなとおり，契約概念と実際の金融取引とは，1 対 1 で対応するわけではない。例えば，ムダーラバは預金にもファンド投資にも適用される一方，預金取引にはワディーア（預託を意味する契約概念）が利用されることもある。加えて，プロジェクト・ファイナンスやスクークなど構造が複雑になる場合には，ひとつの案件において複数の契約概念が適用されることも頻繁にある。先に紹介したディミニッシング・ムシャーラカの住宅ローンも，単純なケースではあるがそうした事例のひとつである。

図表 1 - 12　イスラーム金融における金融取引と代表的な契約概念の関係例

| 金融取引（例） | 契約概念（例） |
|---|---|
| ローン（住宅ローン，自動車ローン…） | ムラーバハ，イジャーラ，イスティスナーウ，ディミニッシング・ムシャーラカ等 |
| 預金（銀行預金） | ムダーラバ，ワディーア等 |
| 株式，ファンド（不動産等…） | ムシャーラカ，ムダーラバ等 |
| 債券（スクーク） | （裏付取引として）各種 |
| 保険（タカーフル） | ムダーラバ，ワカラ |

（出所）　筆者作成。

## 5　小　　括

　本章では，本書を通じて展開される議論の土台とするため，現代イスラーム金融の基本事項として，市場拡大や金融機関のグローバル化，ならびにその基礎となるコンベンショナル金融も含めた一般的な金融市場・制度につき概観した。

　序章で述べたように，本書は，イスラーム金融がグローバルに拡張し現在の姿となるに至った様子や背景を，有意な要因による枠組みによって整理・解釈することを目的としている。そのために，幾つかの重要な概念・枠組みにつき確認した。

　まず，「ムスリム・マジョリティ国」と「ムスリム・マイノリティ国」。現代イスラーム金融を扱う上で根本的な要因とも言えるが，他方で，ムスリム・マイノリティ国も現代イスラーム金融のサクセス・ストーリーに登場する有力なプレーヤーであることから，この両者を，それぞれ特徴づけながら踏まえておくことは，後の論旨展開に有用である。換言すれば，一国ごとの記述を複数まとめてグローバル市場と解釈したり，様々な国の別々の事象をかいつまんで総体的なグローバル市場とみたりするようなアプローチは採らないということである。このため本章では，一国においてイスラーム金融の

発展の主因のひとつと考えられる，国ごとのムスリム人口（数，比率）について，仔細なデータをもとに，主なムスリム・マジョリティ国を包括的に抽出した。

　次に，イスラーム金融のグローバル化の現状について，90を超える国に及んでいるとみられること，また中東資本の金融グループが1980年代からグローバル展開したり近年では地場系・西洋系の金融グループとも海外展開に積極的であったりすることをもって確認した。

　さらに，金融商品の基本的な枠組みとしてデット性取引とエクイティ性取引があることや，金融市場を観察する上で，直接金融と間接金融，ホールセール市場とリテール市場などの分類軸があることを紹介した。これらの概念はいずれも，第4章を中心とするイスラーム金融の市場や商品を理解する上で肝要である。

　最後に，実際のイスラーム金融取引の基礎となる，代表的な5つの契約概念について説明した。また，こうした契約概念とは異なる「機能」という次元で実際の金融商品があること，また契約概念の商品への適用法が1対1でないことなども併せて述べた。

　次章以降において現代イスラーム金融の市場や商品の発展をみていくが，本章の内容は随所で言及されている。読み進めるうちに不明瞭な箇所があった場合には，本章に立ち戻る作業が有益な場合も多いだろう。

# 第2章
# イスラーム金融の国別発展形態と環境要因

## 1 はじめに

　本章では，イスラーム金融が多くの国で実践されている現状のもとで，その勃興・成長の背景にある社会的環境要因を整理し，各国における多様な実践形態が生じた背景を観察するための枠組みを呈示する。

　現代のイスラーム金融はすぐれてグローバル化しており，多様な国において実践されている。多様性の一端は，その要素別に次のような対立軸により垣間見ることができる。第1に，地域の多様性。バハレーンやアラブ首長国連邦（UAE）をはじめ中東湾岸諸国で盛んにイスラーム金融が取引されている一方，個人の生活においてイスラーム遵守の実践の仕方が中東に比べ緩いとされる東南アジアにおいてもマレーシアの例に言及するまでもなく広く実践されている。このことから，特定の地域のみにみられる事象ではないことが分かる。第2に人口規模の多様性。その東南アジアにおいて，2億人超と世界最大のムスリム人口を有するインドネシアでイスラーム銀行やソブリン・スクーク（＝イスラーム国債）の発行実績が存在する一方，近隣の小国（ムスリム人口は20万人余り）であるブルネイにおいても，同様にイスラーム銀行がありソブリン・スクークが発行されている。イスラーム金融の実践は

大国でのみ観察される現象ではないことを示す好例である。第3に宗教面の非限定性。サウディアラビアのようにイスラームのスンナ派で最も厳格な扱いがみられる国においてイスラーム金融が実践される一方，英国のように必ずしもイスラームを国家運営の礎とせずムスリムがマイノリティである国でも国家によるイスラーム債が発行されるケースがみられている。これにより，イスラーム金融は，ムスリムをマジョリティとする国のみで実践されているものではないことが分かる。第4に，経済や金融の発展度合いの多様性。原油輸出や金融産業の隆盛で経済的に潤う湾岸協力会議（GCC）諸国や一人当たり年間国民所得が12万ドルで世界第1位の国であるルクセンブルクでイスラーム金融ビジネスへの傾倒がみられる例もあれば，アフリカのジブチのように同じ指標で1,500ドルにとどまる後進国においてもイスラーム銀行が存在し，国を挙げて積極的な取り組みがみられている[1]。このことは，イスラーム金融の実践が経済や金融の先進国にとどまるものではなく，いわゆる低所得国を含めて，各地の経済環境に応じた実践の態様があり得ることを示唆している。[2]

　本章では，上述したようなイスラーム金融の環境要因のうち，ベーシックな要素と思われる宗教面と金融発展度合いの2つについて掘り下げて類型化し，イスラーム金融の多様な発展状況を整理して捉える枠組みを構築する。こうした枠組みにより，全世界について国・地域横断的にイスラーム金融の状況を俯瞰し，有意な分類を行なうことで，グローバル化したイスラーム金融の特徴を包括的に捉えることを試みるものである。

　まず，宗教面の要素は，ある国がムスリム人口をマジョリティとしているか否かというものである。ムスリムがマイノリティである国においてもイスラーム金融が実践されている現状を踏まえた，イスラーム金融のグローバル展開をみる上で重要な軸であると言える。次に，金融発展度合いとは，その国の金融セクターが発展しているか発展途上段階にあるか，というものである。この2つの要素の採用は，イスラーム金融が，文字通り「イスラーム」と「金融」という2つの側面から成立していることを正面から捉えたものである。

　これまでに発表されたイスラーム金融の地域研究に関する成果をみると，

一国あるいは一地域（湾岸諸国や東南アジア等）におけるイスラーム金融の発展史や制度に焦点を当てたものや，それらを国ごと・地域ごとにまとめたものが大半である。前者の，一国の制度・市場を記述した類の研究成果は枚挙に暇がないが，ごく一部の例を挙げれば，マレーシアについてまとめたHegazy［1999］やパキスタンを取り上げたKhan and Bhatti［2008］，GCC諸国について紹介したWilson［2009］などがこうしたアプローチに属する。後者の代表例として，例えば濱田・福田［2010］は，ヨルダン，サウディアラビア，エジプト，イラン，パキスタン，湾岸諸国，マレーシア，インドネシア，そしてムスリムがマイノリティである諸国について，それぞれ国別にイスラーム金融の歴史や現状を論じている。また，Henry and Wilson (eds)［2004］では，第2部にて事例研究として，スーダン［Stiansen 2004］，クウェート［Smith 2004］，ヨルダン［Malley 2004］，トルコ［Baskan 2004］，チュニジア［Parks 2004］，エジプト［Soliman 2004］について国別に記述している。さらに，各国の概要や実務家等の寄稿を単純に結合するような編集方針は，実務家向け資料を中心に多くみられており，GIFF［2012］，GIFR［各年］，Islamic Finance news［各年］，Redmoney［2014］などがその例として挙げられる。Warde［2000: Ch. VI］では，各国の社会属性に基づく一定の分類がなされているが，①初期の金融制度全体のイスラーム化が試みられたパキスタン，イラン，スーダン，②コンベンショナル金融との共存がなされた特殊なケースとしてマレーシア，③オフショア中心の金融センターとしてのバハレーンという3種の属性のもと，それぞれの状況が記述されるにとどまっている。また，各国の属性にもう少し踏み込んだ分析例にImam and Kpodar［2010］があり，計量経済学的手法を用いて一国でイスラーム金融が起こる諸要因を分析している。同論文は，ある国でイスラーム金融が起こる要素を，ムスリム人口，金利水準，一人当たり所得，産油国か否か，中東諸国との経済的結びつき，金融システムの発展度合い，マクロ経済の安定性等をもとに推計モデルを作り，データを当てはめて各変数の影響を確認している。もっとも，同論文は，各国のイスラーム金融の状況については，イスラーム銀行数，イスラーム銀行数の全銀行数に占める割合，イスラーム銀行資産残高の全銀行資産残高に占める割合をそれぞれ国別に示しているに過ぎず，地域ご

とや社会環境（ムスリムか否か等）による類型化は全くなされていない。また，GIFR［2013: 38-42］も，同様の問題意識・手法に基づき，ムスリム人口，イスラーム金融サービス提供機関数，イスラーム専業銀行数，イスラーム金融資産規模，スクーク発行額，監督・法制体系，中央集権的シャリーア監督制度，教育機関数を説明変数として，「イスラーム金融国別指数（Islamic Finance Country Index）」を算出しているが，上述の文献について指摘した難点を克服した分析となってはいない。同様に，イスラーム開発銀行グループのイスラーム民間開発公社（Islamic Corporation for Private Sector Development; ICD）が金融情報企業トムソン・ロイターと共同で作成したレポート［ICD and Thomson Reuters 2013］では，①量的な発展度合い，②知識面での充実度，③市場制度，④コーポレート・ガバナンス，⑤啓蒙活動の5つの側面につき，各国別統計を用いながら指数化して「イスラーム金融発展指標（Islamic Finance Development Indicator）」を開発・算出した上で各国をランキングしている。直近である2014年の20傑は，上位より順に，①マレーシア，②バハレーン，③オマーン，④UAE，⑤カタル，⑥クウェート，⑦ヨルダン，⑧パキスタン，⑨サウディアラビア，⑩ブルネイ，⑪スーダン，⑫インドネシア，⑬バングラデシュ，⑭エジプト，⑮スリランカ，⑯シリア，⑰レバノン，⑱イラン，⑲パレスチナ，⑳英国となっている［ICD and Thomson Reuters 2014; 16］。

　Rehman and Askari［2010b］は，各国における経済の自由度・成長力等の経済変数ならびにムスリム人口等のイスラーム社会の変数を指数化して「経済イスラーム度指数（Economic IslamicityIndex）[(4)]」を算出している。しかしながら，経済変数とイスラーム変数を同時に計算しているため，結果として対象208か国中，イスラーム世界各国（定義はOIC加盟国）の最高順位はマレーシアの33位であり，それより上位の32か国において必ずしもイスラーム金融への関与がみられるわけでもないので（例えば，2位デンマーク，4位スウェーデン，6位ニュージーランド等において，イスラーム金融が隆盛する可能性は限りなく低いと言ってよいだろう），本章の参考とはなりにくい。

　本章で呈示する枠組みは，こうした先行研究の，ともすれば弱点とも言える特徴を踏まえながら，イスラーム金融の発展がみられる国の共通属性を意

識して，各国の社会・環境要因の類型化によりイスラーム金融の各国市場を有意に捉えることを可能とするものである。

## 2　国別発展に関する宗教性と金融発展度合いによる類型の枠組み

　本節では，イスラーム金融の実践がみられる各国を有意な形で類型化する枠組みを具体的に説明する。ここで「有意」とは，イスラーム金融の勃興・成長がみられた社会・環境要因が，2つ以上の国において共通にみられていることを意味する。まずは，その枠組みに必要となる，上述した2つの要素——宗教的要素と金融的要素——につき，それぞれの詳細について整理した後，マトリクスによりそれらを同時に観察する。

### (1)　ムスリム・マジョリティ国／ムスリム・マイノリティ国

　イスラーム金融が，根源的にはその名のとおり宗教的動機に基づいて実践されているものである以上，一国におけるイスラーム金融の発展環境をみる上で，その国がムスリムをマジョリティとする国であるかそうでないのかというのは，特筆するまでもなく重大な要素である。すぐれて多様な国で観察される現代イスラーム金融の実践の一側面として，ムスリムのみならず非ムスリムも利用（金融サービスの受益者）ならびに提供（金融サービスの供給者）している現状もある。個人レベルのみならず，金融機関レベルや国家（金融当局）レベルでも非ムスリムの関与がみられており，これは現代イスラーム金融の大きな特徴のひとつでもある。

　ただし，ここで言う「ムスリム・マジョリティ国」あるいは「ムスリム・マイノリティ国」との表現は，幾つかの条件を前提としている点には留意が必要である。まず，一国におけるムスリム人口の割合として，そもそも完全に100％か完全に0％として単純に2つに区別できるわけではない。あくまで，人口のマジョリティをムスリムが占める国とそうではない国，といった程度の基準しか持ち得ない。この点に関する詳細は本節で後述する。次に，イスラームを国教としているか否かという点にはさほど着目していない。イスラーム金融の現代的発展をみる上では，国家の取り組みが色濃く影響して

いる点を意識しなければならないのも確かであるが，①イスラーム金融の発展において民間セクター（供給側としての金融機関や，需要側としての家計部門）の取り組みが大きいこと，②一国におけるイスラーム金融の需要の潜在規模を推し量る上で人口の割合が影響する可能性が高いと考えられること，③長期的にみた考察を前提とすれば政府の施策よりもムスリム比率のような構造要因を捉えるべきだと判断されることなどから，国家の体制如何にかかわらず，まずは人口の割合に着目する。こうした整理の仕方により，例えば，世俗主義を国是とするトルコのような国をムスリム・マジョリティ国に含めることも自然なものとなる。

### (2) 金融先進国／金融途上国

一国におけるイスラーム金融の勃興・成長過程を規定するもうひとつの要因として，全体としてみた（コンベンショナル金融が大半であるが）金融システムの発展度合いに着目し，金融先進国と金融途上国に分ける軸を考察の対象に含める。

これは，イスラーム金融の発展パターンは必ずしもひとつではないものの，一般に「コンベンショナル金融が発展している国においては，ひとたびイスラーム金融への取り組みが始まると一定の成長段階まで発達するスピードが，コンベンショナル金融が発展していない国に比べて速い」という前提に基づいている。イスラーム金融が制度として勃興・発展し一国の金融システムに包含されていく過程(5)において，既存の金融システムが十分に発展している国の方がそうでない国に比べて容易かつ早期にイスラーム金融が発展していくと考えられるということである。イスラーム金融への積極的な取り組みがみられる英国やシンガポールの例(6)を観察すると，そうした前提を置くことが適切であると理解することができる。

こうしたメカニズムについては，経済学の一分野である比較制度分析で言う「制度的補完性」の概念を適用して解釈することが可能である。青木昌彦等の貢献により確立されたこの概念は，例えば一国の経済システムが成立する上で，ひとつの制度の存在・機能が別の制度をより強固なものにしている関係がみられる，ということである［青木 1995: 19-22］。例えば，商取引制度，

貿易制度，金融制度，法制度，決済制度等々は，それぞれがその国の中で互いに独立に成り立っているのではなく，それらが相互に補完し合って成立している，と考え，それゆえ，要素としてのひとつの制度が崩壊すると，同じ国の別の制度にも悪影響を与える，という現象が生じ得ることが示唆される。

　この考え方を，一国の金融システムにおけるコンベンショナル金融とイスラーム金融の関係に応用してみよう。コンベンショナル金融システム全般が有している，金融機関（銀行，証券会社，保険会社等），法制度（銀行法や証券業務法，信託法等の業務関連法，また民法，破産法等，さらには弁護士や裁判制度等），税・会計制度，決済システム，格付制度・格付機関，証券取引所，金融人材等といった関連要素がある国においては，イスラーム金融の諸業務を受け入れる素地があり，イスラーム金融が発展しやすいと考えてよい。逆に，例えばある国でソブリン・スクーク（イスラーム国債）の発行を考える場合，コンベンショナル債券の取引がない国においては，債券を購入する投資家がない，取引を発行体との間でアレンジし投資家に売却する役割を果たす金融機関がない，債券取引を規定する法律や会計制度がない，債券取引を決済するシステム・制度がない，債券の格付を付与する格付会社がない，それらを全て進めるための人材や政府機構がない等といった不都合が生じてしまい，それらの条件を整えるには極めて長い時間がかかってしまうため，ソブリン・スクーク取引は短期間では成立しにくい。

　こうした側面は，イスラーム金融取引の開発・設計過程を考えると分かりやすい。イスラーム金融取引はそもそも，序章で述べたようなデット系の基礎契約概念を用いた取引を中心に，「内部構造としては，シャリーア適格性を得るために，コンベンショナル金融の同等物に比べ複雑な仕組みとなる傾向があるが，表面的には（＝金融機関と取引相手との間では）コンベンショナル金融と同様の経済効果を得ようとして開発・設計された金融取引である」こととも大きく関係している。例えば，イスラーム銀行によるムラーバハに基づく住宅購入用ファイナンスを考えた際（図表1-10参照），コンベンショナルな住宅ローンとの大きな違いのひとつは，後者においては商取引の対象物である住宅が，「販売者→購入者」という経路で流通するのに対し，イスラーム金融である前者においては，シャリーア適格性を確保するため，形式

上「販売者→銀行→購入者」という経路でその所有権が移転する，ということ程度に過ぎない。銀行を経由することで諸契約書等にイスラーム金融取引ならではのコンベンショナル金融との違いは出てくるが，「購入検討時点で資金を持たない住宅購入者が銀行の信用供与機能により住宅を購入することができ，販売者も資金を得ることができる」という金融取引の本質的・根源的な機能の面において，コンベンショナル・ローンとイスラーム住宅ファイナンスとの間に相違はない。その意味で，イスラーム金融は，コンベンショナル金融と全く異なる代物なのではなく，むしろ「内部的に若干の加工を施して，表面ではコンベンショナル金融の同等取引と同じ経済機能を実現した代替品」という見方が成立する[7]。

また，こうした特性を前提とすれば，コンベンショナル金融とイスラーム金融との間には，経済学で言う「範囲の経済性（economies of scope）」が働いていると考えられる。一般に，一企業の生産費用をCとし，2種の生産物 $Y_1$，$Y_2$ を生産しているとして，以下の関係が成り立つ際，範囲の経済性が成立していると定義される。

$$C(Y_1, 0) + C(0, Y_2) > C(Y_1, Y_2)$$

これをイスラーム金融に当てはめると，ひとつの銀行を考えた場合，コンベンショナル金融の生産費用 $C(Y_1, 0)$ と，別の新たな銀行によるイスラーム金融の生産費用 $C(0, Y_2)$ の和よりも，既存の銀行が生産費用 $C(Y_1, Y_2)$ を費やしてイスラーム金融も併せて提供した方が，コストが低く効率的，ということである。これを国レベル（＝金融システム）に応用して考えることもできよう。これまで繰り返し記述してきたように，高度なコンベンショナル金融を有する国がイスラーム金融を提供する方が，コンベンショナル金融の未発達な国が新たにイスラーム金融システムを構築するよりも，効率的にイスラーム金融市場を設立することができる，と考えるのは不自然なことではない。

ただし，このことは必ずしも，金融途上国においてイスラーム金融が発達しない，ということを意味するものではない。近年では，例えばアフリカ諸国等の金融途上国においてもイスラーム金融の導入を図る動きがみられてい

る。重要なのは，そうした国々において，金融先進国に比べ困難が多い場合もあるが，その環境に応じた発展の仕方をしている（あるいはする方向である）ということである。アフリカの発展状況については，第3章の2にて後述する。

　こうしたことから，イスラーム金融の市場をみる上で金融システムの発展度合いに着目する場合，イスラーム金融の具体的な取引分野にも影響を与える面があることに留意したい。金融市場が発達している国では，例えばスクークやイスラーム株式ファンド等の資本市場取引も起こりやすいが，金融市場の未発達な国では，これらの取引の急速な発展は見込みにくい。こうした側面は，イスラーム金融が具体的にどのような取引分野で発展するのか，すなわち預金や小口貸出等のリテール・バンキングのみなのか，それとも債券や株式ファンド等の資本市場商品，またデリバティブや証券化等といった高度な技術を要する商品を含むのか，という，イスラーム金融商品の具体的な表われ方に影響を与える要素であり，一国のイスラーム金融を展望する上では，極めて重要な環境要因である。こうした観点に基づく論考は，第5章にて展開する。

　なお，本章で「金融先進国」と言う際，必ずしも「世界の第一線にある金融センター」に限らず，「イスラーム金融の取り込みを阻害する要素の少ない，一定程度以上の金融システムを具有する国」と定義して議論を進める。本節の後段では，そうした状況を統計データにより定量的に観察している。

### (3) 2つの環境要因を同時把握するマトリクス

　上記で指摘した2つの環境要因，すなわち，ムスリム・マジョリティ国か否か，金融先進国か否か，という2点を，それぞれ縦軸，横軸としてマトリクス化すると**図表2-1**が得られる。これを以後，イスラーム金融の「事業環境マトリクス」と呼ぶこととしよう。各セルでは，その分類の性格に応じてカテゴリの呼称も示している。

　各類型を概観しよう。Ⅰのコア市場型（金融先進＋ムスリム・マジョリティ）は，イスラーム金融の主要な市場である。マレーシア，バハレーン，UAE，サウディアラビアがその代表格と言える。一定の金融インフラ（円滑な金融

図表2-1　国別類型化のための「事業環境マトリクス」

|  | 金融先進国 | 金融途上国 |
|---|---|---|
| ムスリム・マジョリティ国 | Ⅰ：コア市場型 | Ⅱ：潜在市場型 |
| ムスリム・マイノリティ国 | Ⅲ：先端金融型 | Ⅳ：不毛地域型 |

（出所）　筆者作成。

取引を可能とする諸制度）を有し，ムスリムがマジョリティを占める国でもあるため，イスラーム金融が成立しやすいことは想像しやすい。

Ⅱの潜在市場型（金融発展途上＋ムスリム・マジョリティ）は，イスラーム金融が現在発展の途中，あるいは今後に期待が持てる市場，もしくはその両方の国である。国内においてムスリムがマジョリティを占める，あるいは一定割合かつ一定規模で存在するため，イスラーム金融サービスの需要が相応に見込まれる一方で，金融面では発展途上であることから，金融機関や市場インフラが現状では未整備な国である。主として，南アジアやアフリカ地域のムスリム・マジョリティ諸国，中央アジア諸国等を，この潜在市場型に分類することができる。

Ⅲの先端金融型（金融先進＋ムスリム・マイノリティ）は，国内のムスリム人口は少数であるが，金融市場が高度に発展している国々である。こうした国では，グローバル化したイスラーム金融を何らかの形で取り込もうというビジネス面や政策面でのインセンティブが働き，宗教的動機はなくともイスラーム金融を取り込んでいったという傾向がうかがえる。英国，シンガポール，フランス，日本などが該当する。

Ⅳの不毛地域型（金融発展途上＋ムスリム・マイノリティ）は，ムスリム人口がほとんど国内になく，金融市場もさほど発展していない国である。一見するとイスラーム金融とは無縁であるようにも想像されるが，例えばブラジルでは，ハラール食品（主として鶏肉）事業の関連でイスラーム金融の利用が期待されるなど，イスラーム金融との関係がゼロということはない。

以上，各カテゴリの概要について述べたが，実際にこの事業環境マトリクスを用いて各国のイスラーム金融市場を俯瞰する上では，各カテゴリの境界線を厳密なものと捉えるべきではあるまい。ムスリム・マジョリティ国であ

るか否かは，種々の多様な分類基準があり得る。例えば，ムスリム人口比率が8〜9割以上に至らずとも，マレーシア（同6割程度）やブルネイ（同5割程度）などはムスリム・マジョリティ国としてのイスラーム金融市場の性格を有していると考えることができる。また，「ムスリム・マイノリティ国」にも国内に一定割合のムスリム人口がある場合が多い。欧州，アフリカ，アジア，北米等の各国には，人口の数％あるいは数百万人といった規模で国内にムスリムが存在する例があり，このためムスリム・マイノリティ国と分類していても，ムスリムの宗教的動機によりイスラーム金融が誕生するケースがあることも十分に想定される。実際，第3章の3で概観するように，英国において国内ムスリム個人向けの英国イスラーム銀行（Islamic Bank of Britain）が，ムスリム住民が多いバーミンガムを本店として設立された事例はその好例である。

　また，敬虔度合いや教義遵守の態様といった質的要素も一国におけるイスラーム金融市場の生成に影響し得るため，ムスリム人口比率の高低のみがイスラーム金融市場の決定要因でない点にも留意したい。例えば，トルコとマレーシアを比較した場合，両国とも人口のマジョリティがムスリムと言えるが，ムスリム人口比率についてはトルコの99％に対しマレーシアは61％である。第1次世界大戦後の建国時に世俗主義政策を採用したトルコではイスラーム金融がながらく本格的な成長をみせなかった一方，イスラームを国教とし1980年代にマレー人優遇策がとられるほどの土壌があったマレーシアでは，1963年に原始的な取り組みとして政府巡礼基金（Lembaga Urusan dan Tabun Haji）が設立された後，1980年代のイスラーム銀行設立，2002年のソブリン・スクーク発行，2000年代半ば以降の数々のイスラーム金融振興政策など，官民を問わず積極的な取り組みが顕著である。このように，ムスリム人口比率以上の質的要素がイスラーム金融市場の発展の環境要因となり得るのも事実であるが，この枠組みにおいては，一般性を確保するため，大枠としてムスリム・マジョリティ国であればイスラームに親和的な政策がとられ，対極にあるムスリム・マイノリティ国においてはその限りではない，といった二分法的な位置づけ程度に捉えることが適切だと考えている。

　同様に，金融の発展度合いについても，厳密な分類ができるわけではない。

国によって，例えばデリバティブ市場は規制により発達していなくても債券市場が大きかったりするケースや，銀行取引は発達していなくても政府が国債を多く発行していたりする国など，「金融の発展度合い」の基準さえひとつに絞るのは困難である。このため，やはり金融先進国と金融途上国の境界は単一の基準で分断できるものではないと言えよう。

以上の性格を踏まえつつ，**図表2-1**の事業環境マトリクスに各国を例示すると，**図表2-2**が得られる。また，上述のとおり客観的な分類指標とそれを2つのカテゴリに適切に分断する閾値を具体的に設けることは困難ではあるが，**図表2-2**の類型の妥当性を検証するひとつの材料として，一定の前提（後述）に基づき，便宜上，宗教的要素と金融発展度合いの2つを近似的に表わす各国データをプロットして分類すると，**図表2-3**のグラフを得る。

**図表2-3**において，縦軸では一国における「ムスリム人口比率」を表わしている。上述のとおり，「ムスリム・マジョリティ国」を数字で表現する場合，その厳密な具体的定義をデータとして完全に示すのは困難であるが，「ムスリム人口比率」は，次の観点で一定の役割を果たせると考えている。

まず，人口が多いことで，イスラーム金融の国内需要が相応にみられると考えられること。個人向けであれ企業向けであれ，一国におけるムスリムの割合が高い方が，例えばゼロの場合と比べて，需要が大きいことを前提とすることに大きな違和感はないだろう。もちろん，ムスリムの割合が高くても，個々人のイスラーム金融商品への選好が低ければイスラーム金融需要が多く

図表2-2 事業環境マトリクスに基づく各国の位置づけ

|  | 金融先進国 | 金融途上国 |
|---|---|---|
| ムスリム・マジョリティ国 | サウディアラビア<br>バハレーン<br>マレーシア<br>UAE | インドネシア，トルコ<br>パキスタン，バングラデシュ<br>アフリカ（ムスリム・マジョリティ諸国）<br>中央アジア諸国 |
| ムスリム・マイノリティ国 | 英国，フランス，シンガポール<br>香港，オーストラリア，日本 | ブラジル |

（出所）筆者作成。

図表2-3 宗教的要素と金融発展度合による国分類：データに基づく各国の位置

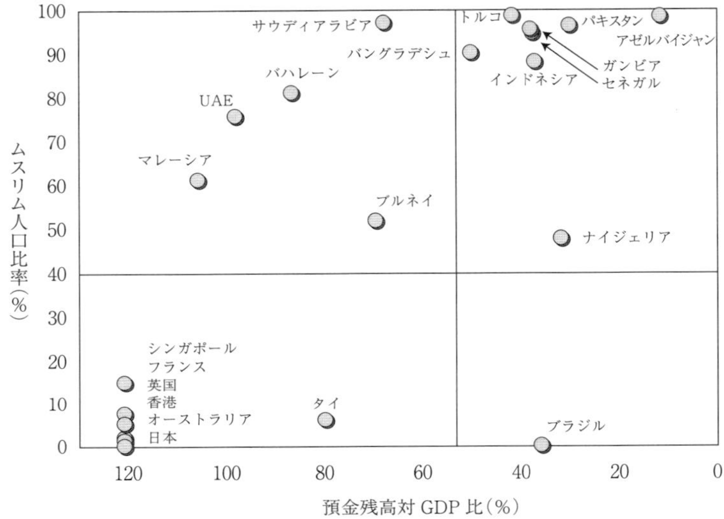

(出所) 世界銀行世界開発指数（2012年），Pew Research Center ［2011］より筆者作成。

ならないケースも想定されるが，各国を同時に観察する共通の客観指標としてムスリム人口比率を用いることに合理性を求めることは可能である。次に，ムスリム人口比率が高ければ，例えば1割にも満たない場合に比べて，政府サイドにおいてイスラームに支援的な政策がとられやすいことも挙げられよう。上述したようなトルコをはじめとする少数の例外を別とすれば，ムスリム人口比率の高い上述の国々において，政治体制としてイスラームにポジティブ，あるいは少なくともネガティブではない政策がとられている。他方，ムスリムがマイノリティである国においては，イスラームを積極的に取り上げることは考えにくく，むしろ欧米諸国等を中心に，宗教の自由に関する原則から，特定の宗教を優遇する政策はとれない国も多い。この意味で，（やはりトルコ等の特殊な事例を除けば）政策面でイスラーム金融の成長を支援する動きがムスリム人口比率の高い国においてはとられやすいとの前提をおくことは可能である。

　このようなメリットを踏まえた上でムスリム人口比率を基準に用いること

としたが，以下のような限界がある点にも留意しておく必要がある。第1に，総人口規模によって，例えば比率が低くても人口が多ければ，イスラーム金融の需要となるムスリム人口が多い国がある。図表1-1に示した国では，ナイジェリアがその代表例である。人口の約半分をキリスト教徒が占めるが総人口が1.7億人，ムスリム人口も9,000万人にのぼる。さらに，一国の中で限られた地域にムスリムが集中している場合，その地域ではコミュニティ銀行などの形でイスラーム金融が誕生しやすいが，例えば同じムスリム人口比率でも国内に散発的にムスリム人口が存在するような状況ではイスラーム銀行の成立は見込みにくいかもしれない。こうした地域集中の要素は，上記で採用したようなムスリム人口比率だけでは表現できない部分である。

　第2に，一国におけるイスラーム金融の成長のしやすさを決定する要素のひとつとして政府の振興姿勢が挙げられるが，それが必ずしもムスリム人口比率によって規定されるわけではない点にも注意が必要である。上述のとおりトルコでは世俗主義の原則がある一方，例えば比率が必ずしも高くないブルネイをみてみると，中華系やインド系等の存在によりムスリム人口比率は5割程度にとどまるが，第29代スルタンであるボルキア（Haji Hassanal Bolkiah Mu'izzanddin Waddaulah）国王（首相・財務相・国防相等も兼任）が宗教的権威でもある点からして親イスラーム的政策がとられやすいことが分かる。実際，天然ガス輸出で潤沢な資金を有するブルネイの財務省が資金調達の必要もないのにソブリン・スクークを発行したことや，同じく財務省が日本のSBIグループと共同でイスラミック未公開株ファンド（イスラミック・プライベート・エクイティ・ファンド）を設立している［SBIホールディングス 2010］ことからも，ブルネイ政府がイスラーム金融の振興に前向きであることがうかがえる。

　金融発展度合いの軸についても，こうしたデータ評価の限界を踏まえる必要がある。図表2-3では，金融深度（financial depth）と呼ばれる指標のひとつとして，一国の経済規模を示す国内総生産（GDP）に対する預金残高の比率を利用した。しかしながら，これがあらゆる観点で金融先進度合いを表現できるわけではない。例えば，先端金融型の国々に特徴的な要素として金融技術の高さが挙げられるが，預金／GDP比率ではそうした要素が明示的

には含まれない。とはいえ，金融技術の点で言えば，例えばマレーシアと英国との違いをこの指標だけで表現することはできないが，金融途上国においては銀行システムが発達しておらず同比率が低くなる一方，金融先進国であれば同比率は必ず高い，という前提は自然であるため，先進国と途上国を分けるという目的は十分に果たせていると考えられる。この点は，本節にて先に述べた「金融先進国」の定義である，「イスラーム金融の取り込みを阻害する要素の少ない，一定程度以上の金融システムを具有する国」とも対応している。なお，同指標は先進国間でも，**図表 2 - 3** に掲載した国だけで 100 前後〜300％超とばらつきがみられたが，この図示における要諦はその高低ではなく，途上国と対比した場合の先進国における相対的高さを表現することであるため，**図表 2 - 3** において先進国の数値は，先進国ダミー変数として全て 120 と置いた。

　ここで，本章の 1 で言及した，各国・地域ごとのイスラーム金融の実践状況を踏まえた類型化に関する 2 つの先行研究との比較を通じ，事業環境マトリクスの見方や優位性を改めて確認しておこう。

　まず鈴木・濱田［2010: 12］では，「推進動機がイスラーム的要因か経済利益的要因か」と「推進者が政府か民間・個人か」という分類軸をもとに，**図表 2 - 4** のとおり分類している。この分類手法は，動機と推進者という生起要因に焦点を当てたものであり，結果としてイスラーム金融の誕生がみられた諸地域が分かりやすく整理されている。他方で，後述するような難点の存在も否めず，結果として，イスラーム金融市場のグローバル化を俯瞰する枠組みとしては適切でないように思われる。

　まず，分類の基準が必ずしも明確ではない。そもそも「イスラーム的要因」と「経済的要因」は必ずしも対立する概念ではなく[15]，このためにひとつの軸に据えた場合に矛盾が起こりえる。例えばマレーシアにおけるイスラーム銀行の成立の土壌を築いたのは，1970 年代の①イスラーム復興運動と②新経済政策であるとの指摘がなされており［中川 2009: 93］，それを前提とすれば，イスラーム的要因と経済的要因の両方があったと分類されてよいはずである。また，推進者についても，例えばシンガポールの場合，確かに国家的戦略としてイスラーム金融の推進を表明し（ゴー金融管理局（MAS）議長に

よる「イスラーム金融がなければ国際金融センターとして不完全」との発言など）種々の政策がとられたことをもって政府主導とみることもできなくはないが，その背景には，ペトロダラーの取り込みを狙った民間金融セクターのニーズがあり，円滑にビジネスを実施するため政府を巻き込み，時には積極関与を進言しながら，イスラーム金融への取り組みを強めていった帰結と解釈することもできる。インドネシアについては，イスラーム金融取引を可能とするための諸施策が実施されソブリン・スクークを発行してもいるが，カタルやバハレーンもそれは同様である。その意味で，分類を実施する上で一定の恣意性あるいは偏りがうかがわれ，客観的な分類となっていない部分があるように思われる。

　次に，ムスリム・マイノリティ国が分析の主対象に含まれていない。当該研究は，中東・北アフリカ諸国，東南アジア諸国といったムスリム・マジョリティ国を中心としたものであることからムスリム・マイノリティ国は付属的な扱いという解釈もあり得るが，すぐれてグローバル化している現代のイスラーム金融の大きな特徴のひとつであるムスリム・マイノリティ国を取り上げていないことは，同論文が所収されている書籍の序章として，あるいは同書籍のベースとなった研究会の名称「イスラーム金融のグローバル化と各国の対応」の成果として，やや不十分との印象を抱かざるを得ない。そして，仮にムスリム・マイノリティ国を**図表2－4**の枠組みに当てはめるとすれば，「経済的利益＋民間・個人」ということになるかと思われるが，例えば第3

**図表2－4　イスラーム金融実践国の類型例（その1）**

| | 分類 | 実態 | 該当国 |
|---|---|---|---|
| A | イスラーム＋政府 | 1980年代に国家のイスラーム化のためイスラーム金融を採用 | イラン，スーダン，パキスタン |
| B | 経済利益＋政府 | 2000年代，経済的利益のためにイスラーム金融を推進 | マレーシア，シンガポール，インドネシア |
| C | 経済利益＋民間・個人 | 金融取引が自由に選択可能→イスラーム金融の選択者増加 | UAE，クウェート，バハレーン，カタル |
| D | イスラーム＋民間・個人 | 政治的な制限のなかでイスラーム金融は黙認／隠蔽 | エジプト，ヨルダン，サウディアラビア，オマーン |

（出所）　鈴木・濱田［2010: 12］

章にて後述する英国やフランス，シンガポール等のあり方と，**図表2-4**にて実際に割り当てられているUAE，クウェート，バハレーン等のイスラーム金融のあり方が同類であるとは考えにくい。

最後に，各類型内におけるイスラーム金融の勃興時期が必ずしも一致しておらず，類型化のインプリケーションが得にくい。**図表2-4**に示したAやCについては，概ね一致した時期に同様の進展があるが，例えばBのうち，マレーシアについて政府がイスラーム金融の成立を推進したのが1983年のイスラーム銀行法（Islamic Banking Act）成立ならびにバンク・イスラーム（Bank Islam）の設立だったとした場合，インドネシアで最初の目立った政策ができるのは1992年の銀行法改正である上，シンガポールに至っては2000年代半ばである（上述のゴー金融管理局議長の方針表明やムラーバハを可能とする銀行法改正，それに関連する二重課税の回避のための予算措置は2005年。詳細は第3章の3参照）。またDについても，ヨルダンのイスラーム金融の商業実践が始まったのは1978年（ヨルダン・イスラーム銀行設立）である一方，オマーンにおけるイスラーム金融ビジネスの端緒を2011年のニズワ銀行への免許付与に求めると，大きな乖離がある。この分類は，そもそもイスラーム金融と国家の関係を論じたものであるので全体的な生起過程は想定していないのかもしれないが，同じ類型内で20〜30年の差異がある枠組みでは，現代イスラーム金融の歴史が40年程度であることも踏まえると，その発展過程を論じる本書の参考とはなりにくい。

その点，**図表2-1**で示した事業環境マトリクスは，上記3つの難点を概ね克服していると評価できる。第1の難点である基準の曖昧さについては，そもそも軸が一次元であるため，曖昧さは存在しない。上述のとおり分水嶺をどこにするかという課題は残るものの，**図表2-3**で示したとおり，実証データにて大枠をつかむことで裏づけが得られているものでもあり，難点は克服されていると考えてよいだろう。第2の難点であるムスリム・マイノリティ国の不在については，軸そのものにムスリム・マイノリティ国が含まれていることから明らかに克服されている。3番目の難点として指摘した勃興時期についても，事業環境マトリクスのもとでの同一類型内では，概ね一致している。この様子を簡単に整理すると**図表2-5**のとおりである。

図表 2-5　各類型とイスラーム金融の勃興時期

| 類型 | 勃興時期 | 国・具体例 |
|---|---|---|
| I | 1980 年前後 | UAE：1975 年，ドバイ・イスラーム銀行設立<br>バハレーン：1979 年，バハレーン・イスラーム銀行設立<br>サウディアラビア：1980 年，ラージヒー銀行がイスラーム金融商品を提供開始<br>マレーシア：1983 年，バンク・イスラーム設立，イスラーム銀行法成立 |
| II | 2000 年代以降 | パキスタン：2003 年，ミーザン銀行開始 (17)<br>インドネシア：2002 年，イスラーム金融発展の青写真策定（ただし，イスラーム銀行は 1992 年から存在）<br>アフリカ：2000 年代，イスラーム金融の導入が相次ぐ（ケニア，南ア，セネガル等）<br>アゼルバイジャン：2012 年，アゼルバイジャン国際銀行がイスラーム金融取引開始（借入も実施） |
| III | 2000 年代半ば〜2010 年前後 | シンガポール：2005 年制度改正（上述），2007 年アジア・イスラーム銀行設立<br>英国：2004 年，英国イスラーム銀行設立<br>豪州：2010 年以降，要人発言や政府検討レポート等<br>日本：2008 年，銀行法施行規則改正 |
| IV | 2010 年以降（今後本格化？） | ブラジル：ソブリン・スクークの発行計画が報じられたほか，関連企業が進出への関心示す。単発的な取引実績は既にあり。 |

(出所)　筆者作成。

なお，**図表 2-5** において「I：コア市場型」諸国として挙げた 4 か国以外にも，1980 年前後にイスラーム金融の勃興がみられた国はある。スーダンでは 1977 年にスーダン・ファイサル・イスラーム銀行が設立されたほか，ヨルダンでは 1978 年にヨルダン・イスラーム銀行が開設されている。またエジプトでも，この年代では 1977 年のエジプト・ファイサル・イスラーム銀行の設立が同国におけるイスラーム金融の初期の事象として挙げられるが，それ以前にもイスラーム銀行の原形として知られるミート・ガムル貯蓄銀行が 1963 年に，ナーセル社会銀行が 1971 年にそれぞれ設立されている。ただし本節の文脈においては，「環境要因（ムスリム比率と金融市場発展度合い）の現状によりカテゴライズされたコア市場型諸国においては，1980 年前後よりイスラーム金融の勃興がみられている」ということであり，「この頃にイ

スラーム金融の勃興がみられた国は——現在の環境要因からみても——コア市場型諸国に分類される」ということではない。より具体的にみれば，1980年前後以降近年に至るまでに，コア市場型諸国は経済発展や資源輸出等を背景に金融市場が一定の発展を遂げたと言える。逆に，上述のスーダン，ヨルダン，エジプトは，そのような金融市場の発展がみられていないために，現在においてコア市場型には分類されないということである。

やや大胆に総括すれば，各類型と勃興時期に関係性がみられることから，この類型方法は各国のイスラーム金融の発展過程を整理する枠組みとしての有効性を持っていると評価することができる。なお，**図表 2 - 4** に示した鈴木・濱田 [2010: 12] では同じ分類となっていたマレーシア，シンガポール，インドネシアは，本章で用いる類型においては 3 か国ともそれぞれ別のカテゴリに分類されており (**図表 2 - 2 参照**)，事業環境マトリクスとして本章で呈示したアプローチが既存の枠組みとは全く異なるものであることが分かる。

類型化のもうひとつの先行研究事例として，**図表 2 - 6** に示した GIFF [2012: 6] を挙げて検討しよう。これは現状の発展フェーズのみを軸に分類した事例であり，やや単純過ぎる感も否めない。例えば，現在「ニッチとして存在」と分類されている国のうち，北アフリカ諸国などでは今後市場拡大の余地が大きいと見込まれる一方で，確かに同じニッチには違いないが，英国や米国について描きうる将来展望とは，その姿が大きく異なってこよう。

図表 2 - 6　イスラーム金融実践国の類型例（その 2 ）

| 分類 | 主要該当国 |
| --- | --- |
| 本流として成長 | GCC 諸国（除くオマーン），（イラン,）東南アジア 3 か国，パキスタン，バングラデシュ |
| ニッチとして存在 | エジプト，イエメン，チュニジア，モロッコ，モーリタニア，ガーナ<br>英国，米国，スイス，フィリピン，タイ，スリランカ<br>南アフリカ，CIS 諸国 |
| 当局による主導段階 | 豪州，インド，カナダ<br>ケニア，タンザニア，リビア，アルジェリア，ナイジェリア |
| 構想段階 | 日本，中国，ソマリア |
| （指摘なし） | サブサハラ・アフリカ（除く南ア等），ラ米，東欧等 |

（出所）　GIFF [2012: 6]

なお，上記でみたような市場の属性分類とは別に，近年の業界レポートでは成長性に焦点を当てたアプローチが多いとの印象を受ける。既述のとおり，イスラーム開発銀行グループのイスラーム民間開発公社（ICD）がトムソン・ロイターと共同で作成したレポート［ICD and Thomson Reuters 2013; 2014］では，①量的な発展度合い，②知識面での充実度，③市場制度，④コーポレート・ガバナンス，⑤啓蒙活動の5つの側面を指数化して「イスラーム金融発展指標」を算出し，各国をランキングしている。また，イスラーム金融業界の発展状況を毎年分析している「世界イスラーム銀行競争力レポート（World Islamic Banking Competitiveness Report）」の2013－14年版（［Ernst and Young 2013: 17］）では，主として市場成長率と各国におけるイスラーム金融の市場シェアを中心に，カタル，インドネシア，サウディアラビア，マレーシア，UAE，トルコの6か国をイスラーム金融の急成長市場（rapid-growth markets）として"QISMUT"と独自に名づけ，世界のイスラーム金融市場の中心であるとの前提のもと，その後の市場分析を展開している。
　しかしながら，こうした成長性のみに焦点を当てた分類手法では，既に先進的地位にある国のみが取り上げられることとなってしまうため，「イスラーム金融を世界的な観点で俯瞰しその特徴をより詳細に把握する」という本書の主眼を達成することはできない。
　以上を総合すると，図表2－1にて示した事業環境マトリクスは，ムスリム・マジョリティ国であろうとなかろうと全ての国を対象としている包括性を有している部分と，環境条件に基づくグループごとの色分けが明確になされているという説明力の高さとがあることから，各国・地域のイスラーム金融市場の実態・潜在力を分析する本章のアプローチとして十分な機能を果たすことのできる，有用かつ独自のツールであることが確認される。

## 3　各類型における特徴

　事業環境マトリクスの有効性を確認したところで，その枠組みが持つインプリケーションのひとつとして，それぞれのカテゴリごとのイスラーム金融市場の特徴を本節にて整理する。

その前に，各カテゴリとイスラーム金融の実践のイメージを近づけるため，イスラーム金融資産の地域別・商品別データを**図表2-7**に示した。ただし，地域ごとの特徴を浮き彫りにする観点から，各地域における商品ごとのウェイトを掲載している。

　**図表2-7**をみると，各類型と商品別ウェイトとの間に幾つかの関係性を見出すことができる。例えば，コア市場型の典型と言えるマレーシアを含んでいるアジアや，同じくコア市場の性格が強いGCC諸国は，スクークのウェイトが高い。これは，コンベンショナル金融の資本市場が一定程度発展しているからこその産物であり，コア市場型の特徴が色濃く現われていると読むことができる。

　逆に，潜在市場型である中東・北アフリカ（MENA）諸国（GCCを除く）は，そうしたスクーク取引を持つような特性がなく，リテールが中心とみられることから，銀行資産やタカーフルが高めのウェイトとなっている。こうした状況は，同じカテゴリに属するアフリカについても看取される。

　ムスリム・マイノリティ国が含まれるその他地域においては，ファンドの比率が高いことがひとつの特徴である。これには，金融先進国の特徴として，ファンドビジネスのような高度の取引が多いことに加え，リテール市場があまりないため銀行資産やタカーフルが相対的に小さくなる，といったことが影響していると考えられる。これらを踏まえた，カテゴリごとの特徴を以下にまとめる。

**図表2-7　各地域における商品別ウェイト（％）**

|  | 銀行 | スクーク | ファンド | タカーフル | 合計 |
| --- | --- | --- | --- | --- | --- |
| アジア | 51.0 | 42.5 | 5.7 | 0.8 | 100.0 |
| GCC | 82.2 | 11.1 | 5.4 | 1.3 | 100.0 |
| MENA（GCC除く） | 98.6 | 0.0 | 0.1 | 1.3 | 100.0 |
| サブサハラアフリカ | 87.3 | 1.2 | 9.0 | 2.4 | 100.0 |
| その他 | 72.7 | 2.5 | 24.7 | 0.0 | 100.0 |
| 合計 | 80.9 | 13.4 | 4.5 | 1.1 | 100.0 |

（出所）　GIFF［2012］

### (1) コア市場型

　上述のとおり，宗教と金融の2つの利点を具備したコア市場型は，イスラーム金融の有力市場である。金融市場が一定水準以上発展していること，ならびにムスリムがマジョリティを占める国であることは，供給面からも需要面からもイスラーム金融の発展に有利に作用する。すなわち，供給面として，金融の観点では種々の金融インフラやプレーヤーがコンベンショナル金融のものではあるにせよ既に整っており，またムスリムの存在という面でも，イスラーム金融の提供に必要な金融機関の人材やイスラーム法学者が存在していることは，イスラーム金融の発展に寄与しやすいと考えられる。需要面としては，ムスリム・マジョリティ国であるためリテール（個人向け）金融の需要や国家ファンドを含めた機関投資家のイスラーム金融取引需要が潜在的なものを含めて大きいほか，金融面でも機関投資家や金融リテラシーが高めの個人が多数いる点などは，イスラーム金融の発展に寄与しやすい。

　また，このカテゴリに属する国の中には，イスラーム銀行業務を行なうための特別法を制定している国が含まれることが多い。一般に，一国の法制下でイスラーム金融業務を取り扱う際，既存の銀行法制をベースに，必要に応じてイスラーム銀行業務を合法化・明文化するような修正を行なって対応する方法と，イスラーム銀行業務を対象とした法律を個別に制定して対応する方法の2つがある。現時点で特別法を有している国は，マレーシア（過去には1983年に制定されたイスラーム銀行法〔Islamic Banking Act 1983〕であったが，2013年にイスラーム金融サービス法〔Islamic Financial Services Act 2013〕として改編），UAE（イスラーム銀行，金融機関および投資会社に関する1985年連邦法第6号〔Federal Law No. 6 of 1985 regarding Islamic Banks, Financial Institutions and Investment Companies〕），インドネシア（2008年第21号イスラーム銀行法〔Undang Undang Perbankan Syariah Nomor 21 Tahun 2008〕）の3か国である（長岡［2011: 205］，濱田・福田［2010: 31］，Ismal［2013］などを参照）。インドネシア以外はコア市場型諸国であり，サウディアラビアは次に述べる事情でこのような制度対応となっていないことから，ひとつの傾向としてコア市場型では特別法が制定される素地があると言うことができるだろう。[18]

　イスラームの教義を重視する国ならではの理由で特別法が設けられないサ

ウディアラビアについて，福田［2009］は，Wilson［1991］による「イスラーム銀行の設立を認めれば，国内に存在していた12の銀行（当時の銀行数）が非イスラームの銀行であることを意味することになる」との引用を理由に，イスラーム専業銀行の名称に「イスラーム」の文字は含まれていないと論じている[19]。こうした考え方が，イスラーム銀行の特別法を設けにくくしているものと考えられる[20]。なお，高度なイスラーム金融セクターを有するバハレーンもイスラーム銀行の特別法を有していないが，上述のようなイスラーム的事情からではなく，中東の金融センターとして銀行システム自体がイスラーム金融に対する一定の対処能力を有していたため，既存の法制度での運用を選択したものと考えられる。

　コア市場におけるイスラーム金融実践の一形態として，ソブリン・スクーク（イスラーム国債）の発行も指摘することができよう[21]。

　マレーシアやバハレーンでは，国内金融機関の流動性管理の目的もあって，中央銀行が頻繁に短期物中心のスクークを発行している（マレーシアについてはその後停止）。UAEについては，連邦政府レベルでの発行はないが，ドバイ首長国政府やシャルジャ首長国政府がスクークを発行した実績がある。厳密に言えば，国家主権を有する政府が発行したものだけが「ソブリン」スクークと呼ばれるべきであり，首長国政府発行のものについては「準ソブリン」や「サブソブリン」などと呼称されるのが通例であるが，参考事例としてこの文脈で論じている。なお，サウディアラビアについては，ソブリン・スクークの発行実績はない。これまで石油収入による潤沢な財政黒字を背景に国債を発行したことはなかったが，2016年10月，油価安による財政補填や脱石油依存の経済構造改革等のため，175億ドルの国債発行に踏み切った。しかし，それはコンベンショナル債券であり，スクークではなかった。

**(2) 潜在市場型**

　事業環境マトリクスにおけるこのカテゴリの定義は，「ムスリム・マジョリティ国＋金融途上国」であった。その特徴として，ムスリムは国内に多くいるが，一般に金融が発展していないことから，イスラーム金融としての発展も一定のところにとどまっていることが挙げられる。そうした様子は，**図**

表2-7で確認したとおり，リテール向けの銀行資産のウェイトが高くなり，やや高度な金融取引であるスクークやファンドのウェイトが小さくなることからもうかがうことができる。

また，既に図表2-5で論じたように，潜在市場型の国の中には現代イスラーム金融の勃興時期が2000年代のところも多く，1970～80年代であったコア市場型に比べて遅い点も特徴的である。これには，先に述べたように，コンベンショナル金融が発展していなかったことが大きく影響していると考えてよい。

インドネシアを例に取ろう[22]。同国のイスラーム金融の嚆矢は1991年のインドネシア・ムアマラット銀行設立（業務開始は翌年）に求められることが多い。その法的根拠は，1992年に施行された改正銀行法である。商業銀行業務はこのようにスタートを切ることができたが，スクークについては円滑に進むことができなかった。政府がスクークの発行を検討した際，その根拠法がないということで，結果としては2008年にイスラーム国債法が制定されるのだが，そこに至るまでには1年を超える時間がかかったと言われている。もちろん，一般に法的な対応はどの国においてもその成立プロセスに時間がかかるものではあるが，マレーシアがその頃既にソブリン・スクークを多く発行した実績があったのに対し，インドネシアはもともと債券発行の実績が少なかったこともあり，スクーク発行へのインフラ整備への対応が遅れたとみられる。例えば2013年末時点の国内通貨建債券市場残高のGDP対比のウェイトをみると，マレーシアでは104％であるのに対し，インドネシアは14％にとどまっている（データは，アジア開発銀行のAsian Bonds Onlineによる2014年10月アクセス時のもの）。同じく銀行貸付資産の対GDP比率をみても，インドネシアが36％程度にとどまる中，マレーシアは121％となっている（データは，IMF Financial Access Surveyの2013年数値による）。

トルコも，潜在市場型の典型例である。トルコは，政治的には世俗主義をとり国政に宗教的要素は入らないこととなっているが，そのムスリム人口比率は98.6％に上り［Pew Research Center 2011］，国内の人口環境としてはイスラーム金融に支援的な部分が大きい。こうした状況のもとで，トルコでは1983年に特別金融機関（Special Finance House）の設立法令が整備され，その後80年代に

3つのイスラーム銀行が設立された。もっともその後は目立った動きがみられず，イスラーム株価指数の開始（2011年），スクークの法制整備（2010年），実際の発行（2011年，クウェート・トゥルクによるもの），ソブリン・スクークの発行（2012年）など，銀行以外の動きは2010年以降に顕著になったと評価でき，その意味で潜在市場型の代表的な発展形態を示していると言える[23]。

　潜在市場型では，資本市場取引のウェイトが（コア市場型に比べ）小さく，また金融機関にとってのホールセール取引が少ないことから，自ずとリテール取引のウェイトが高いという特徴が浮かび上がる。この点については，既に**図表2-7**でみたとおりである。

　他方で，ムスリム人口比率の高さは，種々の意味でイスラーム金融の今後の成長に好材料を提供することとなる。ムスリムの多さはたとえリテール中心であろうと着実な金融取引需要を生み出す。また，金融途上国ということは，発展途上国ということでもあり，今後一定程度まで高度経済成長を実現する可能性もあり，こうした中で大きな金融取引需要が生じてくることも見込まれる。また，ムスリム・マジョリティ国であるため，政策面でイスラーム金融が優先されやすいことも示唆される。このカテゴリを「潜在市場型」と呼称している所以は，このように，未来の好材料に恵まれているからである。

### (3) 先端金融型

　前項の潜在市場型とは好対照を成すのがこの先端金融型である。その定義は「ムスリム・マイノリティ国＋金融先進国」であり，とりわけ2000年代半ば以降においてイスラーム金融への取り組みが目立った国々である。ムスリム・マイノリティ国であるので，その動機は宗教的なものではなく，成長著しいイスラーム金融を自国の金融産業や自社の金融事業の便益につなげる動きとして捉えることができる。

　潜在市場型でも述べた，コンベンショナル金融システムの発展度合いについては，その定義により高度なものを有している。このことは，自国へのイスラーム金融を取り込むにあたって，極めて有効に作用する。経済学で言う「範囲の経済性」や「制度的補完性」の観点からの合理性については，前節で述べたとおりである。

これらの国々によるイスラーム金融の特徴は，環境条件が似ていることもあって，共通している部分が多い。逆に，潜在市場型の場合には，人口面で大国もあれば小国もあり，経済面で比較的発展している国もあれば最貧層の国もあり，ばらつきが他カテゴリに比して多いため，イスラーム金融の実践としての現われ方にもばらつきがある。

　先端金融型の具体的な特徴として，次の4つが挙げられる。

　第1に，自国の金融機関が主導していること。例えば英国についてHSBCは，国内・海外を問わずイスラーム金融市場の拡張の担い手であった。国内では総資産ベースで88％のシェアを誇り［UKIFS 2012］，海外ではサウディアラビア，マレーシア，バハレーン，バングラデシュ，シンガポール，インドネシア，モーリシャスにて，「HSBC Amanah」のブランドの下，イスラーム金融業務を展開していた（現在は，サウディアラビアとマレーシアのみ）[24]。同じく英国系のスタンダード・チャータードも，UAE，マレーシア，バングラデシュ，パキスタン，ケニアで「Standard Chartered Saadiq」とのブランド名でイスラーム金融サービスを提供している[25]。米系であればシティバンク，フランス系であればBNPパリバなど，イスラーム金融に関心を持つムスリム・マイノリティ諸国の背後には，グローバルに展開する国際的金融機関の存在がある。彼らはグローバルな事業展開を実施しているためムスリム・マジョリティ国との接点も増えることから，イスラーム金融への関与が多くなる。

　第2に，制度対応のスピードが速いこと。既に述べたとおり，イスラーム金融取引の組成を生み出す種々の制度インフラは，コンベンショナル金融システムが発達した国においてはその大半を活用することができる。既存のインフラを微修正することでイスラーム金融のための制度インフラとすることが可能であるため，一般的な政府部門行政の効率性（例えば潜在市場型各国との比較において）とも相俟って，制度インフラは短期間において整備される。スクーク市場の整備を例に挙げると，前項で述べたとおりインドネシアではソブリン・スクーク取引を実行するのに必要な法整備に1年以上の時間がかかったのに対し，シンガポールや英国等においては要求される法技術を駆使したこと等により新規立法の必要はなかった。

　第3に，ホールセール中心であること。定義上当然ではあるが，国内にムス

リムがいない，あるいは少ないことから，自国におけるリテール事業は成立しにくい。自ずと，海外でのホールセール業務やクロス・ボーダー取引の促進が関心事項となる。またこの関連で，高い金融技術を応用したイスラーム金融取引（資本市場取引やデリバティブなど）の担い手になりやすい部分があることも特徴と言えるだろう。この点については，第5章の3にて具体例を紹介する。

　第4に，スクークがひとつの重要分野となること。上述の第3の点の一部とも言えるが，ムスリム・マイノリティ国が得意とするスクークは，各国政府がその発行を計画したり，民間金融機関が発行や引受業務等に従事したりと，比較的関与がされやすい分野である。例を挙げれば，ムスリム・マイノリティ国ではこれまでに，シンガポール（2008年1月）[26]，英国（2014年6月），香港（2014年9月），南アフリカ（2014年9月），ルクセンブルク（2014年10月）がソブリン・スクークを発行している。コア市場型の項でも簡単に触れたように，ソブリン・スクークはコア市場型にも先端金融型にも共通してみられる特徴である。ただし，双方とも高度な金融市場を背景にスクークを発行しやすい環境にある点は共通しているが，コア市場型では政府のイスラーム法遵守姿勢や国内イスラーム金融機関の資金調達行動におけるイスラーム法遵守を目的に2000年代初頭からこのような動きがみられるのに対し，先端金融型では自国のイスラーム金融市場を他国に誇示し金融業界の発展につなげるべくソブリン・スクークの発行に踏み切っている部分も大きいものと考えられる[27]。

### (4)　不毛地域型

　このカテゴリは，ムスリム・マジョリティ国が持っていたムスリムからのイスラーム金融需要や，先端金融型諸国が持っていたグローバル金融ビジネスの中でのイスラーム金融との接点というような利点がなく，イスラーム金融の生起要因が主として金融サービスの対象となる事業取引にとどまる点が特徴的である。このため，目立った取り組みはみられず，政府等の主導的な役割もさほど期待されない。

　代表例はブラジルである。ブラジルは世界最大の鶏肉輸出国であり，鶏肉はハラール食品の材料となりやすいこともあって，ハラール食品の生産・輸出国としての位置づけを高めている。ムスリムの多い国々がブラジルからの輸入取

引を成立させる際，その資金決済の金融取引においてもシャリーア適格性を求めるのは自然な流れでもあるだろう。こうした中で，例えば，UAE の金融機関であるアブダビ・エクイティ・パートナーズ（Abu Dhabi Equity Partners）がサンパウロ州等の牧場事業者向けにイスラーム金融方式の融資を供与した事例がある（2014 年 1 月 20 日付ブルームバーグ記事［Ho 2014］による）。

なお，同じラテン・アメリカには，一定のムスリム人口があるスリナム（ムスリム人口 14％程度）やガイアナ（同 9％程度）があり，これらの国々においても，スクークの発行やイスラーム銀行サービスの提供などイスラーム金融の萌芽がみられ始めている。もっとも，これらは自国のムスリムという要因によるものであり，不毛地域型というよりは，幾つかのアフリカ諸国と同様，潜在市場型とみる方が適切であろう。

ここで，これまでに言及した特徴を再整理する意味も含めて，特定の特徴に関する各カテゴリ間の様子を一覧表にすると，**図表 2-8** が得られる。

**図表 2-8** のうち，①～④については既述のとおりである。⑤のイスラーム金融に関する高等教育過程について，世界の概況については本章の 4 にて触れるが，ここでは各類型における特徴について概観する。まずコア市場型についてみると，多くの機関がイスラーム金融に関する教育を実施している

**図表 2-8　制度的諸側面に関するカテゴリごとの評価概観**

|  | Ⅰ コア市場型 | Ⅱ 潜在市場型 | Ⅲ 先端金融型 | Ⅳ 不毛地域型 |
|---|---|---|---|---|
| ①イスラーム金融の特別法 | ○ | ×<br>(→△) | × | × |
| ②イスラーム専業銀行免許制度 | ◎ | ×<br>(→△) | × | × |
| ③国レベルのシャリーア・ボード | ○ | △ | × | × |
| ④ソブリン・スクーク | ◎ | ○ | ○ | × |
| ⑤イスラーム金融高等教育課程 | ◎ | △→○ | ○ | × |
| ⑥発展促進主体 | 政府・民間 | 政府・民間 | 民間 | 他国の民間<br>（経済取引） |

（出所）　筆者作成。

点が特徴的である。イスラーム経済学やイスラーム法の側面を中心に大学が講座を設置しているほか，民間団体や企業によるイスラーム金融教育サービスの提供も多い。マレーシアについては，イスラーム法の側面も含めた総合的なイスラーム金融教育課程を持つマレーシア国際イスラーム大学（International Islamic University Malaysia; IIUM）等がある一方，主として実務家養成を目的とした国際イスラーム金融大学（International Centre for Education in Islamic Finance; INCEIF）のような大学も中央銀行主導で設立された。

　潜在市場型でも，教育課程の充実が図られ始めている。パキスタンの大学・教育機関による取り組みが目立っている。国別の統計については本章の4にて触れるが，パキスタンにはマレーシアを上回る数の教育機関があるとの統計もある。大学ではイスラマバード国際イスラーム大学（International Islamic University, Islamabad）や経営技術大学（University of Management and Technology）などが，民間機関ではアル＝フダ・イスラーム金融・経済センター（AlHuda Centre of Islamic Banking & Economics）などが知られている。なお，オンライン教育の普及により，潜在市場型諸国に居住していても他国の教育サービスを受けられるようにもなってきている。レバノンの高等ビジネススクール（Ecole Supérieure des Affaires; ESA）は，レバノン中央銀行の監修のもと，英国の証券投資協会（Chartered Institute for Securities and Investment; CISI）と共同で「イスラーム金融検定（Islamic Finance Qualification; IFQ）」というイスラーム金融の検定資格を提供している。このIFQについても，オンラインでの受検が可能であるほか，上述したマレーシアのINCEIFはCIFP（Certified Islamic Finance Professional）という資格の取得が可能なオンライン・プログラムを提供している。先端金融型では，英国やフランスでの取り組みが目立っている。第3章の3にて英仏両国におけるイスラーム金融の現状を概観するが，西洋諸国におけるイスラーム金融の高等教育について紹介したBelouafi et al. (eds) [2012] では，その2か国に加え，豪州，ベルギーの大学の事例やイタリアの状況が示されている。

　⑥の発展促進主体について，政府と民間に分けて論じる。コア市場型ならびに潜在市場型においては，ムスリム・マジョリティ国であるという宗教的

背景から民間部門にてイスラーム金融をコンベンショナル金融に比して選好するインセンティブがあると考えられ，金融サービスの受益者（資金需要者）であれ金融サービスの提供者（資金供給者）であれ，民間部門が主導する点は明白である。また，政府も一般論としてはこれを後押ししやすい。もちろん，各国の事情を挙げれば，例えば潜在市場型のひとつであるトルコにおける世俗主義のように種々の差異はあるが，全世界を把握するときに，ムスリム・マジョリティ国において（ムスリム・マイノリティ国に比べ）親イスラーム金融的政策がとられやすい傾向があるとみることは不自然な前提ではない。

先端金融型では，発展促進主体を民間と整理した。確かに，先端金融型である英国やシンガポールなどにおいて政府サイドから積極姿勢が示されることも少なくない。英国では2006年にブラウン財務相（当時）が「英国をイスラーム金融のゲートウェイにする」と発言したほか，シンガポールでもゴー・チョクトン前首相（シンガポール金融管理局議長）が2005年に「イスラーム金融のない市場は不完全」との姿勢を示し，イスラーム国債の発行検討を含め，イスラーム金融への積極的な構えをみせた。しかしながら，実際の行政実績をみると，コンベンショナル金融に比してイスラーム金融を優先する施策がとられることはなく，（自然体では税制上で不利になったり法律上不可能だったりする）イスラーム金融をコンベンショナル金融と同等に扱える措置だとみることができる（詳細は第3章の3にて述べる）。ソブリン・スクークについても，確かに国威発揚的な目的もありムスリム・マジョリティ国への親和性のアピールという面もあるだろうが，技術的には，国内銀行に流動性準備目的として国債保有が求められている状況にあってイスラーム専業銀行ではリバー付国債を保有することができないためイスラーム国債を発行している，というのが本質的な動機である。その意味では「イスラーム的動機に基づく政府の意図は，先端金融型にはうかがわれにくい」と整理することができる。

## 4　各類型を超えるグローバル展開を支えた種々のインフラ

本章の最後に，前節までに述べたイスラーム金融のグローバルな発展を支え，地域の広がりや商品等質的な発展に実践面で寄与したインフラの要素と

して，①シャリーア・ボード，②国際機関，③情報インフラ，④教育機関の4点につき，事例や現状を交えて考察する。ここでは，これら諸要素の存在により，一国において確立されたイスラーム金融の諸側面を他国に伝達することが容易になっていることをもって，イスラーム金融のグローバル化に寄与したものと捉えている。

(1) シャリーア・ボード

　金融サービスのシャリーア適格性を確認し，ファトワーを発出する役割を担うシャリーア・ボードは，プレイヤー（金融機関等）と理念（教義）をつなぐ機能を担う，イスラーム金融の実践を観察する上で欠かせない制度である。以下では，シャリーア・ボードの基本事項を概観した上で，本章の主眼である，イスラーム金融のグローバル展開に果たした役割について言及する。

　シャリーア・ボードは，イスラーム金融サービスを提供する金融機関に通常付設されている組織であり，提供する金融商品のシャリーア適格性を判断し，シャリーア適格と認められればその旨の意見書（ファトワー）を発出する機能を担う。後述するような特殊な例外を除き，シャリーア・ボードはもっぱら商品のシャリーア適格性に関する判断あるいは助言のみを行なうのであって，金融機関の経営に関与することはない。

　なお，これまで何の補足説明もなく"シャリーア・ボード"と表記したが，この呼称以外にも，「シャリーア・コミッティー」，「シャリーア・カウンシル」との呼び方や，それらの2語の間に「アドバイザリー」や「スーパーバイザリー」といった語を挿入した表記となっている場合もある。本書においては，これまでに言及したものも含めて「シャリーア・ボード」で統一している。こうした表記の揺らぎは，長い時が経てば収斂する可能性もあるだろうが，換言すれば，イスラーム金融の歴史がたかだか40年程度に過ぎないことを物語る事例でもあるだろう。

　シャリーア・ボードは，複数のイスラーム法学者により構成される。各金融機関のシャリーア・ボード・メンバーの構成内容を概観すると，3名程度であるケースが多いように見受けられるが，機関によってはより多くの人数により構成される場合も多い。具体例としては，イスラーム金融の国際機関

（後述）のひとつであるイスラーム金融機関会計・監査機構（AAOIFI）が15名，マレーシア中央銀行が11名など，公的機関に特殊なケースが多い［吉田 2007: 160］。左記文献でも明らかなように，一般的なイスラーム金融機関のシャリーア・ボードは，様々な国籍のイスラーム法学者によって構成されることが多いことから，そこから下される判断結果が特定の国でのみ通用するような事態は生じにくく，もって商品（取引）が多くの国で適用されるようになる部分があると考えられる。このことから，シャリーア・ボードの要素がイスラーム金融のグローバル化に寄与した部分があるとみることができる。

なお，イスラーム法学者の国籍の多様性は，①イスラーム法を巡る基本的な考え方と，②（①以外の要素で）各国に特徴的なイスラーム金融取引の形態という2つの側面で，イスラーム金融のグローバルな発展に寄与したと整理することができるだろう。①の点は，イスラーム法学派の違いに代表される。スンナ派においては，図表2-9のような学派と地域の対応関係があることがよく知られている。その詳細は本書では触れないが，例えば長岡［2011: 59］は，リバーに関する学派ごとの差異を簡潔にまとめている。

### (2) 国際機関

ここでは国際機関を「複数国の政府・中央銀行等による出資を含む，公的機能を担う組織」と定義し，それらがグローバル化に寄与した部分がある点について説明する。なお，国際通貨基金（IMF）や世界銀行，国際連合などといった一般的な国際機関はここには含めず，業務目的をもっぱらイスラー

**図表2-9 スンナ派4大イスラーム法学派と地域の対応**

| イスラーム法学派 | 当該学派が支配的な主な地域 |
| --- | --- |
| ハナフィー学派 | パキスタン，中央アジア，トルコ |
| マーリク学派 | 北アフリカ |
| シャーフィイー学派 | 東南アジア |
| ハンバル学派 | GCC諸国等 |

(注) 学派の順番については注32参照。
(出所) Emon［2012: 59］

ム金融に限った機関のみを対象とする。**図表2-10**には，イスラーム金融の国際機関を掲載した。総論として，イスラーム金融を振興するための国際機関の活動がイスラーム金融の実践の場を各国に広げた点は特記するまでもあるまい。ここでは，これらの国際機関がイスラーム金融のグローバル化に果たした役割を論じることとしたい。

現代イスラーム金融の発展をみる上で，イスラーム金融サービス委員会（Islamic Financial Services Board; IFSB）の役割を過小評価するべきではない。2002年に設立され翌年から業務を開始したIFSBは，IMFや世銀の発案によって設立され，関係する中央銀行の主導もあって，銀行規制の国際的統一基準の制定や金融当局間の情報交換・意見調整の場などとして，今日では業界の発展に欠かせない機能を果たしている。

より具体的には，関連規定の制定と，イスラーム金融の啓蒙や討議の場の提供が主な業務である。前者について，IFSBがこれまでに制定した規定類[33]はいずれも，イスラーム金融の商品やそれに関連する金融機関経営に関するものである。IFSBの規定は，条約等のように国際法的拘束力を有するものではなく，各国金融当局が参照し，必要な場合には各国金融当局が国内規制

図表2-10 イスラーム金融の国際機関

| 略称 | 機関名 | 設立年 | 機能 | 所在国 |
|---|---|---|---|---|
| AAOIFI | Accounting and Auditing Organization for Islamic Financial institutions | 1991 | 教義解釈・会計基準制定等 | バハレーン |
| CIBAFI | General Council for Islamic Banks and Financial Institutions | 2001 | 銀行・産業の育成等 | バハレーン |
| IIFM | International Islamic Financial Market | 2002 | インフラ整備等 | バハレーン |
| LMC | Liquidity Management Center | 2002 | 市場流動性の供給等 | バハレーン |
| IFSB | Islamic Financial Services Board | 2002 | 国際取引の基準設定等 | マレーシア |
| IIRA | International Islamic Rating Agency | 2005 | スクークの格付等 | バハレーン |
| IILM | International Islamic Liquidity Management Cooperation | 2011 | 金融機関の流動性向上等 | マレーシア |

（出所）吉田［2007: 104］に加筆・修正。

として施行すべき筋合いのものだが，このような統一基準の存在により，各国金融当局がイスラーム金融の諸問題に接した際に，グローバル基準としての対処策を即座に設定することが可能となる。例えば近年では，国際的に業務を行なう銀行に対する自己資本比率規制であるバーゼルⅢへの対応が課題となっているが，IFSBは，その第15番目の基準として「イスラーム金融サービス（タカーフル並びにイスラーム集団投資スキームを除く）を提供する金融機関のための自己資本比率に関する修正基準（Revised Capital Adequacy Standard for Institutions Offering Islamic Financial Services [Excluding Islamic Insurance (*Takaful*) Institutions and Islamic Collective Investment Schemes]）」を作成・公表した。これは，イスラーム金融を提供する金融機関がバーゼルⅢをどのように適用したらよいか，各国の金融当局の参考に資する重要な指針となっている。

　IFSBのもうひとつの主な業務である，イスラーム金融の啓蒙や討議の場の提供のうち，前者についてはイスラーム金融を総論的に振興するものであり本節での記述の対象とはしないが，後者の討議の場の提供という側面は，現実の諸問題に対する対処方針を検討するという点で極めて重要な役割を果たしている。

　図表2-11には，IFSBが毎年開催する「IFSBサミット」の開催実績を時系列で掲載した。中でも，各サミットのサブタイトルに注目すると，近年のイスラーム金融業界の発展における特徴を垣間見ることができる。IFSBサミットは，2013年に10回目を迎えた比較的歴史の浅いイベントであるが，サブタイトルを仔細にみると，その時々の世相を反映した内容であることが分かる。当初は，イスラーム金融の基本事項が多かったが，第5回ではグローバル化を取り上げている。とりわけ近年では，金融危機関連が多く，国際金融システムの安定性とも相俟って，イスラーム金融の商品的特性に関する理解をもとにした技術的かつ具体的な議論がテーマとなっている。また，第10回においては，「金融包摂（financial inclusion）」の語が初めて含まれているが，これは，イスラーム金融が単に技術的発展を遂げるだけではなく，貧困解消とも関連の深い金融包摂に言及することで，イスラームの理念をも取り入れる方向に行っていることを示唆していると解釈することができよう。

図表 2-11　IFSB サミットの開催実績

| 回数 | 開催日 | 開催国 | テーマ |
|---|---|---|---|
| 1 | 2004 年 5 月 18-19 日 | イギリス | Islamic Financial Industry and Global Regulatory Environment |
| 2 | 2005 年 5 月 24-25 日 | カタール | The Rise & Effectiveness of Corporate Governance in the Islamic Financial Services Industry |
| 3 | 2006 年 5 月 17-18 日 | レバノン | Aligning the Architecture of Islamic Finance to the Evloving Industry Needs |
| 4 | 2007 年 5 月 15-16 日 | UAE | The Need for a Cross-sectoral Approach to the Supervision of Islamic Financial Services |
| 5 | 2008 年 5 月 13-14 日 | ヨルダン | Financial Globalization & Islamic Financial Services |
| 6 | 2009 年 5 月 7-8 日 | シンガポール | The Future of Islamic Financial Services |
| 7 | 2010 年 5 月 4-5 日 | バハレーン | Global Financial Architecture: Challenges for Islamic Finance |
| 8 | 2011 年 5 月 12-13 日 | ルクセンブルク | Enhancing Global Financial Stability: Challenges and Opportunities for Islamic Finance |
| 9 | 2012 年 5 月 16-17 日 | トルコ | Global Financial Reforms: The Changing Regulatory Model and Islamic Finance |
| 10 | 2013 年 5 月 16-17 日 | マレーシア | The Future of Islamic Financial Services Industry: Resilience, Stability and Inclusive Growth |
| 11 | 2014 年 5 月 21-22 日 | モーリシャス | New Markets and Frontiers for Islamic Finance: Innovation and the Regulatory Perimeter |
| 12 | 2015 年 5 月 20-21 日 | カザフスタン | Core Principles for Islamic Finance: Integrating with the Global Regulatory Framework |

(出所)　IFSB [2013] に，第 11 回および第 12 回会議資料をもとに加筆。

なお，イスラーム金融の地理的なグローバル化をみる上で，サミット開催地の跡を追うだけでも興味深い。初回のロンドンは，IFSB事務局へのインタビュー[34]によれば，イスラーム金融に前向きな国というよりは，地理的な利便性等の理由により選択されたようだが，その後はムスリム・マジョリティ国における実施が続いた。2009年にはムスリム・マイノリティ国として実質的には初となるシンガポールで開催された。同じくムスリム・マイノリティの金融先進国であるルクセンブルクも，2011年にイスラーム金融を積極的に取り入れる施策の一環としてサミットの招致に成功している。翌年に開催に至ったトルコも，国民の大半がムスリムであるものの世俗政策が基本である中にあって，近年イスラーム金融の振興に前向きである。なお第10回がマレーシアとなったのは，10周年の記念行事である中，IFSBの事務局があるのがマレーシアだからであろう。そして第11回会合は，アフリカにて初めて開催された。記念の第10回を除けば，当初はコア市場型で，近年は，先端金融型と潜在市場型の国で開催されることが多いという特徴がみてとれる。

　IFSBに次ぐ国際機関の例として，イスラーム金融機関会計・監査機構（Accounting and Auditing Organization for Islamic Finance Institutions; AAOIFI）について説明する。AAOIFIは，他の国際機関に比べ格段に早い1991年に業務を開始しており，イスラーム金融の国際的諸問題を解決するための機関としての先駆けである。AAOIFIは，当初はその名のとおり会計や監査に関わる事項が業務の中心であったが，次第により広範な事項を取り扱うようになり，とりわけ「シャリーア標準（*Shari'ah* Standard）」と題するイスラーム金融取引のシャリーア適格性に関する基本書を随時刊行するようになってからは，イスラーム金融業界における重要性が増したと言ってよい。イスラーム金融機関のシャリーア・ボードのメンバーであるイスラーム法学者や，金融機関のイスラーム法担当部署の職員は皆，上記の「シャリーア標準」を手元に置いていると言っても過言ではない。このような統一基準の存在がイスラーム金融の商品面での発展を大いに支援していることは，容易に想像できる。また，AAOIFIが随時発行する「イスラーム金融機関のための会計・監査・ガバナンス基準（Accounting, Auditing & Governance Standards for Islamic

Financial Institutions)」は，会計処理等の技術的な点でイスラーム金融業務を下支えしている。もっとも，「イスラーム金融機関のための会計・監査・ガバナンス基準」についても，IFSBの規定類同様，国際法的拘束力があるものではなく，この基準を採用するか否かは，各国当局の判断に委ねられている。鈴木・濱田［2010: 36］によれば，AAOIFIの会計基準を採用している国は，カタル，バハレーン，ヨルダン，DIFC（ドバイ国際金融センター），参考としている国はサウディアラビア，UAE，クウェート，パキスタン，マレーシア，インドネシアとなっている。

「国際イスラーム金融市場（International Islamic Financial Markets; IIFM）」は，市場インフラの整備を目的として設立された国際機関である。中でもスクーク市場の整備のため，市場情報の提供等を行なっていた功績は注目されるべきである。近年の文脈でIIFMの実績として著名なのは，国際スワップ・デリバティブ協会（International Swaps & Derivatives Association; ISDA）[35]と共同で，イスラミック・デリバティブの契約書雛形を策定したことである。

国際イスラーム流動性管理会社（International Islamic Liquidity Management Corporation; IILM）は，その名のとおりイスラーム金融機関の流動性管理を支援する機関として，9の中央銀行ならびにイスラーム開発銀行の出資により設立された。[36] 2010年の設立後，2013年には初のスクーク発行に至った。IILMが発行するスクークの格付はシングルA格と高く，金融機関がこれを保有していれば，流動性不足に陥った際にはすぐに売却し流動性を手に入れることができる。こうした機能を企図して，このような組織が設立された。

### (3) 情報インフラ

ここでは，情報インフラを2種類に分けて論じる。まず，顧客向けウェブ・サービスやニュースレターなどといった情報提供会社による情報伝達インフラという側面について触れる。次に，実務家や当局者，イスラーム法学者が集い業界の様々な課題等について多面的に討議する場である官民によるコンファレンスの場について簡単に言及する。

第1の情報提供会社によるサービスについて，インターネットやそれを利用した電子メールが広く普及している現在，その通信インフラを活用したサ

ービスが商品情報を含む種々の観点でイスラーム金融のグローバル化を支えていることは容易に想像できるだろう。具体的には，ウェブサイトベースのサービスとして，過去にユーロウィーク社が提供していた「イスラーム金融情報サービス（Islamic Finance Information Service; IFIS）」や，現在はトムソン・ロイター社が買収した（過去には独立していたが2012年に同社に吸収された）ザウヤ（Zawya），マレーシアのレッドマネー社が提供するイスラーム金融ニュース（Islamic Finance news）などがよく知られている。これらのサービスでは，業界ニュースや各取引，各国規制やイスラーム法学者の状況など，多様な実務関連情報を得ることができる。また，雑誌としても，英国のイスラーム銀行・保険研究所（Institute of Islamic Banking and Insurance; IIBI）が発刊する『ニュー・ホライズン（*New Horizon*）』や，ドバイのCPIフィナンシャル社が発行する『イスラミック・ビジネス＆ファイナンス』などがある。

　こうしたメディア情報により，例えばスクークの最新取引構造やそれに関するシャリーア判断，各国の規制情報等を知ることができ，それらを他国で応用したり，他国の金融当局が参照したりすることもあるため，メディアがイスラーム金融のグローバル化を支えている面があるだろう。

　第2のコンファレンスについては，より具体的にイメージしやすい。各国から業界関係者が集い，コンファレンス内で討議したり聴講したりするほか，休憩時間や終了後等の機会に関係者間でミーティングが持たれることも多く，人的ネットワークを形成する格好の場となっている。民間企業同士の案件や当局者との間でのプロジェクトが発案・調整されることも多く，様々な知が交換・創出され，これもグローバル化を支援する場となっていることに異論を挟む余地はあるまい。これらのうち，主要なものを**図表2－12**に示した。

　中でも，著名かつ大規模な国際コンファレンスとしては，①20年を超える歴史を持ち例年バハレーンで開催される「世界イスラーム銀行会議（World Islamic Banking Conference; WIBC）」，②ロンドンで開催される「ユーロマネー・イスラーム金融年次会合（Euromoney Annual Conference on Islamic Finance）」，③クアラルンプールでレッドマネー社により催される「IFNアジアフォーラム」（適宜名称変更あり），④IFSBが各地で開催するサミット（**図表2－11**参照），⑤2〜3年ごとにマレーシアの当局主導で開催される

図表 2-12 主な実務家向け国際コンファレンス

| 名　称 | 主催者 | 開催地等 |
| --- | --- | --- |
| World Islamic Banking Conference | MEGA | バハレーン |
| Euromoney Annual Islamic Finance Summit | Euromoney | ロンドン |
| IFSB Summit | IFSB | 各地（図表 2-11 参照） |
| Global Islamic Finance Forum | マレーシア中銀 | マレーシア |
| IFN Forum | Redmoney | 各地 |
| BaFin Conference on Islamic Finance | BaFin | ドイツ |
| World Takaful Conference | MEGA | UAE |
| International Takaful Summit | Afkar Consulting | ロンドン他 |
| Sukuk Summit | ICG Events | ロンドン |
| Kuala Lumpur Islamic Finance Forum | CERT | マレーシア |
| Oman Islamic Economic Forum | Amjaad | オマーン |
| World Islamic Retail Banking Conference | Flemming Gulf | UAE |

（出所）　Kamso［2013: 239-241］に加筆・修正。

「グローバル・イスラーム金融フォーラム（Global Islamic Finance Forum; GIFF）」などが挙げられる。

　会議の内容のグローバル性を垣間見る一例として，上述の WIBC の模様を紹介する。WIBC は，2013 年会合で 20 周年を数えた，業界で最も長い歴史を有するコンファレンスである。民間企業（MEGA）の主催ながら，政府要人（バハレーン王族を含む），中央銀行総裁，民間銀行頭取などが多数講演する一大イベントである。2013 年会合の要点を概観すると，スピーカーの国籍・地域が多岐にわたる点が目立つ。

　基調講演は，バハレーンとクウェートの中央銀行総裁によってなされた。その後の CEO セッションでは，UAE（マシュレク・イスラーム銀行），カタル（バルワ銀行），シンガポール（アジア・イスラーム銀行），マレーシア（マレーシア・スタンダード・チャータード銀行）の CEO によるラウンドテーブル・ディスカッションが行なわれた。続く国際機関セッションでは，AAOIFI と IIFM（それぞれの機関概要については図表 2-10 参照）による国際基準策定の様子が紹介された。それに続くスクークに関するワークショップでは，国際機関である「国際イスラーム格付機関（IIRA）」による導入の後，オマーン，

パキスタン，スーダン，中国のスクーク関係者よりプレゼンがあった。メインのセッションと並行して，各国紹介セッションが開催されていたが，そこでは英国，カナダ，アゼルバイジャンと，ムスリム・マイノリティ国の雄と新興勢力が入り混じった，多様な国が熱心に自国の取り組みを紹介していた。2日間の会議を締め括ったのは，各国におけるイスラーム金融の展開に焦点を当てた「イスラーム金融の新たなフロンティアと機会：世界各国の主要市場における発展とイニシアティブ（New Frontiers, New Opportunities for Islamic Finance: Key Developments and Initiatives in Leading Markets Across the World）」と題するパネル・セッションであり，英国，スーダン，ケニア，アゼルバイジャン，パレスチナ，米国，カナダ，日本と，多くの国籍にわたるパネリストからの情報紹介があった。

またWIBCでは，例年，国際的会計・コンサルティング事務所であるアーンスト＆ヤングが，「世界イスラーム銀行競争力レポート（World Islamic Banking Competitiveness Report）」という業界分析資料を発表しており（過去にはマッキンゼーが作成・公表していた），参加者に配付される（後日，ウェブサイトにも掲載される）。これも同じく，世界各国の状況を知ることができるという点でイスラーム金融のグローバル化に資する知的インフラとみることができるだろう。

### (4) 教育機関

イスラーム金融が商品面の発展を伴ってグローバル化している背景のひとつとして，大学によるイスラーム金融教育の拡充や実務家向けを中心とした教育機関の進展も指摘することができる。後述するようにイスラーム金融の教育機関の設立が相次いでいる中，各国の事例を紹介する講義や学生の国籍の多様性などから，教育機関がグローバル化を支える一因となっていると考えられる。

なお，上記における「実務家向け」との表現は，「学術研究者向け」との対義語として用いているが，実際には，イスラーム金融の行政担当者やイスラームの宗教・文化面の研究者，あるいはイスラーム金融研究を志す学術研究者も含まれているだろう。また，これまで幾度となく述べてきたようにイ

スラーム金融取引に際しコンベンショナル金融の技術が大幅に利用される事実を踏まえると，優れた（＝稼げる）イスラミック・バンカーとなる上ではコンベンショナル金融のスキルが大きく物を言うことは事実であるが，ここではイスラーム金融に特化した人材育成機関についてのみ紹介する。

まず，世界で提供されるイスラーム金融教育の様子を概観しておく。民間調査会社のレポートYurizk［2013］によれば，世界66か国で742の機関がイスラーム金融に関する教育サービスを提供している。これには，大学とそれ以外の教育機関が含まれている。地域・国別にみると，**図表2－13，2－14**のとおりである。これらをみると，多様な国でイスラーム金融の教育が提供されている様子がうかがえる。

なお，Yurizk［2013］は包括的に各国のデータを掲載しているのでここでも用いたが，その正確性については若干の留意が必要である。例えば日本については4機関がカウントされているが，その内訳は①早稲田大学，②関西外国語大学，③国際協力銀行，④世界銀行東京開発ラーニングセンターとなっている。①は実際に大学院ファイナンス研究科（現在は経営管理研究科）においてイスラーム金融の正規講座が開講されており（担当教員は筆者）イスラーム金融の教育機関としてカウントすることに問題はない。しかし③については，政府系金融機関であって「教育」を行なうことはないほか，④についても，イスラーム金融のプログラムを一時的に開講した実績は2度あるものの（筆者が講師），それは多くのプログラムのひとつに過ぎず恒常的なものではないことから，本サーベイの主題である「イスラーム金融教育を提供する

図表2－13　イスラーム金融教育を提供する機関数（地域別内訳）

| 地域 | 機関数 | 構成比 |
| --- | --- | --- |
| アジア | 319 | 43.0 |
| 欧州 | 163 | 22.0 |
| 中東・北アフリカ | 141 | 19.0 |
| 北米 | 59 | 8.0 |
| サブサハラ・アフリカ | 45 | 6.1 |
| オセアニア | 15 | 2.0 |

（出所）　Yurizk［2013］

図表2-14 イスラーム金融教育を提供する機関数（国別）

| | | | | | |
|---|---|---|---|---|---|
| アフガニスタン | 3 | インド | 28 | フィリピン | 5 |
| アルジェリア | 1 | インドネシア | 31 | カタル | 4 |
| オーストラリア | 16 | イラン | 2 | ロシア | 6 |
| アゼルバイジャン | 1 | イラク | 1 | サウディアラビア | 19 |
| バハレーン | 20 | アイルランド | 8 | セーシェル | 1 |
| バングラデシュ | 22 | イタリア | 5 | シンガポール | 15 |
| ベルギー | 2 | 日本 | 4 | 南アフリカ | 8 |
| ボスニア・ヘルツェゴビナ | 3 | ヨルダン | 6 | スペイン | 5 |
| ブルネイ | 4 | カザフスタン | 1 | スリランカ | 8 |
| カンボジア | 1 | ケニア | 6 | スーダン | 5 |
| カナダ | 15 | クウェート | 7 | スウェーデン | 3 |
| 中国 | 1 | レバノン | 9 | スイス | 6 |
| キプロス | 1 | リビア | 3 | 台湾 | 2 |
| デンマーク | 3 | ルクセンブルク | 5 | タンザニア | 3 |
| エジプト | 9 | マレーシア | 86 | オランダ | 2 |
| フィンランド | 1 | モルディブ | 3 | チュニジア | 4 |
| フランス | 12 | モーリシャス | 6 | トルコ | 12 |
| ガンビア | 2 | モロッコ | 3 | ウガンダ | 1 |
| ドイツ | 7 | ネパール | 1 | UAE | 43 |
| ガーナ | 2 | ナイジェリア | 11 | 英国 | 86 |
| 香港 | 8 | オマーン | 7 | 米国 | 44 |
| ハンガリー | 2 | パキスタン | 88 | イエメン | 3 |

（注）　英語表記のアルファベット順。
（出所）　Yurizk［2013］

機関」とは呼び難い。おそらくは，インターネット上の情報を誤解したのではないかと推察される。

とはいえ，**図表2-15**のとおり，他のサーベイによるデータ［ICD and Thomson Rueters 2013］でも，教育機関数のランキング上位に占める国は概ね一致しており，上述のYurizk［2013］を参考程度にみておくことに大きな問題はないだろう。

これらの教育機関の中には，イスラーム金融に関する一定の知識を持つことを証明する資格を提供するところもある。その代表例をKamso［2013:235］に修正する形で示すと，**図表2-16**のとおりである。

先に統計により世界各国の情勢を概観したが，イスラーム金融教育の実際の様子について，その一端を，**図表2-14**と**2-15**でともに上位2位以内となっている英国とマレーシアについて具体的に述べる。

図表 2-15　イスラーム金融の教育機関（上位 10 か国）

| 順位 | 国名 | 大学 | その他機関 | 合計 |
| --- | --- | --- | --- | --- |
| 1 | 英国 | 22 | 60 | 82 |
| 2 | マレーシア | 18 | 50 | 68 |
| 3 | UAE | 9 | 31 | 40 |
| 4 | アメリカ | 3 | 25 | 28 |
| 5 | パキスタン | 9 | 22 | 31 |
| 6 | サウディアラビア | 7 | 22 | 29 |
| 7 | バハレーン | 3 | 20 | 23 |
| 8 | インドネシア | 7 | 15 | 22 |
| 9 | インド | 5 | 13 | 18 |
| 10 | フランス | 5 | 12 | 17 |

（出所）　ICD and Thomson Reuters ［2013］

図表 2-16　イスラーム金融の資格を提供する機関

| 機関 | 資格 |
| --- | --- |
| International Centre for Education in Islamic Finance | Chartered Islamic Finance Professional, Master and Ph. D in Islamic Finance |
| BaFin-Conference on Islamic Finance | Certified Qualification in Islamic Finance |
| Ethica Institute of Islamic Finance | Certified Islamic Finance Executive |
| Australian Centre for Islamic Financial Studies | International Certified Islamic Finance Practitioner |
| Chartered Institute of Securities Investment & Ecole Supérieure des Affaires | Islamic Finance Qualification |
| Financial Planning Association of Malaysia | Islamic Financial Planner |
| Chartered Institute of Management Accountants | Diploma and Advanced Diploma in Islamic Finace |

（出所）　Kamso［2013: 235］に加筆・修正。

　英国が，ムスリム・マイノリティ国でありながら，またイスラーム金融が一定程度発展しているとはいえ市場規模をみても決して大きいとは言えない中で，教育機関数で上位を占めている背景には，ダラム大学にながらく在籍したロドニー・ウィルソンの存在があるだろう。ウィルソンは，中東研究で知られるダラム大学においてイスラーム金融・イスラーム経済の研究・教育

体制を整えた。同大学は，現在，正規コースやサマースクールなど多様な形態でイスラーム金融のプログラムを提供している。

　また，郊外にあるダラム大学のみならず，金融の中心地であるロンドンおよびその近郊を中心に大学等でのイスラーム金融が充実している。ロンドン・シティ大学の経営管理大学院であるカス・ビジネス・スクール（Cass Business School）は，正規講座としてイスラーム金融のコースを提供しているほか，ドバイのドバイ国際金融センター（Dubai International Financial Centre; DIFC）と共同でイスラーム金融のエグゼクティブMBAプログラムをドバイにて実施している。ロンドン近郊にあるレディング大学は，2008年，マレーシアのINCEIFと共同で，イスラーム金融の修士号のコースを開始した。

　これらのコースに参加する学生には中東をはじめ世界各国からの留学生も含まれており，英国の国際性の高さがイスラーム金融教育機関を通じてイスラーム金融のグローバル化に寄与している側面をうかがうことができる。

　マレーシアでは，伝統的にはマレーシア国際イスラーム大学（International Islamic University Malaysia; IIUM）がイスラーム金融教育の主要機関として知られる。マラヤ大学（University of Malaya; UM）やマレーシア国民大学（Universiti Kebangsaan Malaysia; UKM）等も著名である。とりわけIIUMは，イスラーム世界を中心に各国から学生を受け入れており，グローバル化に寄与する機関と評価できよう。それ以上に，現在のマレーシアにおける大学レベルのイスラーム金融教育は，INCEIFをもって語るべきだと考える。[37] INCEIFは，同国中央銀行のゼティ総裁（当時）のイニシアティブで2005年に設立された。前節でも述べたイスラーム金融の資格としてCIFPを提供するほか，修士プログラムや博士プログラムも用意されている。これらのコースに参加する学生の国籍は80を超える。また教授陣をみても，マレーシア人が多くはあるが，トルコ人教授のムラト・チザクチャや，イラン人でIMFの幹部をながく務めたアッバース・ミラホルが名誉教授として在籍しているほか，ドイツ人のフォルカー・ニーンハウスが客員教授として名を連ねるなど，イスラーム金融の分野で名高い多くの外国人教授を抱えており，教育内容としても「ローカル・マレーシア」のみではないことがうか

がえる。

　一方，フランスの大学も，イスラーム金融を提供している。アフリカを中心とするフランス語圏学生の需要に対応する目的もあり，ストラスブール大学やパリ第9大学がイスラーム金融専門のコースを設置している。

　次に，受講者にとってより国籍の概念を必要としない，オンライン資格取得コースの主な事例について触れる。上述のINCEIFは，実際に通うコースのみならず，オンラインコースも提供しており，これまで，日本在住の日本人を含め，80か国程度の卒業生を輩出しているという[38]。また，上述のとおり，英国を中心に「イスラーム金融検定（IFQ）」の資格制度が提供されている。これは，同国の証券投資協会（CISI）とレバノンの高等ビジネススクール（ESA）が共同開発した資格であり，実務家等の間でも評価が高く，付属の教科書は英語のみならず，フランス語とアラビア語でも提供されている。

## 5　小　　括

　本章では，イスラーム金融の発展を国別にみる際に有意な枠組みとして，ムスリム人口比率と金融市場の発展度合いからなる「事業環境マトリクス」を呈示した。この分析枠組みは，先行研究にはみられないアプローチであり，また幾つかの文献が示す漠然とした分類と比べ，イスラーム金融の発展を読み解く上で有益な，イスラーム金融の勃興時期，現在みられる具体的な金融サービス・市場の姿などにおいて含意が得られたことから，今後を見通す上でも有用なものとみることができる。

　事業環境マトリクスは，Ⅰ：コア市場型，Ⅱ：潜在市場型，Ⅲ：先端金融型，Ⅳ：不毛地域型の4つからなる。コア市場型では，リテール，ホールセールとも相応の進展があり，金融面と宗教面の双方の強みがそれに影響している。潜在市場型は，金融面での素地に乏しい面があり，技術的に高度なホールセールよりも，リテールが中心となる。先端金融型は，高度な金融市場を持つムスリム・マイノリティ国であり，リテール市場に乏しい一方で，スクーク発行や金融機関のグローバル事業展開などにおける強みが特徴となっている。

最後に，各カテゴリを越えるグローバル化を支えたイスラーム金融業界の共通インフラとして，シャリーア・ボード，国際機関，情報インフラ（ニュース，コンファレンス），教育機関の世界的な状況についてまとめた。これらの共通インフラは，事業環境マトリクスの各カテゴリを越えて，ネットワーキングの場，世界的調和，技術移転等を促進する意義を有していると考えられる。

　換言すれば，これらにより，イスラーム金融業界における，金融機関幹部，金融当局者，学術研究者等の間で既にグローバルなネットワークが形成された，あるいは形成される素地ができているとみることができる。こうした指導者層での人的ネットワークは，ある後発国におけるイスラーム金融の勃興・成長を支援するものと考えられる。その上で――例えば潜在市場型の後発国への技術指導においてマレーシア人が自国の経験を単純に押し付けることのないように――事業環境マトリクスの理解と運用が適切な制度設計を生むような場面も出てくるものと期待している。

# 第3章
# イスラーム金融の「周縁地域」における発展経路

## 1 はじめに

　本章では，第2章で呈示した「事業環境マトリクス」のうち，Ⅱの潜在市場型，ならびにⅢの先端金融型の各カテゴリについて，それぞれの国におけるイスラーム金融の実践状況を，主として制度や金融機関の取り組みを中心に詳述していく。潜在市場型諸国ならびに先端金融型諸国を合わせて本章タイトルのとおり「周縁地域」とするが，これは，イスラーム金融が最も盛んな「コア市場」に対置させた表現である。周縁地域におけるイスラーム金融の進展は，コア市場型に比べれば実務的関心や研究対象としての注目の度合いが低い面もあるが，特に近年において進展・拡張が多い分野でもあり，特筆に値する地域と考えられる。
　逆に，コア市場型の諸国については，本書の事例研究の対象として取り上げない。コア市場型についての「○○国のイスラーム金融」，「Islamic Finance in Country XXX」といった類の文献は既に数多くあるほか，本書においても論旨展開上必要な場所では，随時具体的に言及・引用しており(1)，あえて数多の先行研究の内容を繰り返す必要はないと判断したからである。
　次節にて記述の対象とする「潜在市場型」の定義は，「ムスリム・マジョ

リティ国＋金融後進国」であった。本章では，アフリカ地域にてまとまった数のムスリムがいる国々を取り上げ，イスラーム金融の進展状況を確認する。なお，潜在市場型として分類できる国・地域には，パキスタンやバングラデシュ，トルコ，中央アジア諸国などほかにもあるが，次の2つの理由からアフリカ諸国，とりわけサハラ以南のアフリカ（サブサハラ・アフリカ）を中心に取り上げることとした。

　第1に，潜在市場型の特徴である金融発展途上国として，アフリカは上述した国々に比べて総じて金融発展の度合いが低いため，潜在市場型としての特徴が際立つと考えられること。パキスタンやトルコ，中央アジア等においては，平均的なアフリカ諸国に比べて相対的に金融システムが発展している部分も多く，途上国としての特徴はアフリカの方が色濃く出やすい。こうすることで，コア市場型との対比を明確にすることが可能となる。第2に，アフリカ諸国でも近年におけるイスラーム金融の取り組みが目立つこと。ここ5年程度の間に，アフリカの幾つかの国においてイスラーム金融に関する急速な進展がみられた。このため，比較的早い段階からイスラーム銀行の設立等がみられていたパキスタン（ミーザン投資銀行〔Al-Meezan Investment Bank〕，1997 年），バングラデシュ（バングラデシュ・イスラーム銀行〔Islami Bank Bangladesh〕，1983 年），トルコ（アルバラカ・トゥルク〔Al-Baraka Turk〕，1985 年）に比べて，近年，とりわけ 1980〜90 年代ではなく 2010 年以降の発展を特徴のひとつとする潜在市場型の対象として描き出しやすいという部分もある。

　潜在市場型の次に，3にて，事業環境マトリクスでIIIとした先端金融型の事例について述べる。高度に発展した金融市場を持つ一方，ムスリム・マイノリティ国である先端金融型諸国につき，その制度や市場・金融機関の具体的事実を追いながら，その特徴を明らかにしていく。

　既に述べたように，近年のイスラーム金融のグローバル化における特徴のひとつは，ムスリム・マイノリティ国——欧米を中心とする西洋社会と捉えてもよいだろう——もイスラーム金融に大きく関与しているという事実である。国際金融社会においてイスラーム金融の存在も強く意識される背景には，こうしたムスリム・マイノリティ国の関与も影響しているだろう。また，高

度な金融技術を有する欧米の金融機関がイスラーム金融の商品開発に参画することにより，イスラーム金融市場における商品面での高度化に寄与している部分があり，その点でもイスラーム金融の発展を解釈する上で先端金融型諸国の動きの把握を欠くことはできない。

　商品面での進展をも考慮に入れたグローバル・イスラーム金融市場の読み方については第4章で詳しく分析するが，本章では，その前段という意味も含めて，先端金融型の代表例として，まずイギリス，フランス，シンガポールを取り扱う。これらの国々におけるイスラーム金融の進展を制度や金融機関の動きにより追うことで，グローバル市場においてこれらの国々が果たす意義・役割につき考察する一助とすることを目指している。

　次に4として，日本について制度面の進展を中心に記述する。日本は，事業環境マトリクスにおいて間違いなく先端金融型に分類される。まとまったムスリム人口があるわけではないわが国においても，国際金融界におけるイスラーム金融のプレゼンスが高まる中で，そうした動きにキャッチアップしようと幾つかの制度的進展が実現した。また，それ以前から日本の民間金融機関はイスラーム金融ビジネスに着手しており，ムスリムの多い中東や東南アジア地域における巨大な事業機会を着実に捉えようとしている。こうした様子を描写することで，日本が，同じカテゴリに属する英国，フランス，シンガポールなどと，程度や内容の差こそあれ，同様の文脈でイスラーム金融に関与していることを確認する。

## 2　潜在市場型――アフリカ諸国における萌芽――

　本節では，先に詳述した地域特性のマトリクスにおいて「潜在市場型」と分類した「ムスリム・マジョリティ国＋金融後進国」について，アフリカ諸国を事例として取り上げながらその実情をみていく。アフリカ（北アフリカとサブサハラ・アフリカ）には4億人を超えるムスリムがおり，全人口の半分弱を占める（図表3-1参照）。経済発展がその途上にあり銀行システムが未成熟な国も少なくないが，そうした国々においてもイスラーム金融が実践されている，またはその実践が展望されていることも事実である。このような

図表 3-1　アフリカのムスリム人口（2010 年時点）

(単位：千人，%)

|  | 全人口 | ムスリム人口 | ムスリム人口比率 |
|---|---|---|---|
| アフリカ全土 | 1,032,319 | 437,786 | 42.4 |
| 　北アフリカ | 212,914 | 195,242 | 91.7 |
| 　サブサハラ・アフリカ | 819,405 | 242,544 | 29.6 |

(出所)　Pew Research Center［2011］

　問題意識に基づき，潜在市場型の事例としてサブサハラ・アフリカを中心に取り上げる。北アフリカは，既に一定の経済発展を達成しており，イスラーム金融の実践もある程度進んでいる部分があるため，潜在市場型としての特徴はサブサハラの方が際立っていると考えられるからである。なお，スーダンについては，地域的にはサブサハラに属するが，現代イスラーム金融の実践が早期に開始された湾岸諸国との地理的近接性により 1970 年代よりイスラーム金融への取り組みがみられていることから，本節における考察対象の中心とはしない。もっとも，アフリカ諸国に関する文脈において，必要に応じそうした定義に捉われず北アフリカ諸国やスーダンを含めて記述することもある。さらに，経済発展が他のサブサハラ・アフリカ諸国に比して一歩先んじている南アフリカについては，本来は後述するように「先端金融型」に分類する方が適切であるが，アフリカ諸国を対象とした文脈ということで本節にて記述することとしたい。

　アフリカにおけるイスラーム金融の現状について，GIFF［2012］により金額面から概観すると図表 3-2 のとおりである。これをみると，サブサハラ・アフリカにおいてもイスラーム金融の実践が――規模は小さいながらも――着実にみられていることが分かる。また，「潜在市場型」の典型的な特徴である，スクークの少なさ，またその反動としての銀行資産の多さがうかがえる。

　さて，上記の記述は，あたかもアフリカがひとつの国であるかのように捉えた総和的な書き振りであった。実際には，国によって金融を巡る状況や政治・社会環境は大きく異なる。以下では，各国の事情を中心に取り上げ，最後にまとめという形で地域特性との関係を記すこととしたい。

図表3-2 地域別イスラーム金融資産残高

(単位：百万ドル)

| | 銀行 | スクーク | ファンド | タカーフル | 全体 |
|---|---|---|---|---|---|
| アジア | 144.8 | 120.8 | 16.2 | 2.4 | 284.2 |
| GCC | 411.1 | 55.6 | 27.2 | 6.4 | 500.3 |
| MENA（GCC以外） | 462.6 | 0.1 | 0.5 | 6.0 | 469.2 |
| サブサハラ・アフリカ | 14.5 | 0.2 | 1.5 | 0.4 | 16.6 |
| その他 | 42.9 | 1.5 | 14.6 | 0.0 | 59.0 |
| 全体 | 1,075.9 | 178.2 | 60.0 | 15.2 | 1,329.3 |

(出所) GIFF [2012]

　まず，潜在市場型を構成する要素のひとつであるムスリム人口の多さについて，**図表3-3**にて，**図表3-1**でも用いたPew Research Center [2011]における国別データにより把握する。これをみると，①サブサハラでは，西アフリカ（ナイジェリア，セネガル，ニジェール等）や東アフリカ（スーダン，エチオピア，タンザニア等）でムスリム人口が多い，②北アフリカでは全ての国でムスリム人口比が9割を超える，といった特徴がうかがえる。

　各国におけるイスラーム金融の実践状況については，取り組みがみられる幾つかの国につき後述するが，一口にアフリカと言っても各国の社会・経済状況は国によって大きく異なる。そこで，第2章で用いた類型の枠組みを個別のアフリカ諸国に大まかに当てはめてみると，例えば北アフリカ諸国はGCC諸国と同様，ほぼコア市場型に近いと考えられる一方，上述したように，南アフリカはムスリムの少なさと金融の発展度合いの高さから先端金融型に近いとみることが可能である。サブサハラ諸国のうちイスラーム金融への関与がみられる国々は，潜在市場型とみてよい。また，金融システムがほとんど発展しておらず，ムスリムもほぼ皆無のような国々（ムスリム人口・比率が少なかったとして**図表3-3**には掲載しなかったアンゴラ，ルワンダ，ブルンジ，コンゴ〔共和国〕，ナミビア，スワジランド，カーボヴェルデ，レソト等）は不毛地域型とみることができ，特段記述すべき動きもみられないため，本節にて考察の対象とする必要はないと判断している。

　このような属性を意識しつつ，以下では，アフリカ諸国におけるイスラー

### 図表3-3 アフリカ各国のムスリム人口（2010年時点）

（サブサハラ・アフリカ：人口上位30位まで）

| | 国 | ムスリム人口（千人） | 全人口比 % |
|---|---|---|---|
| 1 | ナイジェリア | 75,728 | 47.9 |
| 2 | スーダン | 30,855 | 71.4 |
| 3 | エチオピア | 28,721 | 33.8 |
| 4 | ニジェール | 15,627 | 98.3 |
| 5 | タンザニア | 13,450 | 29.9 |
| 6 | セネガル | 12,333 | 95.9 |
| 7 | マリ | 12,316 | 92.4 |
| 8 | ブルキナファソ | 9,600 | 58.9 |
| 9 | ソマリア | 9,231 | 98.6 |
| 10 | ギニア | 8,693 | 84.2 |
| 11 | コートジボワール | 7,960 | 36.9 |
| 12 | チャド | 6,404 | 55.7 |
| 13 | モザンビーク | 5,340 | 22.8 |
| 14 | シエラレオネ | 4,171 | 71.5 |
| 15 | ウガンダ | 4,060 | 12.0 |
| 16 | ガーナ | 3,906 | 16.1 |
| 17 | カメルーン | 3,598 | 18.0 |
| 18 | モーリタニア | 3,338 | 99.2 |
| 19 | ケニア | 2,868 | 7.0 |
| 20 | ベナン | 2,259 | 24.5 |
| 21 | マラウィ | 2,011 | 12.8 |
| 22 | エリトリア | 1,909 | 36.5 |
| 23 | ガンビア | 1,669 | 95.3 |
| 24 | コンゴ（民） | 969 | 1.4 |
| 25 | ジブチ | 853 | 97.0 |
| 26 | トーゴ | 827 | 12.2 |
| 27 | 南アフリカ | 737 | 1.5 |
| 28 | ギニアビサウ | 705 | 42.8 |
| 29 | コモロ | 679 | 98.3 |
| 30 | リベリア | 523 | 12.8 |

（北アフリカ）

| 国 | ムスリム人口（千人） | 全人口比 % |
|---|---|---|
| アルジェリア | 34,780 | 98.2 |
| エジプト | 80,024 | 94.7 |
| リビア | 6,325 | 96.6 |
| モロッコ | 32,381 | 99.9 |
| チュニジア | 10,349 | 99.8 |

（出所）Pew Research Center［2011］

ム金融の実践状況について，近年の取り組みを中心に国ごとに記述する。

(1) 国ごとにみたサブサハラ・アフリカにおける特徴

まず，サブサハラ・アフリカの国別イスラーム金融機関の数を概観する。**図表3-4**は，各国中央銀行ウェブサイト，各銀行ウェブサイト，イスラミック・ファイナンス・ニュース（Islamic Finance news）各号，Redmoney (ed) [2014] より集約した，アフリカ諸国におけるイスラーム金融機関の数をまとめたものである。自国の状況について当局より公表されていないケースもあるため，包括的に正確な統計を記載することは困難であるが，部分的な公式統計や，各銀行のウェブサイト，国別記述を含む資料により，概数としてまとめた。

以下では，同表において一定の金融機関の取り組みがあることが把握でき，制度的進展もある，ナイジェリア，ケニア，タンザニアについて記述する。その後，それ以外の国について簡単に触れる。

(2) ナイジェリア

図表3-3でみたように，ムスリム人口7,500万人を超えるアフリカ最大のムスリム国であるナイジェリアにおいて，近年，イスラーム金融の著しい

図表3-4 イスラーム金融を提供する機関数（国別，2013年時点）

| | | 銀行 | その他 | 合計 | | | 銀行 | その他 | 合計 |
|---|---|---|---|---|---|---|---|---|---|
| 1 | Botswana | 1 | 0 | 1 | 10 | Liberia | 1 | 0 | 1 |
| 2 | Cameroon | 1 | 0 | 1 | 11 | Mauritania | 2 | 2 | 4 |
| 3 | Chad | 1 | 0 | 1 | 12 | Mauritius | 4 | 1 | 5 |
| 4 | Djibouti | 4 | 0 | 4 | 13 | Nigeria | 3 | 4 | 7 |
| 5 | Ethiopia | 1 | 0 | 1 | 14 | Senegal | 1 | 1 | 2 |
| 6 | Gambia | 1 | 1 | 2 | 15 | South Africa | 3 | 2 | 5 |
| 7 | Ghana | 0 | 1 | 1 | 16 | Sudan | 34 | 15 | 49 |
| 8 | Guinea | 1 | 0 | 1 | 17 | Tanzania | 5 | 0 | 5 |
| 9 | Kenya | 9 | 3 | 12 | 18 | Zambia | 1 | 0 | 1 |

（出所）各銀行ウェブサイト，各国中央銀行ウェブサイト，Islamic Finance news, Redmoney (ed) [2014]

進展が官民を問わずみられている[2]。

　制度面では，2011年1月にイスラーム銀行業務を規定する「ナイジェリアにおけるイスラーム金融機関の規制・監督に関するガイドライン（Guidelines for the Regulation and Supervision of Institutions Offering Non-interest Financial Services in Nigeria）」が策定され，これによりナイジェリアのイスラーム金融は大きく進展した。このガイドラインを受け，同年，イスラーム専業銀行としてジャイズ銀行（Jaiz Bank）に，そして兼業銀行（ウィンドウ）としてスタンビック（Stanbic IBTC）に，それぞれイスラーム金融商品を提供するライセンスが付与された。その後2013年にはスターリング銀行（Sterling Bank）へのウィンドウ・ライセンスも与えられている。また，タカーフル業務について，保険業務の監督当局であるナイジェリア保険委員会（National Insuarance Commission; NAICOM）が2013年に「タカーフル会社の業務ガイドライン（Operational Guidelines 2013 Takaful-Insurance Operators）」を発表した。もっとも，タカーフル分野においてはガイドラインの発表以前に民間機関の業務開始の動きがあった。アフリカ・アライアンス保険（African Alliance Insurance）が2003年にファミリー・タカーフル（コンベンショナル保険で言う生命保険に相当）を提供したのを皮切りに，コーナーストーン保険（Cornerstone Insurance）やニジェール保険（Niger Insurance）などがその動きに続いた。

　また，シャリーア・スクリーニング関連で，上述の業務関連規定に先んじ，イスラーム金融業務におけるイスラーム法遵守関連事項を規定した「ナイジェリアにおけるイスラーム金融機関のためのシャリーア・ガバナンスに関するガイドライン（Guidelines on Shariah Governance for Non-interest Finacial Institutions in Nigeria）」が2010年に発行された。なお，各イスラーム銀行のファトワーは，そのシャリーア適格性を確認するため，中央銀行が2013年に設置した金融規制専門家諮問委員会（Financial Regulation Advisory Council of Experts; FRACE）の追認を受けることとなっている[3]。

　また，税制面では，連邦歳入局（Federal Inland Revenue Service）が2012年，コンベンショナル金融との中立化（シャリーア適格な構造とすることで生じる税額増加をなくし，コンベンショナル金融の同等取引と同じ税額とする措置）を目指

したガイドラインの草案を発表した。

　民間部門では，ロータス・キャピタル（Lotus Capital）がナイジェリアのイスラーム金融をその初期段階から牽引してきた。同社は，2004年に設立された資産運用を主な業務とする金融会社で，ナイジェリア証券取引所に上場されている「ハラール・ファンド」を組成したことでも知られている。その後同社は，2012年7月にナイジェリア証券取引所と共同でイスラーム株価指数（NSE-Lotus Islamic Index）を開発した。

　同社の主導もあり，ナイジェリアのオスン州政府は114億ナイラ（7,400万米ドル相当）のスクーク・アル＝イジャーラ（償還2020年）を2013年10月に発行した。これはナイジェリア初の公募スクークであり，州内の27の学校建設を調達資金の使途とした。当該スクークは，同国のイスラーム銀行やタカーフル会社が購入したとみられている。同スクークが発行される前の2013年2月には，証券当局であるナイジェリア証券取引委員会（Securities and Exchange Commission）が「ナイジェリアにおけるスクーク発行に関する規則（Rules on Sukuk Issuance in Nigeria）」を発表しており，上記スクークを発行する上での根拠法となっている。なお今後は，ソブリン（連邦政府）によるスクーク発行も検討されている。

　先に述べた法制度が整うまでには，長い道のりがあった。上述のとおり，ナイジェリアでは約半数をムスリムが占めるが，残り半分はキリスト教徒である。キリスト教徒の国会議員等からは，イスラームのみを優遇する制度——実際には「優遇」ではなく，業務の規定や税制の中立化等なのであるが——には反対が根強く，イスラーム金融の関連法令は概して成立しにくい[4]。そうした部分を乗り越えながら，こうした制度の枠組みが作られている[5]。

　ナイジェリアは，2010年に設立された，イスラーム金融の国際機関である国際イスラーム流動性管理公社（International Islamic Liquidity Management Corporation; IILM）にも，9つの中央銀行ならびにイスラーム開発銀行からなる10出資者のうちのひとつとして関与している[6]。こうした面からも，近年における同国のイスラーム金融への積極性を読み取ることができる。

## (3) ケニア

ケニアにおけるイスラーム銀行業務は，銀行法が根拠となって認められている。現状，イスラーム専業銀行と兼業銀行（ウィンドウ）が認められている。

同国初のイスラーム銀行は2008年に設立されたファースト・コミュニティ銀行（First Community Bank）であり，同年ガルフ・アフリカン銀行（Gulf African Bank）がそれに続いた。同じ頃，コンベンショナル銀行によるウィンドウでのイスラーム金融サービスも始まっており，チェース銀行（Chase Bank）が"Chase Iman"とのブランドで，ケニア・ナショナル銀行（National Bank of Kenya）が"National Amanah"とのブランドで，それぞれ営業を開始している。また，バークレイズ・ラリバ（Barclays La Riba），ケニア商業銀行（Kenya Commercial Bank）もウィンドウでイスラーム金融を提供しているほか，スタンダード・チャータード銀行も"Standard Chartered Saadiq"とのブランドで2014年に開業した。

資本市場ビジネスでは，2013年よりチェース銀行の子会社であるゲンギス・キャピタル（Genghis Capital）がイスラーム株式ファンドを提供しているほか，ファースト・コミュニティ銀行の子会社であるFCBキャピタル（FCB Capital）も同様の業務を行なっている。また，タカーフルでは，2011年にアフリカ・タカーフル保険（Takaful Insurance of Africa）社が営業を開始した。

また，アフリカあるいは潜在市場型に特有の分野である，マイクロファイナンスの分野でも取り組みがみられている。ファースト・コミュニティ銀行は，畜産業者向けの"*boresha mifugo*"と呼ばれるマイクロファイナンスサービスを提供しているほか，チェース銀行も農業向けにマイクロファイナンス商品を用意している。またマイクロタカーフル業務について，アフリカ・タカーフル保険社がサービスを提供している。なお，これに伴う少額の保険料支払は，ケニアで開発された携帯電話による小口送金サービスであるM-PESAを用いて行なわれている模様である。

### (4) タンザニア

タンザニアのイスラーム金融の嚆矢は，2008年のケニア商業銀行（Kenya Commercial Bank）によるイスラーム金融商品の提供に求められる。その後2010年には，ナショナル商業銀行（National Bank of Commerce）やスタンビック（Stanbic）が，最近ではザンジバル人民銀行（People's Bank of Zanzibar）もイスラーム金融ビジネスの開始の波に乗った。2011年には，現状唯一のイスラーム専業銀行としてアマーナ銀行（Amana Bank）も設立されている。なお，上述のナショナル商業銀行は南アフリカのABSAの現地子会社であり，スタンビックも同じく南アフリカのスタンダード銀行（Standard Bank）の子会社である。後述するとおり金融市場が発展している南アフリカの金融機関がタンザニアにおいてもイスラーム金融に取り組んでいるという特徴がうかがえる。

スクークや資産運用などの分野において目立った実績はない。こうした背景には，そのようなイスラーム金融取引の同等物である，コンベンショナル金融での債券市場や資産運用ビジネスが十分に育っていないことがあると考えられる。こうした面から，第1章で指摘したような制度的補完性が（負の意味で）働いているとみることができる。

制度面では，関連法制や税制を含めて，特段の取り組みはみられない。イスラーム銀行業務も，現行の銀行法制に基づいて行なわれている。ただし，世界銀行の支援により法令面の整備が進められているようであり，今後の進展が注目される。

### (5) その他の国々

以下では，これまでみてきた3か国に比べれば小規模ながらもイスラーム金融への取り組みがみられる，セネガル，ガンビア，ジブチ，モーリシャスについて，その概要を簡単に把握する。

まず，セネガルのイスラーム金融の歴史は，比較的長い。1983年にDMIグループ（Dar al-Maal al-Islami Group）によりセネガル・イスラーム銀行（Banque Islamique du Senegal）が設立された（設立当初の名称は，Massraf Faisal al Islami）。その後2005年に，タカーフル業務を営むソサール・アル＝アマ

ーン（Sosar Al Amane; SALAMA）が設立された以外，目立った進展はみられていなかったが，2014年にはソブリン・スクークの発行（1,000億CFAフラン，2億ドル相当）が実現に至った。[10]

セネガルの隣国ガンビアは，ソブリン・スクークの発行で知られている。ガンビア中央銀行による流動性管理目的の短期スクーク・アッ＝サラムであり，毎年1,000～3,000万米ドル程度が発行されている。銀行部門では，1996年にアラブ・ガンビア・イスラーム銀行が設立されている。また2008年には，タカーフル会社としてタカーフル・ガンビア社（Takaful Gambia Limited）が設立されている。

ジブチも，ガンビアと同様の小国であるが，小規模銀行を中心としたイスラーム金融の取り組みがみられている。現在，4機関（Dahabshiil Bank International, Saba Islamic Bank, Salaam African Bank, Shoura Bank）がイスラーム銀行の免許を付与されている。コンベンショナル銀行によるウィンドウ業務は認められていない。

ジブチのイスラーム金融については，国際機関等が資金供与をしたインフラ・プロジェクトにおいてイスラーム金融が部分的に用いられたこともよく知られている。ジブチでは港湾事業が国を支える重要産業となっているが，港湾拡張プロジェクトにつき，2005年にはイスラーム民間開発公社（ICD），アフリカ開発銀行等により4,000万ドルの取引が，また2008年にはドバイ・イスラーム銀行，スタンダード・チャータード銀行，ウェストLB銀行による4億ドルの資金供与につき世界銀行グループの多国籍投資保証機関（MIGA）の保証付きでの取引が，それぞれ成立している。またジブチは，アフリカにおけるイスラーム金融のセミナー「アフリカ・イスラーム金融サミット（Islamic Banking Summit Africa; IBSA）」の開催受入国としての知名度を高めつつある。これは，20年を超える歴史を有し世界最大規模のイスラーム金融に関する民間イベントである「世界イスラーム金融コンファレンス（World Islamic Banking Conrefence; WIBC）」を主催するMEGA社（現在はその後継であるEthico Live社）により開催されるものである。IBSAは，2012年の初回会合以来毎年開催されているが，開会セッションでは同国の大統領が毎回基調講演を行なう，国を挙げての一大イベントとなっている。

モーリシャスについて，古くは1941年のワクフ法の成立やワクフ委員会の設置にその起源を求めることができるが，現代的な意味では2009年にカタル系のセンチュリー銀行（Century Bank）へのライセンス付与（業務開始は2011年）を皮切りにイスラーム金融への取り組みが本格化したとみるべきであろう。それ以前の2008年の銀行法改正（銀行による資産取得等を可能にしたもの），同年の公的債務管理法改正（ソブリン・スクークの発行を可能としたもの）により制度的対応が進んだ。それを受け，HSBC，スタンダード・チャータードに加え，パキスタン系のHBLもウィンドウ方式でイスラーム金融商品の提供を開始した経緯がある。近年は，国際機関IFSBとの協調という意味でも世界からの注目を集めている。2012年には，北アフリカ（スーダンを含む）を除いたアフリカで初めてIFSBによるセミナーがモーリシャス中央銀行との共催で実施された。これに続き，2014年には，IFSBが毎年各国で行なう年次サミット[11]を，アフリカで初めて，また経済規模としては史上最小の国として開催した。このことは，イスラーム金融のフロンティア拡張の最前線のひとつがモーリシャスのような潜在市場型の国にあることを示唆している好例と言えるだろう。

### (6) 南アフリカ

　これまでに概観したアフリカ諸国は，いずれも経済や金融市場の発展度合いが低位にとどまっており，「潜在市場型」の国としてまさに当てはまる国であったが，最後に取り上げる南アフリカは，アフリカ大陸随一の経済大国であり，一人当たり国民所得も7,190ドル／年（データは世界銀行）と，中国やタイなどの先進新興国を超える水準である。こうした状況を踏まえると，ムスリム人口1.5％程度という小ささもあり，「潜在市場型」というよりは「先端金融型」と捉えるべきであるが，上述した他の国々と一緒に地域としてのアフリカの動きを捉えるため，本節にて記述する。

　南アフリカ[12]におけるイスラーム金融の起点は，バハレーンを拠点とするアラバラカ銀行が進出した1989年に求められる（**図表1-2参照**）。その後1992年にはイスラーム株式ファンドが提供され（第4章にて後述），2003年には同国初のタカーフル会社（Takafol SA）が設立された。

近年は，地場の大手銀行によるイスラーム金融への取り組みが目立つ。ABSAならびにファースト・ナショナル銀行（First National Bank）が個人向け・法人向けともイスラーム金融商品を提供している。また，パキスタン系のハビブ銀行のスイス子会社（Habib Bank AG Zurich）の現地子会社であるHBZ銀行も，ウィンドウ業務でイスラーム金融に対応している。なおABSAグループは，上述のタカフォルSA社（Takafol SA）を吸収し，現在はABSAタカーフル（ABSA Takaful）として営業している。

　資産運用（アセット・マネジメント）分野では先進的な取り組みが目立つ。1992年6月という世界的にも早い時点で，アルバラカ銀行が「アルバラカ株式ファンド（Al Baraka Equity Fund）」（現在はOld Mutual Al Baraka Equity Fundとの名称）というイスラーム株式ファンドの販売を開始した。地場最大手銀行のスタンダード銀行グループもSTANLIBというファンドを提供しているほか，オアシス社（Oasis），エレメント投資マネージャー（Element Investment Managers），27四投資マネージャー（27Four Investment Managers）もイスラーム・ファンドを販売している。ABSAキャピタルは，これまでに3つのイスラーム上場投資信託（Exchange-traded Fund; ETF）を上場している（NewFunds Shari'ah Top 40 Index ETF, NewGold ETF, NewPlatETF）。

　政策面をみると，上述のイスラーム銀行業務の取り込みとの関連において，イスラーム銀行を扱う法・規制体系はなく，コンベンショナル銀行業務の枠組みのもとで扱われている。なお，規制で設けられているわけではなくとも，上述した金融機関はすべて自前のシャリーア・ボードを有している。

　税制に関しては，ゴーダン財務相（当時）の主導により，2010年より税制中立化政策が進められ，国家所得税法（National Income Tax Act）の修正に至り，ムダーラバ，ムラーバハ，ディミニッシング・ムシャーラカを用いた取引やスクークに関する中立化が図られている。

　また，2014年9月には，南アフリカ財務省（National Treasury）がスクークを発行した。スクーク発行計画が実現に至った背景のひとつとして，スタンダード銀行やBNPパリバといった大手金融機関がアドバイザーを務めていたことを指摘することができるだろう。

### (7) 総括と今後の展望

最後に，これまでにみたアフリカの幾つかの国におけるイスラーム金融の実践状況を総括しよう。ただし，上述のとおり，南アフリカについてはその社会・環境要因に鑑み先端金融型の側面が強いことから，総括作業の対象外とする。

第1に，潜在市場型に特徴的なリテール業務からのスタートが中心であること。イスラーム金融への取り組みがみられる全ての国で，リテールを対象とした商業銀行業務としての実践がみられている。また，一部では個人を対象としたタカーフル業務もみられる（ナイジェリア，ケニア，セネガル，ガンビア）が，これもリテール中心という範疇に入る。他方，中央銀行がスクークを発行しているガンビアやこのほど実現に至ったセネガルのソブリン・スクークのケースを例外とすれば，イスラーム資本市場取引への関与は大きくない。制度的補完性として先に説明したように，コンベンショナル資本市場が発達していないことがイスラーム資本市場取引の実現を遅らせる一因になっていると考えられるが，この点も潜在市場型の特徴が当てはまる。

第2に，多くの取り組みが2005年前後以降に実践されていること。こうしたタイミングは，先端金融型諸国の関与や，そもそもコア市場型諸国におけるイスラーム金融のいっそうの拡大とも一致するものであり，まさにイスラーム金融のグローバル化の特徴とも言える事象である。その意味で，上記の一部で言及した，1980年代のイスラーム銀行の成立（1983年のセネガル・イスラーム銀行や1989年の南アフリカのアルバラカ銀行など）と，2005年前後以降のトレンドは，後述のようにその成立経緯を大きく異にするものであり，現代の状況・進展に焦点をおく本書では後者をより重要な特徴として挙げておく。この文脈において，前者が中東系イスラーム金融機関の海外展開の一環と捉えられるのに対し，後者は地場の，かつ官民を巻き込んだ総合的な取り組みと整理することができる。時点の違い，イスラーム金融振興のプレーヤーの違いにより，これら2つのアフリカにおけるイスラーム金融の萌芽は，歴史的に不連続なものと捉えてよいだろう。

こうした状況を踏まえてアフリカ諸国の今後を展望すると，コア市場型でみられるようなイスラーム銀行市場の急速な拡大や資本市場の取り込みには

長い時間がかかるとみられる。そもそも金融部門へのアクセスが困難な人々（unbanked）は人口の8割にのぼる。こうした中でのイスラーム金融の拡大は，種々の実務的な課題を想起させるだろう。

また，前述したようにイスラーム資本市場取引の発展にも時間がかかるだろう。法制の対応，会計処理方法の対処，人材の育成，システム面の整備など，資本市場取引に必要とされる要素は数多くある中で，潜在市場型諸国においてはこれらを初期段階から始める必要がある。ソブリン・スクークをそのきっかけにする国々もあるが，イスラーム金融への積極姿勢を示したり国威を発揚したりする上でソブリン・スクーク発行が計画・発表されるケースは少なくない。

逆にこうした国々ならではのイスラーム金融のあり方についても考えることができる。イスラミック・マイクロファイナンスはその好例だろう。イスラミック・マイクロファイナンスについては，貧困層を支援するという観点でイスラーム法の理念に沿ったものでありその意味でイスラーム金融の実践形態として理想的なもののひとつであるが，貧困層を対象とする金融という観点では潜在市場型の一部（低所得国）にとっては格好の金融分野でもある。これについては，第4章の3にて触れる。

なお，次節で述べる先端金融型は，これらの課題の少ない国々である。その意味で——そもそも事業環境マトリクスにおいて明らかであるが——本節と次節で対象とした2つの地域におけるイスラーム金融の実践状況は，好対照を成すものであり，そうした問題意識のもとに次節の議論を展開することとしたい。

## 3　先端金融型① 英国，シンガポール，フランスにおける発展

イスラーム金融の発展略史ならびにそれをみる上で重要な市場環境の着眼点については第1章で既に述べたが，とりわけ2000年代半ば以降のグローバルな展開をみる上では，先端金融型諸国の存在を語らないわけにはいかない。こうした状況を観察する上で適切な国として，本節では，英国，シンガポール，フランスを取り上げる。その理由は次のとおりである。

第1に，相応の実績があること。上記3か国は全て，ムスリム・マイノリティ国でありながらイスラーム金融への積極的な取り組みがみられる国であ

る。それには，民間金融機関によるビジネス面の動きのみならず，政策当局による種々の制度対応も含まれる。第2に，コンベンショナル金融の発達度合いが極めて高いこと。先端金融型の特徴は，金融取引が広く行きわたっているという量的な側面のみならず，高度な金融技術を用いた商品が取引されていることにある。発展段階が中位である金融市場を持つムスリム・マイノリティ国よりも，あらゆる金融取引を提供できる国際金融センターとしてグローバル市場において機能している国の方が，先端金融型の特徴がより際立って現われると考えられる。

　以上の条件に当てはまっている国は，英国，シンガポール，フランスであると判断し，次節以降で詳述する。この3か国以外にも，アメリカ，ドイツ，イタリア，タイ，フィリピンなどのムスリム・マイノリティ国においても，それなりにイスラーム金融との関わりはある。ただし，上記2つの基準を十分に満たすと考えられる国ではないため，本節の記述対象には含めないこととした。

## （1）英　　国

　英国の首都であるロンドンは世界随一の国際金融センターとして名高い。カタル金融センター当局（Qatar Financial Centre Authority）が発表する「世界金融市場指数」によれば，2014年3月の調査でこそニューヨークに1位の座を奪われたものの，ロンドンは2007年の指数発表以来連続して1位を誇っていた。こうした中，イスラーム金融は資本市場取引やプロジェクト・ファイナンスなどの形で企業間取引であるホールセール商品としての性格を次第に強め，国際金融センターであるロンドンもイスラーム金融市場としての地位を高めている。HSBCやスタンダード・チャータード，バークレイズといった英国系金融機関は，世界のイスラーム金融市場においても高いプレゼンスを有している。

　こうした海外での活動にとどまらず，英国内にもイスラーム金融の資金フローが上陸している。2007年，クウェートのイスラーム投資会社であるインベストメント・ダール（The Investment Dar）等が英国の自動車企業アストン・マーティンをシャリーア適格な方式で取得した事例はよく知られている。

また，後述するようにロンドン証券取引所（London Stock Exchange）にこれまで50余りのスクークが上場されたことは，イスラーム投資家，非イスラーム投資家を問わず英国を拠点としたスクーク取引を容易にするものである。

　上述した国際的金融機関にとどまらず，図表3-5に示すように国内にイスラーム専業銀行が複数存在する点は，他のムスリム・マイノリティ国に比して，英国のイスラーム金融市場としての地位の高さを象徴している。

　その後首相を経験したゴードン・ブラウン財務大臣（当時）は，2006年に「英国をイスラーム金融のゲートウェイにする」と発言したが，英国は，欧州への玄関口，高度なコンベンショナル金融との融合への玄関口としての機能をまさに果たしていると捉えることができよう。

　このように，英国はイスラーム金融への関与が大きい国とみることができるが，ホールセールだけではなく，リテールも含まれている。当然ながら，そうした現状の背景には，イスラーム金融取引が当局によって法的に認められていることがある。

　幾つかのムスリム・マジョリティ国とは異なり，英国にイスラーム金融に関する特別法はない。金融全般に関しては，金融サービス・市場法（Financial Services and Markets Act 2000）が根拠法となっている。イスラーム金融も金融の一種であり，金融業務を包括的に規定する同法はイスラーム金融も含むという考え方である。また英国はムスリム・マジョリティ国でないので法制の面でイスラーム金融を特別に取り上げることは困難という側面もあるとみられる。

図表3-5　英国のイスラーム専業銀行

| 銀行名 | 開業年 | 主要株主（出資割合%） |
| --- | --- | --- |
| Al Rayan Bank | 2004 | Masraf Al Ayan［カタル］（88〈2014年〉） |
| European Islamic Investment Bank | 2005 | HBG Holdings［UAE］（16〈2013年〉） |
| Bank of London and Middle East | 2007 | Boubyan Bank［クウェート］（22〈2013年〉） |
| Qatar Islamic Bank（UK） | 2008 | Qatar Islamic Bank（100〈2014年〉） |
| Gatehouse Bank | 2008 | The Securities House［クウェート］（100〈2014年〉） |
| Abu Dhabi Islamic Bank | 2012 | Abu Dhabi Islamic Bank［UAE］（100〈2014年〉） |

（出所）　各銀行ウェブサイト。

イスラーム金融の監督・許認可体制をみても同様のことが言える。英国に，「イスラーム銀行」という種のライセンスはない。イスラーム金融を提供する機関は，一般の「銀行」のライセンスに基づき業務を行なう。換言すれば，金融当局は，一般の銀行の条件を完全に満たしていれば，イスラーム銀行であろうとなかろうと銀行のライセンスを付与するということであり，そのライセンスがあればイスラーム金融サービスも提供できるということである。

　なお，こうした事情もあって，金融当局は，イスラーム金融を開始しようとする銀行向けのライセンス審査に際し，シャリーア・スクリーニングのプロセス等を規則化してはいない。実際に Financial Services Authority [2006] では，「われわれは，金融の規制当局なのであって，宗教の当局ではない」と述べられており，銀行のシャリーア・スクリーニング体制等について考慮していないことが分かる。

　また，国家としてのイスラーム金融振興をみる上で重要な観点として，英国が首相をはじめ国を挙げてイスラーム金融に取り組む中で，イスラーム金融が不利にならないような措置はなされているにせよ，イスラーム金融を優遇するような措置はとっていないことに留意する必要がある。このことは，Financial Services Authority [2006] でも，「われわれは，イスラーム金融等新たな金融会社について，「障害は取り除くが特別優遇はしない」という姿勢をとっている。コンベンショナル金融とイスラーム金融に同じ土俵を提供することを目的としている」として明確に記述されている。

　銀行検査に際しても，基本的には銀行経営の観点からチェックされる。もっとも，金融当局とのインタビュー[15]で得られた情報では，イスラーム金融特有のスキームから生じる固有のリスク（例えば，ムラーバハ取引における資産価値変動リスクなど）については，チェックポイントのひとつとして意識して確認している模様である。

　英国でイスラーム金融事業を展開する金融機関については，他の多くの国と同様に，イスラーム専業銀行と兼業銀行（いわゆるウィンドウ）の2種類が存在している。以下では，イスラーム色のより強い専業銀行について述べた後に，兼業銀行についても触れる。また，制度的に重要であり情報も得やすい銀行を中心に焦点を当てて記述することとし，特段の言及なき限り，投資

会社や保険会社などについては記述の対象外とする。

専業銀行は，**図表1-6**でみた金融市場の分類に倣えば，リテールとホールセールに分けて考えることができる。**図表3-5**に示した英国のイスラーム専業銀行のリストのとおり，リテールについては，英国最初のイスラーム専業銀行である旧英国イスラーム銀行（Islamic Bank of Britain; IBB。現アッ＝ラヤーン銀行）のみである。それ以降に設立された5行は，いずれもホールセールビジネスを中心としている。

ホールセールビジネスが中心となっている背景として，いわゆるオイルマネーが強く影響している部分は多分にあるだろう。英国は歴史的に中東諸国との経済・金融の関係が深いという経緯もあり，原油高に沸いた産油国資本家の直接投資を受け入れやすい環境にあった。一方で，中東諸国にとっては，英国を軸にイスラーム金融ビジネスを展開することは，成長事業への投資という観点に加え，ムスリム・マジョリティ国にとっての市場インフラの拡充という意義もあったため，2000年代の半ばに中東資本による英国でのイスラーム専業銀行設立が相次いだ。[16]

他方，リテールのイスラーム専業銀行の設立については，現時点では上述の旧IBBのみにとどまっている。これには3つの背景があるとみられる。まず，一般にリテール業務に絡む設備投資等の初期投資による参入障壁が高いこと。コンベンショナル銀行を含め，リテール業務では，支店開設費用，ATMに代表される機器敷設費用，人件費（一般に，リテール業務はホールセールに比べ労働集約的要素が強い）など，ホールセール業務に比べて初期費用がかさむ傾向がある。他方，ホールセール事業では，本部機能を持つオフィスに，金融技術と顧客ネットワークを持つ人材がいれば，業務を開始することができる。このため，参入のしやすさという意味では，リテール事業よりもホールセール事業に一定の分がある。

次に，リテール業務は，国内に在住しているムスリムを主な対象としているが，英国のムスリム人口は300万人程度と見られ，潜在的な市場規模に一定の限界があることも想定される。[17] もちろん，当面はムスリムの間での潜在需要を発掘する形で成長を続けるとみられるものの，海外における取引が中心で底知れぬ潜在需要を期待することができるホールセールビジネスに比べ，

既に旧 IBB という先行者がある中で，需要環境にある種の見劣りが感じられる面は否めないだろう．

最後に，中東資本との関係である．先にみたように，多くの在英イスラーム専業銀行の資本の出所は中東諸国の機関であり，彼らが英国にイスラーム銀行を設立する目的は，彼らの資本市場業務や投資銀行業務等にもプラスになることであって，パキスタンやバングラデシュ系が中心の在英ムスリムにイスラーム金融のリテール・サービスを享受してほしいからではない．

イスラーム兼業銀行（ウィンドウ）によるリテールでのイスラーム金融は，イスラーム預金のほか，イスラーム住宅ローンが主な取引であり，HSBC，ロイズ TSB など数行が提供している．[18] 数字として必ずしも正確に捉えられているわけではないが，ホールセールとも併せて，例えば新井［2013: 14］は 17 行としているほか，[19] UKIFS［2013: 4］では 22 行が掲載されている．[20]

英国のイスラーム金融市場は，スクーク取引によって特徴づけられる部分もある．先にみたとおり，ロンドンは世界の一大国際金融センターであり，とりわけ債券流通取引については世界の取引量の 7 割を占めるほどロンドンのプレゼンスは大きい．[21] 一方で，近年のイスラーム金融において成長が最も顕著である分野のひとつは，イスラーム債（スクーク）である．この 2 つの要素が絡んでいることもあり，ロンドンはスクークの流通市場としても注目を集めている．

こうした背景には，流通取引を拡大させている要素のひとつとしてロンドン証券取引所に上場されているスクークが多いこともあるとみられる．[22]

加えて，活発な債券流通取引を構成する要素である，投資家の多さ，仲介金融機関（日本の制度で言う証券会社等）の多さ等は，他の金融市場にはないロンドンに特徴的な要素である．スクークの格付は一般にコンベンショナル債券の格付と同様，発行体の信用力に依拠するものと評価されるなど，[23] コンベンショナルな投資家・発行体からみても親和性が高い中にあって，先に指摘したコンベンショナル債券の取引量の多さはスクーク市場の活性化につながりやすい状況にあるとみることができる．このことが，ロンドンのスクーク取引市場としての優位性を生み出す上でも大きく貢献するだろう．

また，政府サイドのイスラーム金融振興の要素も大きく影響している．英

国のイスラーム金融は，上述したようにブラウン財務相（当時）の「英国をイスラーム金融のゲートウェイにする」との積極発言により一躍世間に知られることとなったが，一方でそれ以前から，市場の取引が円滑になされるような政策対応がとられていたことも事実である。その詳細を時系列に整理すると**図表3-6**のとおりである。いずれの措置も，コンベンショナル金融とイスラーム金融の公平性（level playing field）の確保（あるいはイスラーム金融取引の位置づけの明確化）が目的であり，イスラーム金融の優遇でない点が，ムスリム・マイノリティ国の特徴と言える。

政府によるイスラーム金融への前向きな政策スタンスが，ソブリン・スクーク（イスラーム国債）の発行計画へとつながったのは，自然な流れである。ただし，この点を巡って英国政府が右往左往した面もあり，以下に歴史的経緯を追っていくこととする。

2007年4月，経済担当大臣（当時）だったエド・ボールズ議員は，財務省（HM Treasury）と債務管理局（Debt Management Office）がイスラーム国債発行のための検討を開始すると発表した。[24] イスラーム金融先進国として取り組む方向性を既に公言しているためその実践に貢献すること，ムスリム投資家にとっても利用可能な金融資産を提供することなどがその背景にあったとみられる。検討に際しては，同国のイスラーム金融のプロフェッショナルを公的に集めたイスラーム金融エキスパート・グループ（Islamic Finance Experts Group; IFEG）の助言も受けながら行なわれた。[25]

もっとも，その検討は円滑には進まなかった。現地スクーク市場関係者の間では，英国政府の省庁間の調整がうまく進まず検討が難航しているとの指摘がしばしば聞かれたほか，[26] サブプライム禍の影響を受けた金利高止まり環境のもとで英国政府にとっての資金調達コストが上昇していたことなどから，複数回にわたる外部とのコンサルテーションにもかかわらず，2008年11月に公表された次年度予算に関する報告書（Pre-Budget Report）において「見送り」という結論が示された。同報告書の4章35段落には，次のとおり記載されている。

　　政府はソブリン・スクークの発行につき慎重に検討した。その結果，現

### 図表3-6　英国における政策対応の推移

| 年 | 内容 |
|---|---|
| 2003 | 住宅用ファイナンスにおける二重課税回避（Finance Act 2003）<br>　ムラーバハ系の取引において，住宅メーカーから銀行，銀行から顧客という2つの商取引が絡んでいるために2回課税されてしまうという問題につき，2度目の商取引に絡む課税を免除することで，コンベンショナル金融とイスラーム金融の間の公平性を確保した。具体的には，同年に制定された土地印紙税法（Stamp Duty Land Tax法）において土地取引に関する課税について定められた。<br>　Finance Act 2003 では，上記と同様に，イジャーラ・ワ・イクティナーウ方式における住宅用ファイナンス（銀行が住宅を一旦購入し，個人顧客にリースの後個人顧客が購入）でも二重課税回避が適用されている。 |
| 2005 | Stamp Duty Land Tax 免税の対象範囲の拡大（Finance Act 2005）<br>　上記 Finance Act 2003 の免税対象は，ムラーバハとイジャーラ・ワ・イクティナーウのスキームであったが，市場ではディミニッシング・ムシャーラカによる住宅用ファイナンスも一般的となっていた。このため，ディミニッシング・ムシャーラカ方式についても免税の対象範囲とすることが明記された。 |
| 2005 | イスラーム金融の投資商品等の明記（Finance Act 2005）<br>　ムダーラバ等の投資商品に関する税制面での整理がなされ，ムダーラバ取引から生じる利益について，同様のコンベンショナル取引（投資信託等）と同じように扱うことが明記された。 |
| 2005 | FSA による住宅金融会社の監督（Financial Services and Markets Act 2000 の一部変更）<br>　イスラーム金融方式の住宅用資金供与である Home Purchase Plans を FSA の監督下にすることが可能となるよう明記された。 |
| 2006 | 二重課税回避の適用範囲の法人への拡大（Finance Act 2006）<br>　Finance Act 2003 における二重課税の回避は個人取引に限られていたが，Finance Act 2006 ではこれを法人にまで拡大する措置がとられた。 |
| 2006 | ディミニッシング・ムシャーラカの対象範囲の拡大（Finance Act 2006）<br>　これまでの税制措置では，ディミニッシング・ムシャーラカ方式の二重課税回避は住宅ローンに限定されていたが，Finance Act 2006 では住宅ローンに限らずどんな用途でも税制措置の対象となることが規定された。 |
| 2006 | ワカラ方式に基づく取引に関する税制上の扱いの明記（Finance Act 2006）<br>　ワカラ（手数料）方式を用いたイスラーム金融取引が広範化する中で，スキームによっては，これをコンベンショナル金融の利子と扱うことが明記された。 |
| 2007 | スクークの税制上の扱い（Finance Act 2007）<br>　Finance Act 2007 において，スクークを保有した場合のクーポン（利子）相当部分に関する扱いが，一般金融の利子と同等にすると明記された。 |

（出所）　吉田［2010a: 234］

時点で意義は認められないとの結論に至った。もっとも，検討は継続することとする。

　この結論が出た際，「今後も検討していくことを匂わせてはいるものの，スクーク発行に絡む手続きが複雑であるため，当面はソブリン・スクーク発行が実現する可能性は極めて低い」との見方がみられることが多かった。しかしその後，2013年10月の第9回世界イスラーム経済フォーラムが初めてムスリム・マイノリティ国である英国で開催された際，その基調講演においてキャメロン首相（当時）は，改めてイスラーム国債を発行する計画を明らかにし，2014年6月，2億ポンドの発行に至った。また同フォーラムでは，英国のイスラーム金融を支援する枠組みとして，主として海外の専門家を中心に構成される「グローバル・イスラーム金融・投資グループ（Global Islamic Finance and Investment Group; GIFIG）の設立（議長は英国初のムスリマ閣僚であるサイーダ・バロネス・ワルシ大臣〔当時〕）を発表した。この組織は，英国のイスラーム金融市場をより強固かつグローバルなものとする成長ドライバーとして期待される。

### （2）　シンガポール

　シンガポールも，国際金融センターとしての地位を確立している，アジアの金融大国である。多くの欧米系銀行がアジア地域の統括拠点を同国に設け，外国為替取引高では東京を抜いて世界3位となってもいる。政府により整備された良好な金融ビジネス環境の恩恵を享受しつつ多くの投資銀行やヘッジファンド等が設立されるなど，まさに金融立国である。

　こうした状況のもとで，国際金融の世界的トレンドであるイスラーム金融にシンガポールが注力するというのは，決して不思議なことではない。逆に，イスラーム金融がコンベンショナル金融への親和性を強めているからこそ，国内にムスリムはいるものの基本的には華人社会である同国にもイスラーム金融は受け入れやすいものだったとみることができる。

　イスラーム金融に同国が注目したのは，他のムスリム・マイノリティ国同様，古い時代の話ではない。起点をどこに求めるかにもよるが，同国の金融

当局であるシンガポール金融管理局（Monetary Authority of Singapore; MAS）が国際機関 IFSB のオブザーバーメンバーになったのは 2003 年，あるいはゴー・チョクトン前首相（MAS 議長）が「イスラーム金融がなければ国際金融センターとして不完全」と語ったのが 2005 年であることを考えると，今から 10 年ほど前のことに過ぎない。

　前項でみたように，英国ではこの頃，二重課税の回避策が制定されたり最初のイスラーム専業リテール銀行である旧 IBB ができたりしているので，シンガポールは一歩遅れたとみることもできる。ただ，その分金融当局にとっては，英国の施策を前例としながら，諸整備を効率的に進めることができたという利点もあるだろう。

　シンガポールが英国の施策を参照したとみられる事例は次の 2 点である。ひとつは，ムラーバハ等を用いた不動産取引における土地取引税（印紙税）の二重課税の回避である（詳細は本節にて後述）。もうひとつは，各種イスラーム金融取引の利子相当部分の収受につき，税制上，利子と同等とみなす措置を実施した点である。もちろん，シンガポールが英国から学んだのではなく，問題点とその対策を追及していった結果同じような施策を実施したという可能性もなくはないが，MAS が英国金融庁に教えを請いに行っていたことが明らかとなっていることも踏まえると，英国の事例を大いに参考とした可能性が高い。

　以下では，シンガポールがこれまでにとった施策を追う。まず特筆すべきは，（先に指摘した二重課税回避措置の前提となる）ムラーバハを用いた金融取引における商品取引を可能とした措置である。シンガポールの銀行法（Banking Act）ではそれまで，銀行は金融業務のみ営むことができるとされ，ムラーバハが必然的に包含する商品取引は銀行法の規定の範囲外との見方が強かった。これが障害となってイスラーム金融ができない可能性があったため，MAS は，2005 年 9 月，ムラーバハのための商品取引を是認する措置を講じた[29]。より具体的には**図表 3-7** のとおりである。なお，ここで言う「代替的金融業務」とは，明示してはいないもののイスラーム金融のことを意味した表現である。

　次に，税制面でこれまでにとられた対応をまとめると**図表 3-8** のとおり

図表3-7　ムラーバハ取引認可の根拠：法律S622/2005, 22段落の要点（筆者要約）

代替的金融業務の認可当局は、銀行による商品の購入・販売を、以下の場合に限って認める。
(a) 顧客の購入要望に基づき、取引時点で存在する財を銀行が購入
(b) 銀行は顧客に転売・顧客は銀行に対し当該商品を引き受ける法的義務を負う
(c) 銀行から顧客への販売価格は、銀行が販売者から購入した価格より大きい（その価格の差額は銀行の利益）
(d) 銀行は、当該商品の市場価格変動による損益を受けない（前項の利益のみ）。

図表3-8　イスラーム金融関連の税制改正措置

(a) 2005年度予算における税制改正
・ムラーバハ等を用いた不動産取引において、印紙税の二重課税を回避した。
・スクークのクーポン収入につき、コンベンショナル債券のクーポンと同等の優遇税制適用を明確化した。
(b) 2006年度予算における税制改正
・幾つかのイスラーム金融取引における利子相当の利率（profit rate）につき、税制上、コンベンショナル金融の利子と同等に扱うことが明確化された。該当する取引は、ムラーバハ（利子相当：売買差益）、ムダーラバ（同：出資者への配当）、イジャーラ・ワ・イクティナーウ（同：支払リース料総額－購入金額）の3種である。
・商品介在型のイスラーム金融契約を用いた非住宅不動産向けファイナンスにおいて、買い手にとっての購入価格に含まれるため消費税（Goods & Service Tax）として課税されてしまう「商品の利子相当分」につき、消費税が免除されることとなった。また、銀行は、消費税相当分につき、当該商品の売り手に請求できることとされた。
・スクーク組成のために行なう不動産取引について、一定の条件を満たせば印紙税が免除されることとなった。

となる。いずれも、イスラーム金融がコンベンショナル金融に比して税制面で不利になることのないようにする、税制中立化策と捉えることができる。

上記の政策措置の根幹を考えると、やはりシンガポールと英国との間には類似性がうかがえる。シンガポール当局は2004年頃からイスラーム金融への積極姿勢を明確化させてきたが、その要諦は「イスラーム金融も着実に整備する」ということなのであって、決して「イスラーム金融を優遇して推し進める」ということではない。この点、イスラーム金融を金融業振興の軸に据えて政策対応に注力している隣国マレーシアとは、全く異なるスタンスである。他方で、英国で「障害は取り除くが、特別優遇はしない（"No obstacle, but no special favors"）」[Ainley et al. 2007: 11] として、イスラーム金融とコンベンショナル金融との公平性（level playing field）を確保しようとした

施策と同様のスタンスであるとみることができる。

　シンガポールのイスラーム金融市場の需要面をみると，人口の約15％をマレー系ムスリムが占めているが，日常生活における宗教の反映度合いが中東圏やマレーシアに比べて低いことなどから，ムスリム国民の間におけるイスラーム金融利用は一般的ではない。こうした事情により，供給サイドについても，国内でイスラーム金融のリテール商品を供給するのは，地場のOCBCとマレーシア系のメイバンク（Maybank）のシンガポール拠点にほぼ限られ，当時，イスラーム専業銀行であるアジア・イスラーム銀行（Islamic Bank of Asia）（後述）は基本的にはリテール・ビジネスを行なっていない。その意味で，シンガポールのイスラーム金融はホールセール中心であることがひとつの特徴と言える。

　シンガポールのイスラーム専業銀行はアジア・イスラーム銀行が存在した事例のみである。2007年5月に設立された同行は，5億米ドルの資本金のうち，半分弱をバハレーンなど中東諸国の投資家が占め，50％＋1株のマジョリティを地場最大手銀行であるDBSが握っていた。会長は，バハレーン経済問題首相顧問のアブドゥッラー・ハッサン・サイフが務めていた。

　シャリーア・ボードは，ニザーム・ヤアクービー，ムハンマド・アル＝カーリー，アブドゥル・サッタル・アブー・グッダ，ムハンマド・ダウド・バカルという，他の数多くのボードにも名を連ねる学者で構成されていた。こうした点からも，グローバルなホールセール市場を意識していたことがうかがえる。ただし，業績の不振等により2015年に同行は廃止され，業務はDBSに吸収された。

　シンガポールのイスラーム金融を特徴づける最大の実績は，ソブリン・スクークの発行であろう。上述のとおり，英国や日本などムスリム・マイノリティ国の政府・政府機関がスクーク発行を検討した事例はほかにもあるが，実現に至ったケースはシンガポールが初である。

　シンガポールのソブリン・スクークは，2008年1月，シンガポールの金融当局であるMASを資金調達者として発行された。主な条件は以下のとおりである。

金額：2億シンガポール・ドル
通貨：シンガポール・ドル
方式：イジャーラ
対象資産：MAS本店ビル（第三者テナント向け部分）
アレンジャー：スタンダード・チャータード，アジア・イスラーム銀行
　　　　　　　（当時）

　実現に至った背景には，同国が小国であり政策が機動的に実現されやすいこと，基本的にはシャリーア適格資産しか保有できないイスラーム専業銀行が設立された（上述のアジア・イスラーム銀行）ことを受け同行の資産保有という明確な動機があったことなどが挙げられる。
　本スクークの主目的として，メディアなどは「シンガポールは，国を挙げてイスラーム金融に力を入れているため，ソブリン・スクークを発行」などと論じているが[31]，上述の明確な動機を踏まえると，正確な認識ではない。
　本スクーク発行の本質であり正確な主目的は，上述の2007年設立のアジア・イスラーム銀行が保有すべき安全金融資産が必要であった，という点である。すなわち，シンガポールにおいて銀行は安全資産として国債などを総資産に対して一定割合保有することが規制上義務づけられている。イスラーム専業銀行である同行にとって，利子を伴う国債の保有を義務づけられることは，イスラーム法上，許されない。同行が必要としたのは，（ⅰ）（イスラーム専業銀行が保有する資産であるため）シャリーア適格であり，（ⅱ）（銀行経営上必要な）安全資産であり，（ⅲ）（為替変動リスクを回避するため）自国通貨（シンガポール・ドル）建である資産であった。この３つを同時に満たす金融資産はその当時存在しなかったため，金融当局であるMASがスクークの発行検討を開始した，というのが本スクーク実現の本質的な背景である。
　シンガポールでは，上記の（ⅱ）と（ⅲ）を同時に満たす，シンガポール国債（Singapore Government Securities; SGS）が発行されている。もともと，シンガポールのソブリン格付はAAAと最高位であり，財政は全体でみれば非常に潤っている。つまり，国庫の資金調達目的で国債を発行する必要は全くなかった。金融機関の資産保有や金利系商品取引のベンチマークとなる年

限別価格指標設定の目的のために発行しているのが実情である。その点で，上記のスクーク発行は，シャリーア適格版 SGS とみるのが適切であろう。なお，こうした発行目的については，MAS のヘン長官（当時）による 2008 年 5 月の講演にて明確に論じられている。

シンガポールのスクーク市場では，その後も案件が続いた。ソブリンではないが，同国ディベロッパーのシティ・ディベロップメントや建設会社のスワイバーもスクークを発行したほか，イスラーム開発銀行（2009 年）やマレーシアの政府系ファンドであるカザナ・ナショナル（2010 年）も，シンガポール・ドル建のスクークを発行している。

シンガポールにとって重要な金融インフラであるシンガポール取引所（Singaopre Exchange; SGX）も，イスラーム金融への対応を進めている。2006 年 2 月 21 日，SGX は，英国の指数企業である FTSE とシャリーア・コンサルティング会社ヤサール（Yasaar）を含めた 3 社で，シンガポール初のイスラーム株価指数（FTSE-SGX Asia Shariah 100 Index）の開発・提供を公表した。2008 年 5 月には，日本の大和投資信託委託が，SGX にとって初となるシャリーア適格な上場投資信託（Exchange-Traded Fund; ETF）である「大和 FTSE シャリア日本 100（Daiwa-FTSE Shariah Japan 100）」を上場した。この ETF は，シャリーア適格な日本株指数に基づくものであり，そのベースとなるイスラーム株価指数は 2006 年に大和投資信託委託と FTSE が，ヤサール社のシャリーア・コンサルティングを受けつつ開発・公表していた先のイスラーム株価指数である。[32]

シンガポールのイスラーム金融の実績は，銀行や証券分野に限られない。不動産投資の分野ではキャピタランド・アマナという投資会社がある。同社は，同国政府系ディベロッパーであるキャピタランドの子会社である。バハレーンの投資銀行アルキャピタと共同でイスラーム投資ファンドを設立したことが契機となり，2005 年にイスラーム投資会社である同社を設立した。アルキャピタは，同案件の管理のため，免税会社というステータスでシンガポールに拠点を構えている。

なお，後述の日本に関する節にて記述するとおり，イスラーム式の再保険に相当するリタカーフル事業を，日系の「東京海上リタカフル」が 2004 年

以降同国にて展開している。

(3) フランス

パリは，既述の国際金融センターであるロンドンに追いつけとばかりに金融ビジネスの振興を企図しており，官民のイニシアティブによる「パリ・ユーロプラス（Paris Europlace）」という組織がその一翼を担っている。こうした中，金融界におけるイスラーム金融への関心の高まりを受け，2007年12月，パリ・ユーロプラスはその中にイスラーム金融小委員会（議長：ジレ・サン・マルク〔Gillet Saint-Marc〕弁護士）を設置した。

フランスは，BNPパリバ，クレディ・アグリコル，ソシエテ・ジェネラルといった国際的金融機関を抱えており，英国におけるHSBCやスタンダード・チャータードと同様，コンベンショナル金融機関によるホールセールを中心としたイスラーム金融ビジネスを海外で展開している（詳細は本節にて後述）。

一方，国内には，欧州最大である500万人程度のムスリムがおり[33]，これはフランスの人口のおよそ1割弱を占める。加えて，北アフリカや西アフリカなどのフランス語圏にムスリムが多いことも踏まえると，海外展開も含めたイスラーム金融との関係は小さくない。

以下では，フランス国内の状況について概観を述べる。それを踏まえた上で，ムスリム・マジョリティのフランス語圏諸国への展開等について簡単に付言する。

国際金融センターを目指すパリが，政策としてイスラーム金融への関与を表明したのはさほど古いことではない。上述のとおり，パリ・ユーロプラスにイスラーム金融小委員会ができたのが2007年12月，クリスティーヌ・ラガルド財務大臣（当時。現IMF専務理事）が「パリをイスラーム金融の中心地にする」と述べたのは2008年11月であった[34]。その後，後述のとおりわずかの年月の間に政策対応を実施したことなどから判断すれば，政府サイドにおけるイスラーム金融へのコミットメントは相当に大きかったとみることができる。

イスラーム金融を提供する金融機関の状況をみると，国際的金融機関であ

るBNPパリバ，クレディ・アグリコル，ソシエテ・ジェネラルの取り組みがみられている。BNPパリバは，バハレーンを拠点に「BNPナジマ」のブランドでイスラーム金融事業を展開している。マレーシアにも，イスラーム・アセット・マネジメントの拠点（BNP Paribas Malaysia Berhad）を有する。クレディ・アグリコルは，2004年にイスラーム金融の専門部署を設置しており，中東におけるプロジェクト・ファイナンス等においてイスラーム金融案件でのプレゼンスが高い。ソシエテ・ジェネラルは，ムスリムの多い北アフリカ諸国でイスラーム金融を提供しているほか，アセット・マネジメント子会社がシャリーア適格な株式銘柄等で構成されたSGAMアルバラカ（SGAM Al Baraka）指数シリーズを2006年に開発しており，それらの指数に準拠した投資商品を提供している。

また，フランスの金融機関であるナティクシスは，BNPパリバとともに，マレーシアの格安航空エア・アジア社による航空機調達向けにイジャーラを利用したファイナンスを2008年11月に提供した実績を持っている。

国内業務では，2011年にモロッコ系のシャアビ銀行がウィンドウ方式でリテール業務を開始したほか，2012年にはスイス生命が「第一タカーフル生命（First Takaful Life）」として，2013年にはヴィティス生命が「タカーフル生命アマーン（Takaful Life Amane）」として，それぞれタカーフル事業を始めている。

また2012年には，ハラール・ケータリング事業を営むBIBARS社が同国初となるスクークを発行した。その前年には，上述のパリ・ユーロプラスがフランスにおけるスクーク発行制度を解説した資料として「フランスにおけるスクークの発行と上場：フランスの魅力的な法・税制環境の活用方法（Issuing and Listing Sukuk in France: How to Take Advantage of the Attractive French Legal and Tax Environment）」を作成・公表しており，こうした枠組みの理解促進が実際の発行につながった可能性がある。

政策面では，2009年8月にスクークとムラーバハ取引に関する税制中立化措置が，2010年にはイスティスナーウ取引とイジャーラ取引に関する同様の措置がとられた。また，援助機関であるフランス開発庁（Agence Francaise de Developpement; AFD）がイスラーム開発銀行と2012年に業務協

図表 3-9 先端金融型諸国のイスラーム金融の諸側面

|  | 英国 | シンガポール | フランス |
|---|---|---|---|
| ①イスラーム金融特別法 | なし | なし | なし |
| 法制変更の方向性 | 中立的 | 中立的 | 中立的 |
| ムラーバハ対応措置 | 問題なし | 法制変更済み | 問題なし |
| ②専業銀行免許制度 | なし | なし | なし |
| 専業銀行の有無 | あり | あり（過去） | なし |
| ③国レベルのシャリーア・ボード | なし | なし | なし |
| ④ソブリン・スクーク発行 | 実施済み | 実施済み | なし |
| ⑤高等教育課程 | あり（多数） | あり | あり |
| 主な対象地域 | 中東・全世界 | 中東・アジア | 中東・北アフリカ |
| 主な対象業務 | ホールセール（一部国内リテール） | ホールセール（一部国内リテール） | ホールセール（一部国内リテール） |

（注） 図表中の①〜⑤は，図表 2-8 における各項目に対応。
（出所） 筆者作成。

力協定を結んでいる。

このように，フランスのイスラーム金融は，国際的金融機関によるホールセール取引の提供という側面と，フランス語を軸とした文化・地理的展開という可能性を持った，興味深い存在とみることができる。

(4) 上記 3 か国のまとめ

これまで述べた英国，シンガポール，フランスの対応状況を，図表 2-8 で指摘したイスラーム金融制度の諸側面を踏まえつつまとめると，図表 3-9 が得られる。具体的なところで違いはあるが，大きくみれば概ね同様のイスラーム金融市場が形成されているとみてよいだろう。

## 4 先端金融型② 日本における進展——制度と金融機関の取り組み——

本節では，先端金融型の一例として日本を取り上げる。日本の事例を取り上げる意義は，以下の 3 点にあると捉えている。まず，先端金融型の要素で

ある「ムスリム・マイノリティ国」かつ「金融先進国」という条件の特徴が際立っていること。次に，相応の進展がみられるわが国の現状について，和文のみの情報が多いこともあり非日本語の文献では適切に紹介されていないこと。最後に，既になされた制度的対応が，日本に限らず世界にとっても，イスラーム金融取引の要諦を捉えた良質な部分があると考えられること。これらの背景に基づき，以下に日本の制度対応を詳述しつつ，民間金融機関の動きについても触れる。

### (1) 日本のイスラーム金融のあらまし

日本のイスラーム金融の本格的な進展は，2000年代半ばから始まった。その背景には，原油高環境のもとで中東イスラーム諸国の投資マネーが国際金融市場でのプレゼンスを次第に高めていったことがある。その頃，日本株市場への証券投資（アブダビ投資庁〔ADIA〕など[35]），国内不動産の取得（2005年に日本の居住用不動産向け投資ファンドを設立したバハレーンの投資銀行アルキャピタなど[36]），日本企業への出資（ソニーやコスモ石油等[37]）など，中東諸国からの資金流入に関する事例が増えるにつれ，それらが必ずしもイスラーム金融でなくとも，「中東＝イスラーム」との連想が強いこともあり，イスラーム金融への関心が高まっていった。[38]

そうした傾向が強くなった2005年を分岐点としてそれ以前と以後に分け，まずは日本のイスラーム金融の歴史を振り返る。[39]

2005年前後以前にも，日本に関連したイスラーム金融取引はみられていた。第2次オイルショック後の1980年代，日本の商社や銀行のロンドン拠点では，調達コストの安い資金を求めて中東の石油会社が提供する石油やその他のコモディティ（ロンドン金属取引所〔LME〕上場のもの等）を媒介として，イーナ（*inah*）に類似した資金調達取引を実施していた。[40]これらの取引は，シャリーア・スクリーニングのプロセスを経ていないことなどから現代の文脈で言えば必ずしもイスラーム金融取引と言えないかもしれないが，少なくとも日本企業のビジネスマンにとって，やや複雑な取引ではあるがイスラーム世界とのビジネスを実施したということで，現代においても土地勘や親近感を与える程度の影響は及ぼしている。

その後，1990年代になると，株式ファンドの分野で日本企業が関与するようになってくる。野村アセット・マネジメントが1998年7月に「アン＝ヌクバ・アジア株式ファンド（Al Nukhba Asia Equity fund）」を，また2000年10月にはDIAM（当時の興銀第一ライフ・アセット・マネジメント）が「中東日本株ファンド（Middle Eastern Fund for Japanese Equities）」［Norman 2004: 11］を，それぞれ提供・運用し始めた。これらの商品は，イスラーム法学者による審査を経てファトワー付きで提供されていたことから，上述した80年代の状況とは異なり，現代の文脈で捉えてもイスラーム金融と呼べるものと考えてよい。

　1999年，今では日本のイスラーム金融事業のパイオニアとして知られる東京海上グループが，イスラーム保険（タカーフル）事業の調査研究に着手する。その調査研究が2001年には実を結び，サウディアラビアにて，1967年来現地の窓口となっている代理店「フセイン・アウエニ商会」を通じ，サウディ・アメリカン・バンク（当時）の消費者向けファイナンスとパラレルな形で，団体タカーフル契約を締結するに至った。

　同社はその後も着実に拡張を続け，2004年にはインドネシアにてコンベンショナル保険を提供する自社拠点（PT Asuransi Tokio Marine）による兼営の形でタカーフル業務を始めたほか，同年にはシンガポールでリタカーフル業務（タカーフル会社のリスクを引き受ける業務。コンベンショナル金融で言う再保険に相当）を「東京海上日動リタカフル（Tokio Marine Nichido Retakaful）社」を設立して開始した。2006年には，マレーシアのホンリョングループとの合弁で「ホンリョン東京海上タカフル（Hong Leong Tokio Marine Takaful）社」を同国に設立し，有望ではあるが極めて競争的な市場である同国にてタカーフル業務を開始した（もっともその後，ホンリョングループが2010年9月に，東京海上にとっての競合相手である三井住友海上と包括的資本提携を発表したことから，現在は「ホンリョンMSIGタカフル（Hong Leong MSIG Takaful）社」となっており，東京海上グループはマレーシアにてタカーフル業務を行なっていない）。

　2008年には，同社タカーフル業務の中核市場であった中東地域をいっそう強化し始める。業界大手のHSBCでタカーフル部門のグローバル統括責任者を務めていたアジュマル・バティ（Ajmal Batty）氏を同社に呼び，中東

第3章　イスラーム金融の「周縁地域」における発展経路　　117

業務の責任者とした。同氏のリーダーシップもあり，2010年1月にはエジプトにてタカーフル事業（Nile Family Takaful Company, Nile General Takaful Company）を開始した。また，サウディアラビアでも，2012年，現地のイスラーム銀行であるAl-Inma Bankと合弁で生損保兼営会社「アル・インマー・トウキョウ・マリン」を設立した（基本合意は2010年）。このように積極的な取り組みを同社がみせているのも，もともとは1990年代後半から培っているタカーフル・ビジネスに関する知見やノウハウの賜物とみてよいだろう。

　これまでみたように，2005年以前は特定の事業分野での取り組みが目立っていたが，その後は，より幅広い金融種類においてイスラーム金融への取り組みがみられるようになったほか，金融当局による制度対応が加わった点が特徴的である。以下でその様子を概観する。

　まず民間部門の動きをみると，2007年にはスクークの発行が目立った。イオン・クレジット・サービスのマレーシア現地法人による発行の後，トヨタ・キャピタル（マレーシア）もスクークによる資金調達に至った。なお，報道等においては両社のスクーク発行が目立つが，彼らの貸付業務側では，イスラーム金融方式によるバイク向けファイナンス（イオン）や自動車向けファイナンス（トヨタ）が行なわれていたことも忘れてはならない。貸付側の事業をイスラーム金融方式で実施していたからこそ，イスラーム債による資金調達が可能となった面もあるからである。

　この頃，株式関連でもイスラーム金融への取り組みが目立った。2007年，東京証券取引所は，大手指数提供会社スタンダード・アンド・プアーズ（S&P）と共同でイスラーム株価指数を開発した。「S&P/TOPIXシャリーア150指数」と呼ばれるその指数は，既存のコンベンショナル株価指数であるS&P/TOPIX 150指数の銘柄のうち，シャリーア適格なもののみを選別したものである。

　その頃，大手指数提供会社であるFTSEも同様に，日本向けのイスラーム株価指数を開発した。大和証券グループの大和証券投資信託委託と共同で開発した「FTSEシャリーア・ジャパン100指数」は，翌年の同社によるイスラームETF（上場投資信託）のシンガポール取引所への上場を見据えたも

のであり，翌年5月には実際に上場に至った。<sup>(48)</sup>

　同じく証券業界では，野村證券グループが2010年にスクークを発行したほか，同じ時期にコモディティ・ムラーバハを用いた資金調達を実施している。<sup>(49)</sup>

　こうした中で，イスラーム金融方式による日本への不動産投資も相次いだ。2005年にバハレーンの投資銀行アルキャピタがシンガポールの政府系不動産開発業者であるキャピタランドと共同で不動産ファンド「ARC キャピタランド・レジデンス・ジャパン（ARC-CapitaLand Residences Japan）」を設立し，日本の賃貸用住宅物件に投資した。また，クウェートのイスラーム銀行であるブービヤン銀行も，2007年，「ブービヤン・グローバル不動産ファンド（Boubyan Global Real Estate Fund; BGREF）」としてファンドを設立し，日本の不動産に投資を実施した。<sup>(50)</sup>

　銀行部門も積極的であった。みずほコーポレート銀行（当時）や三井住友銀行は，ペトロダラーで活気づく中東湾岸諸国での巨大プロジェクト向けにファイナンスを供与する中で，イスラーム金融への関与を強めていった。例えばみずほは，2008年，サウディアラビアにおけるリン鉱石プロジェクト向けに2,500億円規模のイスラーム金融による融資をまとめ，同行のオランダ現地法人を通じて資金を供与している［日本経済新聞 2008］。

　こうした邦銀の積極性の背景には，政府系金融機関である国際協力銀行の主導的な取り組みがある。<sup>(51)</sup> 同行は，2006年にイスラーム法学者と個別にアドバイザー契約を結び，イスラーム金融に関する知見を蓄積していった。その蓄積は，3メガバンクとの間で「イスラム金融検討会」として共有された。その成果は，イスラム金融検討会［2007］としてまとめられている。国際協力銀行はそれ以外にも，2007年1月にイスラーム金融サービス委員会（Islamic Financial Services Board; IFSB）との共催によりイスラーム金融セミナーを開催した。またその頃，わが国の機関としては初めてIFSBのメンバーとして加盟した［吉田 2007: 152-153］。さらに，同行は，イスラーム金融との協調融資という形式でサウディアラビアのペトロ・ラービグ石油化学プロジェクト向け案件やカタルのラス・ラファンC火力発電・淡水化プロジェクト向け案件［国際協力銀行 2008］等に関与しているほか，2007年にはマレーシア中央銀行との間でイスラーム金融に関する業務協力につき覚書

(Memorandum of Understanding) を締結［国際協力銀行 2007］するなど，日本における初期のイスラーム金融の振興に積極的に関与した。

### (2)　日本政府の対応その1　銀行法関連の改正

このような金融機関等の取り組みに応え，日本政府も日系金融機関のイスラーム金融への関与につき着実に対応してきている。制度的な進展として，①銀行業務におけるイスラーム金融への対応と②日本法のもとでのスクーク関連制度整備（後述）が挙げられる。

①は，現行の銀行法の規定との兼ね合いでとられた措置である。銀行法第10～12条に規定される銀行の業務に関する規定（いわゆる「他業禁止」）により（図表3-10参照），ムラーバハやイジャーラのような，商品取引を絡めた資金供与を業務として行なうことはできないと一般に捉えられている。[52]

こうした中で，日本の銀行業界はイスラーム金融に関与できるような法整備を求め，金融当局もそれに応じた。2008年に実現した結果としては，子会社並びに兄弟会社に限って上記のような商品取引を絡めた金融取引ができる，という限定的なものであった。審議のプロセスとともにその様子を追っていくと次のとおりである。

まず，この点につき最初に討議がなされたのは，2007年の金融審議会金

図表3-10　銀行法（抜粋）

| |
|---|
| 第十条　銀行は，次に掲げる業務を営むことができる。<br>　　一　預金又は定期積金等の受入れ<br>　　二　資金の貸付け又は手形の割引<br>　　三　為替取引<br>2　銀行は，前項各号に掲げる業務のほか，次に掲げる業務その他の銀行業に付随する業務を営むことができる。<br>　　一　債務の保証又は手形の引受け<br>　　　（以下，略）<br>第十一条　銀行は，前条の規定により営む業務のほか，同条第一項各号に掲げる業務の遂行を妨げない限度において，証券取引法第六十五条第二項各号（金融機関の証券業務の特例）に掲げる有価証券又は取引について，同項各号に定める行為を行う業務（前条第二項の規定により営む業務を除く。）を営むことができる。<br>第十二条　銀行は，前二条の規定により営む業務及び担保付社債信託法（明治三十八年法律第五十二号）その他の法律により営む業務のほか，他の業務を営むことができない。 |

融分科会第二部会のわが国金融・資本市場の国際化に関するスタディグループである。この中で民間銀行の代表者は，「スキーム上，イスラム金融というのは物の売買というのがベースで，先ほどご説明のございました割賦金融的なものであるとかリース的なものであるとか，あるいは出資といった形態があるわけですけれども，割賦，リースに関していうと，果たして銀行法における銀行の業務範囲に入ってくるのかという問題がある」と述べ[53]，こうした考え方が，図表3-11に示す報告書での記述を経て，後述する最終的な法改正形態である改正銀行法施行規則となった。

上記第二部会の検討結果をもとに2007年12月に公表された「金融・資本市場競争力強化プラン」では，銀行・保険会社の業務範囲の拡大として「銀行・保険会社の子会社（持株会社の子会社を含む）に対するイスラム金融の解禁」が謳われ，銀行法施行規則の改正案に対するパブリックコメントの募集というプロセスを経て，2008年12月，銀行法施行規則の改正により，銀行の子会社向けという形態ではあるがイスラム金融が認められることとなった（図表3-12）。

本制度改正のポイントは次のとおりである。まず，銀行の子会社（持ち株会社の子会社＝「銀行の兄弟会社」を含む）にとって認められたのであって，銀行本体については引き続き商品取引が絡むイスラム金融取引は行なえない。次に，「銀行はイスラム金融を提供することができる，できない」といった議論ではなく，あくまで取引の形態・内容が合法であるか否か，という論点であるため，例えば出資取引については，現状の銀行法のもとでも認められていることから，ムシャーラカやムダーラバを用いたイスラム金融であ

**図表3-11　金融審議会金融分科会第二部会報告書（抜粋）**

『イスラム金融は，利子を取ることが禁じられている中で，商品売買やリースの形式を用いることにより実質的には与信と同視しうる取引を実現するものである。商品売買等を形式上伴うものであることから，銀行・保険会社グループは，現行制度においては，基本的にこれらの業務を行うことはできないこととされている。近年，海外においてイスラム金融取引が台頭し，今後も急速にその市場拡大が見込まれることを踏まえれば，我が国銀行・保険会社グループの国際競争力の確保の観点から，実質的に与信と同視しうるという要件の充足を条件に，イスラム金融を銀行・保険会社グループの業務範囲に加えることが適当である。なお，イスラム金融の実施主体については，銀行・保険会社の子会社及び兄弟会社にリース業務を認めている現状も踏まえ，銀行・保険会社の子会社及び兄弟会社とすることが適当である。』

**図表 3-12　銀行法施行規則（昭和五十七年大蔵省令第十号）**

（銀行の子会社の範囲等）
第十七条の三　（略）
2　法第十六条の二第二項第二号に規定する内閣府令で定めるものは，次に掲げるものとする。
一～二　（略）
二の二　金銭の貸付け以外の取引に係る業務であつて，金銭の貸付けと同視すべきもの（宗教上の規律の制約により利息を受領することが禁じられており，かつ，当該取引が金銭の貸付け以外の取引であることにつき宗教上の規律について専門的な知見を有する者により構成される合議体の判定に基づき行われるものに限る。）

ったとしても問題なく供与することができると考えられる。その文脈で言えば，スクーク等の取引については，本改正の範囲外であるとして，別の規定に照らして検討すべきとの回答が金融庁から出されている［金融庁 2008］。

　2015年には，本措置を上回る制度改正が進んだ。金融庁は，2月24日，銀行の監督指針に関する改正案を公開し，市中からのコメントを集めることとした［金融庁 2015］。これは2014年3月に，大手銀行によって構成される都銀懇話会が，政府の規制改革会議の第9回貿易・投資等ワーキング・グループに提出した「異種リスクの含まれないイスラム金融に該当する受与信取引等の銀行本体への解禁」と題する提案を受けたものであり，標題のとおり，銀行本体にイスラーム金融取引を認める要望である。これは，同年6月24日に「規制改革実施計画」として閣議決定された。ここで言う「異種リスクの含まれない」とは，例えばイジャーラ・ワ・イクティナーウのようにコンベンショナル金融で言うファイナンス・リースと同質の経済機能を担い，それ以外のリスク（取得資産の価格変動リスク等）を含まない，という意味である。

　こうしたプロセスを経て，2015年4月1日，「主要行等向けの総合的な監督指針」と「中小・地域金融機関向けの総合的な監督指針」をそれぞれ改正する形で，銀行本体へのイスラーム金融の解禁が実現した。[54]

**(3)　日本政府の対応その2　日本版スクークの法・税制整備**

　スクークの分野について，2012年までに革新的な制度が整備された。しばしば，日本版スクーク，あるいは「Jスクーク」と呼ばれるそのスキームは，**図表3-13**のとおりである。スキームの流れは以下のとおり。[55]

図表 3-13 日本版スクークの基本スキーム

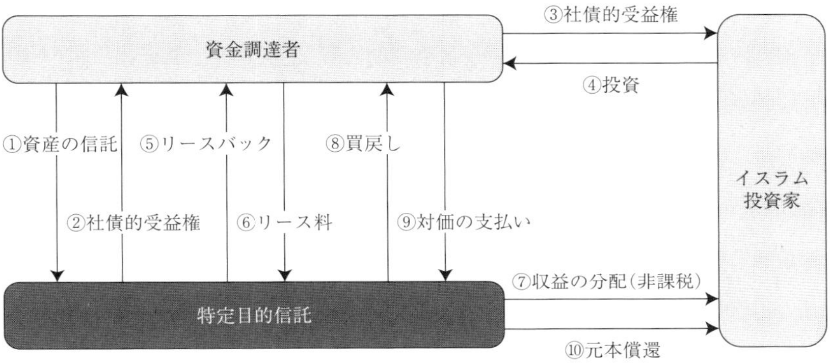

```
                        ③社債的受益権
    ┌─────────────────┐ ←───────────── ┌──────┐
    │    資金調達者     │               │      │
    └─────────────────┘ ─────────────→ │      │
       ↑  ↑   ↑   ↑         ④投資      │イスラム│
  ①資産 ⑤リース ⑧買戻し                  │投資家 │
  の信託 バック                          │      │
       ②  ⑥   ⑨                       │      │
       社債 リース 対価の                 │      │
       的受 料   支払い                   │      │
       益権                              │      │
    ┌─────────────────┐  ⑦収益の分配(非課税)  │      │
    │   特定目的信託    │ ─────────────→│      │
    └─────────────────┘  ⑩元本償還      └──────┘
```

（出所）金融庁［2010］

【取引組成時のプロセス】
① 資金調達者は，信託契約に基づき，保有する対象資産（不動産等）を特定目的信託受託者に信託する。
② 特定目的信託は，社債的受益権を資金調達者に対し発行する。
③ 資金調達者は，投資家に対し，社債的受益権を販売する。［この受益権がスクークとなる］
④ 投資家は，資金調達者に対し，社債的受益権の代金を支払う。
⑤ 資金調達者は，特定目的信託より，信託譲渡した資産のリースバックを受ける。

【期中のプロセス】
⑥ 資金調達者は特定目的信託に対し定期的にリース料を支払う。
⑦ 特定目的信託は，投資家に対し，⑥で受領したリース料を原資として社債的受益権に係る配当を行なう。［クーポンに相当するもの］

【償還時のプロセス】
⑧ 資金調達者は，特定目的信託から対象資産（信託財産）を買い戻す。
⑨ 資金調達者は，特定目的信託に対して対象資産の取得対価を支払う。
⑩ 特定目的信託は，投資家に対し，⑨で受領した対価を原資として社債的受益権の元本償還を行なう。

このスクーク法制の整備は，税制面での対応を主眼に実施された。すなわち，スクークとして日本法上で可能な取引を組成しようとすると，税の部分で不利益が生じるという問題があったため，その不利益が生じる制度を改正しようとしたことがきっかけである。こうした経緯により，金融庁による平成23年度税制改正要望が契機となってこの法整備が進捗した。

　海外の事例を含め一般に，スクーク取引は（あるいはデット系のイスラーム金融取引全般に言えることだが），リバーを回避しイスラーム法に反しないものとするため取引構造が複雑になる傾向があり，これに伴って追加的に余分な税がかかりやすい面がある。

　今般の税制改正は，こうした不利益を取り除くもの，すなわちコンベンショナル債券に比して追加的な税が生じてしまう部分を減免することで，コンベンショナル債券との間での税の中立性を確保しようとした措置である。具体的な改正内容は以下の7点である。とりわけ，⑤は，海外のイスラーム投資家を念頭におき，本スキームによるJスクークを取得した場合の配当（クーポン相当分）が，コンベンショナル債券のクーポンと同様，非課税となるようにしたものである。

① 信託銀行が支払を受ける社債的受益権の収益分配に係る源泉徴収の除外
② 社債的受益権を発行する信託の原委託者が信託終了時に信託財産を買い戻す場合の登録免許税の非課税化
③ 社債的受益権を発行する信託の原委託者が信託終了時に信託財産を買い戻す場合の不動産取得税の非課税化
④ 特定目的信託に係る受託法人の課税の特例における導管性要件から，社債的受益権について「国内募集割合50％超」の要件を除外
⑤ 非居住者・外国法人投資家が支払いを受ける社債的受益権の配当と償還差益について所得税（源泉税）を非課税化
⑥ 外国金融機関に係る債券現先取引の利子課税免除の対象に社債的受益権を追加

⑦ 非居住者・外国法人投資家が行なう社債的受益権の譲渡について事業譲渡類似および不動産関連法人の株式等譲渡益課税を非適用

　次に，法的な側面を検討する。本件は，日本法のもとでスクーク取引を可能とする新たな制度を創設したわけではなく，既存の信託受益権（とりわけ社債的受益権）の枠組みを用いた対応であった。社債的受益権のスキームを適用することにより，「発行体と投資家との間では社債のような取引」ではあるが，イスラーム法の観点で重要な「クーポンが（利子ではなく）事業からのキャッシュフローとなる取引」を実現した。また，発行される社債的受益権の信用力依拠先が（イスラーム法に適格なスキームとするため形式的に構成されたリース取引ではなく）資金調達者たるオリジネーターとなる点も，債券と同様の属性を実現しており，その意味で適切なスキームだと言える。

　逆に，本スキームに基づき発行された有価証券は，「イスラーム債」と俗称されることはあっても，法的には「債券」ではない。あくまで，資産流動化法2条13号に言う特定目的信託による受益権として扱われる。特定目的信託の受益証券は，金融商品取引法第2条1項に規定される有価証券であり，公募債としての性格を持つ。ただし，当該スクークの保有者に支払われるのは「配当」であり，上述した発行体と保有者の経済的関係では社債としての性格だったことと併せ，「社債的受益権」として扱われることとなったのは，技術的には巧妙かつピンポイントの措置であったと評価することができる。

　スクークは，海外でも一般的に"Islamic Bonds"などと呼ばれる。また商品の成立からしても債券と同等の経済的機能を求めたものである。が，日本法上は債券としては扱わないこととなる。債券として扱うと，上述したようなスキームにおいてリース取引等のストラクチャを考慮することができないこと，イスラーム法で禁じられる金利の概念を取り込まざるを得ないことが影響していたと考えられる。なお海外でも，法的には"Trust Certificate"などとして，スクークを債券として扱わないケースが多い。

　他方で，発行体や投資家にとって，実務的にはコンベンショナルな債券とほぼ変わらない扱いとなることが想定される。実際，Jスクーク関連措置の一環として，証券決済の中央機関である株式会社証券保管振替機構（いわゆ

る「ほふり」）が 2011 年に発表した「特定目的信託の社債的受益権に関する一般債振替制度における取扱概要」では，基本的に「一般債に準じた取扱いを行うものとする」ことが随所に明記されている（振替口座，銘柄情報〔オリジネーター名を明記〕，ISIN コードなど）。Ｊスクークへの対応業務を担当したのが「社債投信業務部一般債担当」であることからも，経済機能の側面における債券とＪスクークの共通性がうかがえよう。

またそもそも「社債的受益権」は，「信託期間中の金銭の分配について，あらかじめ定められた金額（あらかじめ定められた金額が得られるものとして政令で定める方法により計算されるものを含む。）の分配を受ける種類の受益権」（改正資産流動化法 230 条 2 号）を言うが，「あらかじめ定められた金額」は固定利率を言い，「あらかじめ定められた金額が得られるものとして政令で定める方法により計算されるもの」とは変動利率のことである。海外でみられる一般的なスクークにも，固定・変動双方のクーポンの支払い方があり得ることから，世界標準に倣った要素であると評価できる。

本節の最後に，先端金融型の特徴を整理する。まず，先端金融型の特徴として，2 で述べた英国，シンガポール，フランスと，本節でみた日本との関連を考える。

先端金融型の特徴のひとつに，コンベンショナル金融において成立した金融インフラ等の制度や金融技術をイスラーム金融に応用することが可能であるため，イスラーム金融へのキャッチアップが迅速である，という点があった。

上述した日本の民間金融機関の取り組みをみてみると，単純な金融取引（預金・貸付業務や保険業務）は言うに及ばず，大和証券投資信託委託のイスラミック ETF（上場投資信託。2007 年）や野村証券のスクーク（2010 年）など，高度な金融技術を応用した事例が多いことがうかがえる。また，Ｊスクークの法整備においても，証券化技術の基本となっている資産流動化法のもとでの枠組みである社債的受益権をそのまま適用しているが，これも，高度な金融インフラの一要素として同法があったために，スクークの法整備においても極めて迅速に対応できたとみることができる。

## 5　小　　括

　本章では，グローバル・イスラーム金融市場における「周縁地域」，すなわち事業環境マトリクスで言う潜在市場型と先端金融型の国々におけるイスラーム金融の状況を，具体的な事実をもとに概観した。
　潜在市場型としては，アフリカ諸国を取り上げた。サブサハラを中心とするアフリカ諸国において，国レベルでみたムスリム比率ではさほど高くない国も含め，ナイジェリア，ケニア，タンザニア，セネガル，ガンビア，モーリシャスなどの国でイスラーム金融の実践があることを確認した。同じムスリム・マジョリティ国であるコア市場型とは異なり，リテール銀行資産のウェイトが高く，逆に，スクークを含む資本市場取引が低いという特徴もあった。もっとも，近年の傾向としては，ソブリン・スクークを発行する事例もみられている。ただし，コア市場型で一般的にみられる企業のスクーク発行については，潜在市場型では極めて限られた数の事例にとどまっている。また，厳密に言えば純粋な潜在市場型ではなく先端金融型の要素も強い南アフリカについても，ソブリン・スクーク発行やその他の実績があることを述べ，全体として，アフリカ諸国全般におけるイスラーム金融の萌芽を事実に沿って確認した。
　先端金融型の事例としては，英国，フランス，シンガポール，日本について述べた。英国とシンガポールはソブリン・スクーク発行の実績があり，またいずれの国も金融機関が内外においてイスラーム金融取引に従事したり，ムラーバハ取引における商品取引に絡む措置（法的是認や税制中立化等）が実施されたりといった実績があることをみた。
　上述したような周縁地域におけるイスラーム金融の拡大は，グローバルにみれば，質の向上，関係国数の増加という観点で，世界のイスラーム金融市場に広がりを与えている。コア市場型諸国を扱った論考は多いが，これらの周縁地域に関する研究のいっそうの蓄積がイスラーム金融のグローバルな拡張に関する理解を促進するものと期待される。

第 *4* 章
# イスラーム金融商品の発展系譜
――理念と金融技術の相互作用――

## 1　はじめに

　本書ではこれまで，主として第2章の1で呈示した**図表2-1**の事業環境マトリクスを意識して，イスラーム金融の発展やその態様について，地域・国の類型を中心に記述してきた。ところが，一口に「イスラーム金融」と言っても，具体的な商品レベルでみると，実に様々なものが存在する。イスラーム金融を実践する代表的な機関にイスラーム銀行があり，その提供する貸付や預金は有力なイスラーム金融商品のひとつである。しかし，これにとどまるわけではない。詳細は後述するが，よく知られるスクーク（イスラーム債券）も現代のイスラーム金融市場の主流にある商品であるほか，タカーフル（イスラーム保険）も，広く一般市民向けに提供されるイスラーム金融商品である。
　本章では，そうした多様な形態を持つイスラーム金融が歴史的にどのような途を辿ってきたのかを商品レベルで振り返りながら，その背後にあるイスラーム法遵守に関する考え方の類型を示しつつ，その類型を用いてイスラーム金融の将来像を簡単に描いてみようと思う。
　本題に入る前に，イスラーム金融を商品学的に論じる上で重要な点を改め

て確認しておきたい。イスラーム金融の概説書では，実務家向け・学術研究者向けを問わず，「ムダーラバ」，「ムラーバハ」などのアラビア語起源の契約概念が紹介されることが多いが，それらはあくまで金融商品の根底にある「契約概念」であり，決して金融商品そのものではない。このことは，図表1-12にもまとめたとおりである。具体例として「ムダーラバの契約概念に基づくイスラーム銀行預金」や「ムシャーラカの契約概念を用いたイスラミック・プライベート・エクイティ・ファンド」などというように理解すべきということである。そして本章では，「銀行預金」や「プライベート・エクイティ・ファンド」など「金融商品」の部分に焦点を当てて，イスラーム金融におけるその発展の系譜を振り返り，今後を展望する仮説を呈示する。

## 2　イスラーム金融の発展に関する2つの考え方

1975年に本格的に始まったイスラーム金融の商業実践は，その端緒である銀行の預金・貸出業務にとどまることなく，今日では実に多様な形態に広がっている。そうした発展の根底には，小杉［1996: 22］の指摘するような「イスラーム復興運動」があり，この大きな流れが衰退することは予見し得る将来において考えにくい。こうした中で，商品の品揃えを広げながらのイスラーム金融の発展は，その近未来も含めて，どのように位置づけられるのだろうか。本節では，2つの対立する見地を軸に，こうした問いに答える枠組みを構築し，検討する。

イスラーム金融のあり方としてしばしば言及される考え方に，「*Shari'ah*-compliant」であるだけでは不十分で「*Shari'ah*-based」を目指すべき，というものがある。すなわち，シャリーア適格性の審査をパスした「イスラーム法に抵触しない」という基準だけでは不十分で，「イスラーム法の理念に基づく教義的価値のある金融」を目指さなければならない，ということである。この考え方は一般に，「シャリーア・コンプライアンス批判」として知られている［長岡 2011: 102］。

そこで，これらの対立する考え方をもとに，イスラーム金融システムの発展についての見方についてその前提の違いや特徴等を整理し，後に考察する

実際の発展との関係の前提としたい。

ひとつ目の見方は、先に述べた、個別取引について「*Shari'ah*-compliant」であればよいとするものである。換言すれば、上述したような「*Shari'ah*-based」との対比において、イスラーム法の理念を追求するような次元を含める必要はなく、シャリーア適格性の審査をパスしさえすればよい、との考え方である。すなわち、ハラーム（*haram*、イスラーム法の観点から認められない）でなければ何でもよい、ということであり、ここでは「非ハラーム制約見地」と名づけることとする。「*Shari'ah*-compliant」との表現を用いないのは、これがもともと個別の取引に関して形容された表現であり本章ではイスラーム金融システム全体について論じているという点で異なるため、また種々の箇所でシャリーア適格であることを表現する際にも「*Shari'ah*-compliant」としていることから、本書の他の箇所での記述との間で混同を招きかねないためそれを避ける意図がある。

イスラーム金融システムの発展に関するもうひとつの見方は、「イスラーム金融の発展はイスラーム法の理念に近づく（べき）」というイスラーム法の価値観を含めたものである。上述した「非ハラーム制約見地」が、シャリーア適格であるという制約の範囲内においてあらゆる金融商品を可能としているのに対し、この見方は「シャリーア適格であるだけでは不十分であり、イスラーム法の理念により近い金融商品を開発していくべき」というものである。その行き着くところは、シャリーアの理念の実現であることから、シャリーアの目的を意味する用語であるマカースィド・アッ＝シャリーア（*Maqasid al-Shari'ah*）を付して「マカースィド・アッ＝シャリーア見地」と呼称することとする。

その様子を、初歩的な経済学で用いられる効用関数を応用して図解すると、**図表4-1**のとおりである。縦軸にはイスラーム金融取引・システムにより得られる効用水準をとり、横軸にはよりイスラームの価値観を反映している取引順に3形態の取引を並べている。PLSとは、Profit/Loss Sharingの略であり、損益分担型とも呼ばれ、イスラームの観点からはより望ましい。この点は、長岡が「ムダーラバ・コンセンサス」と呼んだように、イスラーム法学者や実務家を含めて広くイスラーム金融に関連する人々の間で受け入れ

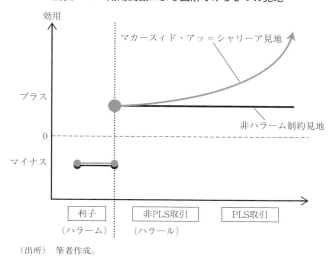

図表 4-1　効用関数による図解でみる 2 つの見地

(出所)　筆者作成。

られている［長岡 2011: 91］。また，**図表 1-5** で概観した金融取引の枠組みに基づけば，エクイティ（資本）系取引と PLS 取引とは同じと考えてよい。一方で，非 PLS 取引，すなわちムラーバハやイジャーラ等に基づく貸付類似の取引（図表 1-5 の枠組みで言えばデット〔負債〕系取引）やその他の取引は，イスラームの観点から PLS に劣後することとなる。

「非ハラーム制約見地」では，利子付金融についてはもちろんハラームでありその効用はマイナスであるが，シャリーア適格となった金融取引について PLS 取引と非 PLS 取引の間に差はないことから，効用関数は水平となる。これに対し「マカースィド・アッ＝シャリーア見地」では，利子付金融のマイナス効用は「非ハラーム制約見地」と同様であるが，PLS 取引の効用が非 PLS の効用よりも高くなっていることが特徴である。また，マカースィド・アッ＝シャリーアの状態についての詳細は論じないが，その状態における効用は非常に高いため無限大という意味を含めて矢印で表記した。いずれにせよ，上図が示す要点は，マカースィド・アッ＝シャリーア見地では PLS 取引を非 PLS 取引に対して選好すると考え，イスラーム金融の発展も

第 4 章　イスラーム金融商品の発展系譜　　131

その方向に向かっている，あるいは向かうべきと考えることである。

「非ハラーム制約見地」は，実務家にとっては極めて分かりやすい考え方であろう。逆に，イスラーム金融の実務家が「イスラーム金融商品を売りさえすればよい」という行動原理に基づいてビジネスを行なっていると考えれば，マカースィド・アッ＝シャリーアの概念さえ意識せずに，ムスリム向けに売れることのみを是として商品開発や販売業務にあたっている実務家もいるだろう。イスラーム金融機関にファトワーを発出するシャリーア・ボードのメンバーであるイスラーム法学者の中にも，例えばニザーム・ヤアクービーなどのように，マカースィド・アッ＝シャリーアへの接近よりも現実的な取引の完遂を重視する人もいる(1)。

一方で，「マカースィド・アッ＝シャリーア見地」は，とりわけネジャトゥッラー・スィッディーキー，ウマル・チャプラ，オスマン・アフメドなど「ジェッダ学派」として知られる学者にみられる，損益分担型の金融を重視した考え方である(2)。また，金融取引のシャリーア・スクリーニングを実施するイスラーム法学者も――シャリーア・スクリーニング業務の実践においてはシャリーア適格であることを承認するだけであるにせよ――イスラーム法の理念に近いものがより望ましいとの前提に基づいて業務にあたっている(3)。

他方で，"マカースィド・アッ＝シャリーア"の語が，イスラーム金融産業の発展を主導する要素を併せ持つ金融当局者から発せられるようになってきていることも事実であり，これにより民間金融機関の実務家の間でも知られるようになっている。このことを，各種の会議やセミナーで講演をすることの多いマレーシア中央銀行のゼティ総裁（当時）のスピーチテキスト（マレーシア中央銀行のウェブサイトに掲載されている全ての講演原稿）から確認してみると，"マカースィド・アッ＝シャリーア"の語が最初に出てくるのは，2009年2月のユーロマネー・イスラーム金融年次サミットにおける基調講演である。その後も，2013年末までの間に2回，その語を使っている(4)。いずれも，多くの実務家が集まる機会での講演であることから，多くの業界関係者の間で"マカースィド・アッ＝シャリーア"の語が知られるようになったと考えてよいだろう。

果たして実際のイスラーム金融は，どちらのベクトルを向いているのか。

先に呈示したイスラーム金融の発展に関する2つの見方である，「非ハラーム制約見地」と「マカースィド・アッ＝シャリーア見地」のそれぞれ説明力を簡単に検証するため，まずはイスラーム金融商品の発展に関する歴史を簡単に追うこととしよう。

現代イスラーム金融の商業実践の端緒は，1975年のドバイ・イスラーム銀行の設立に求められることが多い。同行自身も，自行の広告に「The world's first Islamic bank」などと謳っている（右の参考資料参照）。ただし，それ以前の先駆的な取り組みとして，南アジアやエジプトの事例があることも知られている（Wilson [1983; 2002]，Ali [2000]，IRTI & IFSB [2007]，石田 [1987a; 1988] など）。そこで提供される

（参考）世界初のイスラーム銀行であることを示すドバイ・イスラーム銀行の街頭広告

（出所）2008年11月，ドバイのシェイフ・ザーイド通りにて筆者撮影。

金融商品は，いずれも簡単な預金と貸付であった。とりわけパキスタンの事例については，単にコンベンショナル金融における取引から利子の部分を除いただけのものだったとみられており，預金者にとっては経済的インセンティブを欠くことから，事業としては立ち行かなくなり，そのため閉鎖されたと指摘されている［石田 1988: 103-104］。

その後1970年代後半から1980年代前半にかけて，上述のドバイ・イスラーム銀行をはじめ第5章の3で言及するようなイスラーム専業の商業銀行の設立が中東・北アフリカ地域で相次いだ。これらは，預金や貸付といった商業銀行取引を提供していたが，上述のパキスタンの事例とは異なり，何らかの利潤を伴う取引形態であったことから，軒並み商業的な成功を収めた。(5)

1979年には，スーダンにてイスラーム保険（タカーフル）が開発され，提供され始めた。マレーシアでも，前年のイスラーム銀行設立に続く1984年

に，同国初のタカーフル会社であるマレーシア・タカーフル会社（Syarikat Takaful Malaysia Berhad）が設立された。

　1990年にはマレーシアで，世界最初のスクークを欧州企業シェルの現地法人（Shell MDS）が発行した。スクーク市場はその後，とりわけ2000年代に入って順調に成長し，イスラーム金融の現代的発展を特徴づける重要な要素となった。

　時を前後して，イスラーム・ファンドが成立し始める。Al-Rifai［1999］によれば，最初のイスラーム株式ファンドは1986年6月に米国で設定されたNorth American Islamic Trustであるという。その他，初期のイスラーム株式ファンドとして，シンガポール（1991年5月），南アフリカ（1992年6月），サウディアラビア（1992年7月），マレーシア（1993年1月）が挙げられている。

　1994年は，最初のイスラーム・プロジェクト・ファイナンスが成立した年である。ここで言う「プロジェクト・ファイナンス」とは，しばしば金融業界の外部で記述されるような単なるプロジェクト向けファイナンスではなく，借入金返済の原資を，借入人ではなく「プロジェクトが産むキャッシュフロー」に限定した融資のことであり，とりわけ法契約の面では高度な技術が要求される。この嚆矢とされているのが，1994年のパキスタンにおけるハブ・リバー電力プロジェクトである［Dar 2010: 113］。

　これらをまとめると，イスラーム金融の商品学的発展の略史として**図表4-2**が得られる。

　ここで，これまでみた商品の発展の歴史を，「非ハラーム制約見地」と「マカースィド・アッ=シャリーア見地」にそれぞれ当てはめてみて，それぞれの妥当性を検証する作業に移る。

　「マカースィド・アッ=シャリーア見地」に基づけば，ムダーラバ・コンセンサスが意味するように，PLS取引の方向で商品の発展が進んでいくはずである。ところが実際の発展を**図表4-2**で改めて確認し大まかに捉えると，「預金・貸出→保険→株式ファンド→スクーク→プロジェクト・ファイナンス→デリバティブ」というように，PLSと非PLSが混在している。細かくみれば，2006年の世界初のイスラミック上場投資信託（ETF）[6]の設定や，

図表 4-2　イスラーム金融の商品学的発展略史

| 年　代 | 内　容 |
|---|---|
| 1950～60 年代 | 金融業の初期実践［南アジア等］ |
| 1975～79 年 | 本格的銀行業（貸付，預金）の実践開始［中東・北アフリカ諸国等］ |
| 1979 年 | タカーフルの提供開始［スーダン］ |
| 1986～93 年 | 株式ファンドの提供開始［米，シンガポール，南アフリカ等］ |
| 1990 年 | スクークの発行［マレーシア］ |
| 1994 年 | プロジェクト・ファイナンス案件の組成［パキスタン］ |
| 2005 年 | 証券化商品（Cagamas の RMBS）の組成［マレーシア］ |
| 2006 年 | Profit Rate Swap（金利スワップ相当）の実現［UAE，マレーシア］ |

（出所）　筆者作成。

同年設定の世界初のイスラミック不動産投資信託（REIT）[7]のように PLS 取引の進展もないではないが、実務的にはともかく商品学的にはファンドが上場されただけであったり不動産を投資対象とするファンドが上場されたりといったのみであり、既存の非上場のファンド取引とは大きな違いとはならないことから明確な進展とは言いにくい。むしろ 2000 年以降は、スクーク（イスラーム債）の隆盛に象徴されるように、非 PLS であるデット系の取引に関する商品開発が中心である。また、近年開発の著しいデリバティブ取引も非 PLS に分類されるべきものである。これらを踏まえると、少なくともここ 40 年程度であるイスラーム金融の商品発展史を振り返る限りでは、マカースィド・アッ＝シャリーアを目指した方向で進んでいると考えるのは困難であり、「マカースィド・アッ＝シャリーア見地」は棄却されると考えた方がよいだろう。

　それでは「非ハラーム制約見地」が正しいのか。非ハラームの商品フロンティアの中で種々の金融商品開発がなされたという意味では当てはまるのだが、それでは概念が広すぎて、イスラーム金融商品の発展の特徴を捉えたとは言いがたい部分もある。その意味では、先に示した大まかな流れである「預金・貸出→保険→株式ファンド→スクーク→プロジェクト・ファイナンス→デリバティブ」という系譜は、コンベンショナル金融のそれと似通ったところがあり、概ねそのような順番で取引が複雑化・高度化しているとみて

よいだろう。このように考えると，イスラーム金融商品のこれまでの発展の特徴を捉えた表現としては，「イスラーム金融の商品開発は，非ハラーム制約のもとで，コンベンショナル金融の機能に接近しながら実現されてきた」とするのが適切であると考えられる。

とはいえ，近年のイスラーム金融商品の発展が，マカースィド・アッ＝シャリーアをないがしろにしているかというとそうでもない。この点を次節にて考察する。

## 3　ムダーラバ・コンセンサスの批判的検討と再解釈

前節では，これまでのイスラーム金融商品の発展を捉える見方として，マカースィド・アッ＝シャリーア見地では説明が難しいことを指摘した。他方で，近代イスラーム経済学者やイスラーム法学者の間では「ムダーラバ・コンセンサス」が形成されており，それについては疑いの余地もないほどの見解の一致があるのも事実である。こうした見解は，例えば，パキスタン最高裁のシャリーア法廷判事を務めた経験もあるイスラーム法学者のムハンマド・タキー・ウスマーニーの述べた「イスラーム法の意味で真に理想的な金融商品は，ムシャーラカとムダーラバである」[Usmani 2005: 19]との記述にもうかがえる。

以下では，マカースィド・アッ＝シャリーア見地の期待する発展が実現していない背景について，デット系取引・エクイティ系取引という商品分類を軸に，ムダーラバ・コンセンサスを批判的に論じる形で考察し，ムダーラバ・コンセンサスの「再解釈」を試みる。こうした作業により，次節で展開する，イスラーム金融商品の今後の発展を展望する上での「非ハラーム制約見地」と「マカースィド・アッ＝シャリーア見地」の適用方法を論じる一助となると考える。

先にみたとおり，ムダーラバは契約概念の呼称であり，金融商品の観点からはエクイティ系取引に分類されると考えてよい。また，**図表4－1**にて「非ハラーム制約見地」と「マカースィド・アッ＝シャリーア見地」の効用関数を対比した際に，よりイスラームの面で望ましい取引として「PLS取

引」を商品軸の中で挙げたが、それとエクイティ系取引とは同じ概念だと考えることとする。商品学的見地からは、デット系取引とエクイティ系取引という対極軸で捉えた方が分かりやすいため、PLS取引との語は用いない。また、先の効用関数における商品軸では「非PLS取引」とし、これには、デット系取引以外にも、手数料取引やデリバティブ取引なども含まれ、議論をいたずらに複雑化させてしまうことから、あくまで「デット対エクイティ」という対立構図を前提に、以下の記述を進めることとする。

なぜ、イスラーム金融の発展を理解する上でマカースィド・アッ＝シャリーア見地が機能しないのか。その背景として、大きく3つの理由があると考えられる。

第1に、マカースィド・アッ＝シャリーア見地の想定するエクイティ系取引のみによる金融システムの構築は、現実の世界においてそもそも困難だという点が挙げられる。図表4-3は、国際通貨基金（IMF）のデータにより全世界の金融資産の商品別内訳を示したものである。これをみると、8割超がデット系取引（債券＋銀行資産）であり、エクイティ系取引（株式）は2割弱に過ぎない。こうした中で、イスラーム金融の実践の第一歩が、批判される面もあるにせよ前節で述べたような「コンベンショナル金融で提供されている機能の非ハラーム制約のもとでの実現」にあるとするならば、イスラーム金融の実践形態としてデット系取引が主流になるのは自然なことと考えられよう。

この点に関連して、イスラーム金融のあるべき姿を表現した「ムダーラバ・コンセンサス」と同様の意味を持ち、逆の論理でイスラーム金融の実践の現状に否定的な見解を示した考え方として、ターリク・ユーセフによる

図表4-3　全世界の金融資産の内訳

|  | 金額（億ドル） | 内訳（％） |
| --- | --- | --- |
| 株式 | 470,892 | 18.2 |
| 債券 | 983,881 | 38.0 |
| 銀行資産 | 1,137,352 | 43.9 |
| 合計 | 2,592,125 | 100.0 |

（出所）　IMF, Financial Stability Report, 2012.

「ムラーバハ・シンドローム」がある［Yousef 2004］。もっとも，ユーセフ自身も，上述したようなデット系取引が主流である世界の金融の現状においてムラーバハが大半を占めることはやむなしと捉えている部分もある。

　ここで，このような現状のもとでのマカースィド・アッ゠シャリーア見地，またはそれに含まれるムダーラバ・コンセンサスの意味を問い直してみたい。先にも触れたように，世界の金融資産の8割をデット系取引が占め，イスラーム法が望ましいとするエクイティ系取引は2割弱に過ぎない現状にあって，イスラーム金融のエクイティ系取引がマイノリティであることは仕方ないとみることもできるが，実際にイスラーム金融資産の商品別ウェイトを**図表4-4**（図表2-7を再掲）でみてみると，デット系取引である「銀行資産＋スクーク」で94.3％となっており，エクイティ系取引であるファンドは4.5％に過ぎない。

　ただし厳密に言えば，この統計における商品別分類だけで，エクイティ系取引かデット系取引かを論じるのは正確ではない。この統計の詳細を検証するのは現実的でないが，銀行資産には（ごく一部であろうが）銀行が出資取引をした分の資産が含まれている可能性がある。またタカーフルの中には，ムダーラバの契約概念を取り入れた部分もあり得ることから，エクイティ系取引として若干考慮すべき部分もあるかもしれない[9]。とはいえ，全体として，イスラーム金融においてエクイティ系取引のウェイトが小さい，という傾向は変わらないだろう。

図表4-4　各地域における商品別ウェイト

(単位：％)

|  | 銀行 | スクーク | ファンド | タカーフル | 全体 |
| --- | --- | --- | --- | --- | --- |
| アジア | 51.0 | 42.5 | 5.7 | 0.8 | 100.0 |
| GCC | 82.2 | 11.1 | 5.4 | 1.3 | 100.0 |
| MENA（GCC以外） | 98.6 | 0.0 | 0.1 | 1.3 | 100.0 |
| サブサハラ・アフリカ | 87.3 | 1.2 | 9.0 | 2.4 | 100.0 |
| その他 | 72.7 | 2.5 | 24.7 | 0.0 | 100.0 |
| 全体 | 80.9 | 13.4 | 4.5 | 1.1 | 100.0 |

（出所）　GIFF［2012］

このことから，全世界の金融資産に占めるエクイティ系取引の割合を仮に「自然D／Eレシオ」と表現するならば，「イスラーム金融におけるエクイティ系取引の割合は，現状，自然D／Eレシオより低い」と言うことができそうである。これを踏まえ，マカースィド・アッ＝シャリーア見地に基づくイスラーム金融の発展の方向性を**図表4-5**に沿って整理すると，（全ての金融取引をエクイティ取引にするという，当面は想定することが現実的ではない目標ではなく）イスラーム金融資産全体に占めるエクイティ系取引の割合を「自然D／Eレシオ」と同水準まで引き上げることを中間目標として設定することが考えられるだろう。そして，仮に今後，その中間目標を達成できたとするならば，100％エクイティ系取引のみという世界を想定するのは現実的でないと考えられる中で，それに次ぐ目標として，「エクイティ系取引の比率をいっそう高めていく」ということが考えられる。それに基づけば，マカースィド・アッ＝シャリーア見地に基づくイスラーム金融の発展を，「エクイティ系取引の比率を高める。イスラーム金融商品の開発はそのために行なう」という目標に向かったムーブメントと捉えることができるだろう。この意味で，マカースィド・アッ＝シャリーア見地の基盤となっているムダーラバ・コン

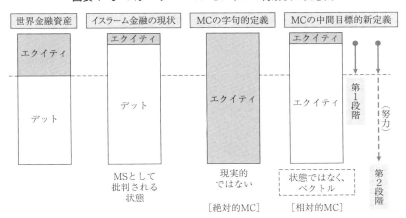

図表4-5　ムダーラバ・コンセンサスの再解釈の概念図

（注）　MS＝ムラーバハ・シンドローム，MC＝ムダーラバ・コンセンサス。
（出所）　筆者作成。

センサスについて，エクイティ系取引が全てを占めていることが望ましいとする非現実的な状態に関する議論ではなく，「エクイティ系取引の比率を高めるべき」というベクトルと解する，やや現実性を高めた議論が，再解釈されたムダーラバ・コンセンサスとして展開されて然るべきだと考える。その上で，これまでのムダーラバ・コンセンサスは「絶対的ムダーラバ・コンセンサス」，ここで言う新たなムダーラバ・コンセンサスを「相対的ムダーラバ・コンセンサス」と分けて捉えることができよう。

マカースィド・アッ=シャリーア見地によるイスラーム金融の発展が機能しない第2の理由は，金融取引の対象となる実体経済との関係において，自己矛盾とも呼べる部分を含んでいることである。しばしば指摘されるように，イスラーム金融の理念面での大きな特徴として，実体経済の活性化につながるような金融取引を奨励することが挙げられる。長岡はこれを，「実物経済に埋め込まれた金融システム」と呼び，金融取引と実体経済が密接不可分のものであることを確認した。マカースィド・アッ=シャリーア見地に基づくイスラーム金融の発展は，商品開発という観点も伴いながら，最終的にはエクイティ系取引の比率が上昇することを想定している。ところが，実体経済と金融取引の相性に着目すると，マカースィド・アッ=シャリーア見地は以下のような大きな自己矛盾を孕んだ考え方とも言えるのである。

その様子を，**図表4-6**を用いて説明する。マカースィド・アッ=シャリーア見地のもとでは，エクイティ系取引の比率の引き上げが想定されている。イスラーム金融にせよコンベンショナル金融にせよ，エクイティ系取引にふさわしい実体経済取引と，デット系取引の適用が適切である実体経済取引とが存在する。多様なケースが考えられるがごく一部のケースを挙げれば，例えば企業の設立への資金供与を考える場合，実績のない企業には信用力がなくデット系取引は総じて供与されにくいため，エクイティ系取引が望ましい。逆に，将来のある時点で収入がある予定であるがそれまでの間の支出のために資金が必要な際には，資金調達期間を明確に区切るデット系取引が適切である。

ところが，マカースィド・アッ=シャリーアに近づくためとしてエクイティ比率の引き上げを図った場合（**図表4-6**では，現状のD／Eレシオからの引き

図表4-6　エクイティ取引の増加期待に潜む資金不足のリスク

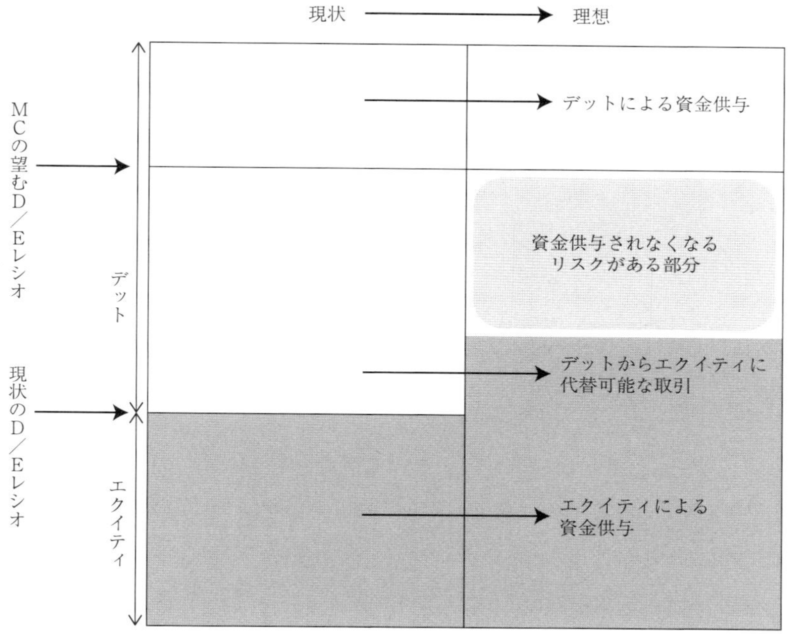

現状 ⟶ 理想

MCの望むD／Eレシオ

現状のD／Eレシオ

デット

エクイティ

デットによる資金供与

資金供与されなくなるリスクがある部分

デットからエクイティに代替可能な取引

エクイティによる資金供与

（出所）　筆者作成。

上げ），資金供与の対象となる実体経済（資金需要者）への供与がデットからエクイティに代替されればよいが，上述したようにデット系の資金供与のみが実現可能な取引も大いに想定されるもとで，エクイティ性資金が供与されない可能性も十分に想定される。これは，本来実体経済を活性化することが是とされるイスラーム法の理念に大きく反することである。

またそもそも，実務的な観点を踏まえれば，デット系の取引の方がエクイティ系取引よりも供給しやすい，という側面がある。ユーセフやアユブは，それぞれの取引の特性に着目してデット系取引が主流であることを説明した[Yousef 2004; Ayub 2007]。また上山も，エクイティ系取引が主流となりにくい理由として，取引費用（資金需要者の支払能力を知るための手間やコスト）がエクイティ系取引の方が高いこと，回収不能リスクがあることなどを挙げて

いる［上山 2013: 40-43］。要するに，エクイティ系取引が限られた条件のもとでのみ供与されるという現実的観点を踏まえると，エクイティ系取引を望むということが「資金供給をエクイティ系取引に限る」という命題であるとするならば，金融システム（資金供給者）から実体経済（資金需要者）への資金供給量が著しく減少する結果を招きかねないというメカニズムについても留意する必要があるということである。もちろん，マカースィド・アッ゠シャリーア見地の議論やムダーラバ・コンセンサスの想定する世界は，そうした現実的な制約を超克し，あるいはそもそも前提とさえしないで，イスラーム法の観点から望ましい経済の姿を描いたものと言えるだろうが，イスラーム金融市場の発展という現実との兼ね合いを分析の対象とする場合には，そのような現実的な観点を十分に考慮する必要がある。

　こうした懸念は，学術上の議論のためだけではなく，政策的な意味も有していると考えてよいだろう。仮に，マカースィド・アッ゠シャリーアを重視し過ぎたイスラーム金融行政がある国でとられ当局から金融機関に対してエクイティ系取引が推奨（あるいは強要）されるとすれば——現実には起こりにくいかもしれないが為政者次第ではその可能性はゼロとは言い切れまい——，結果として金融機関から実体経済部門への資金供給量が減少することにもなりかねない。金融機関のインセンティブや行動メカニズムを軽視して，表面的な理念追求のみの偏った施策が採用されることとなれば，却って理念に反する結果を引き起こしかねない，ということである。

　さらに言えば，ムダーラバ・コンセンサスという考え方自体，イスラーム金融の最大の特徴である実体経済との結びつきを軽視した「金融だけの議論」のようにみえる部分もある。上述のように，ムダーラバによる資金供与が理想であるのはイスラーム法の本質から自然と導き出される命題であるとは思うが，多様な実体経済の資金需要の中にエクイティ系取引にそぐわないものがあったり，資金供給者の行動原理を考え資金供給がなされないケースもありえることを想定したりすると，ムダーラバ・コンセンサスとして表現される論調は，実体経済よりも先に金融面のみを議論しているようにもみえる。その意味でこうした論調は，イスラームにおいて本来重視されるべき実体経済を軽視した傲慢な金融論議とさえ呼べるものかもしれない。[14]

イスラーム金融の発展においてマカースィド・アッ＝シャリーア見地を適用しにくい第3の理由は，金融システム論的視点が欠如していることである。ここで，金融システムとは，多種多様な金融取引の集合体と捉える。システムを構成する全ての金融取引がイスラーム金融であることに着目して，マカースィド・アッ＝シャリーアに基づく金融システムが実現された状態と捉える考え方である。既存の文献では，単に金融市場全体を総論的に表現する語として「イスラーム金融システム」と呼称する例が少なくないが[15]，ここでは，それぞれの多様な金融商品の差異を意識しその集合体をもってシステムと表現する。なお，イスラーム金融システムの現実的な構成要素を考えると，金融当局，各種法制度，決済システム等々，必要となる部分は数多くあるが，これらはシャリーア適格性云々の対象とならないため，ここでの金融システム論の議論の対象には含めない。もともと既存の状態でも金融当局や各種法制度等はシャリーア不適格ではなく，「シャリーア適格な金融当局」，「シャリーア適格な法制度」は存在しないからである。
　この定義により，ひとつの個別取引についてのムダーラバ・コンセンサスとの対比を以下で浮き彫りにしていく。
　ムダーラバ・コンセンサスとは，再度ウスマーニーの指摘を持ち出すまでもなく，ムラーバハやイジャーラといったデット系の契約概念に基づくイスラーム金融取引よりも，ムダーラバやムシャーラカといったエクイティ系の契約概念を利用したイスラーム金融取引の方が望ましい，との考え方について近代イスラーム経済学者やイスラーム法学者の見解の一致がみられている現状のことであった。ここでムダーラバ・コンセンサスの主張に対して異論を唱えるつもりはない。重要なのは，個別の取引に関する選好というミクロ的議論と，金融システムを考える際のマクロ的議論には，求められる要素に差異が出てくることである。すなわち，ミクロ的議論であるムダーラバ・コンセンサスをマクロ的議論である金融システム論にそのまま当てはめることには難がある，ということである。
　現実の金融システムを考える上で，エクイティ系取引のみとなった場合の困難を例示すると，以下のとおりである。
　まず，預金取引について考察する。確かに，イスラーム預金にムダーラバ

が使われる場合もあり，その意味で「預金取引はムダーラバで代替可能」と考える論者もあるかもしれない。ただし，預金という金融商品の性格を考えると，ムダーラバに適していない部分もある。最大の難点は，元本保証である。預金は，個人（家計部門）が余剰資金を銀行に預け，貯蓄や決済の目的に使う性格の取引である。また社会環境によっては，悪い治安を理由に安全上の問題から現金保有ではなく極力預金しておくというケースも多いであろう。いずれにせよ預金は，多くの個人にとって社会生活と密接に関連した取引であり，元本保証が原則となっている。(16) こうした性格を持つ預金について，エクイティ系取引が望ましいとのことでムダーラバの概念を適用し，ムダーリブたる銀行が損失を被った場合も含めて損益分担が求められるようでは，預金をする個人の数は大きく減ってしまう可能性が高い。ムダーラバの利用を奨励するひとつの方策として，配当を欲する場合にはムダーラバ預金，決済・預託目的であれば当座預金のような無利子のカルド・ハサン預金ということも考えられるかもしれないが，この場合，カルド・ハサンは元本保証を前提とする明らかなデット系取引である。またそもそも，無利子で預金しようという個人は少ないことから，上述したパキスタンのケースのように無利子預金取引は継続しにくいだろう。さらに，マクロ経済学の観点から考えると，家計部門は「最終的貸し手」と呼ばれ，金融仲介機関（銀行等）への預金等を通じて「最終的借り手」である企業部門に供給する資金を提供する存在である。預金をエクイティ性取引のみに限定した場合，金融仲介機関への資金提供が著しく減少する可能性が高く，結果として企業部門に提供する資金が減少し，経済が停滞する。この点で，預金をエクイティ取引に限定することは，却って経済の不活性化につながり，イスラーム法が想定する世界とは逆の結果を生んでしまうことになりかねない。その意味でムダーラバ・コンセンサスの金融システム論への適用は，合成の誤謬（fallacy of composition）の典型例と言えるだろう。

　次に，イスラーム銀行間の資金融通であるインターバンクの短期金融市場取引について検討する。コンベンショナル金融の世界では，一国において銀行が数多く存在する状況のもと，流動性（手許資金）が超過している（余裕がある）銀行と流動性に不足がある銀行との間で，短期金融市場を通じた資金

の貸借によりこうした過不足が調整されるような仕組みが整っている。この場合の資金貸借は明らかにデット系取引であり，その大きな特徴として，償還期間が定められ，利子を伴う取引となっている。イスラーム短期金融市場も既に成立している。制度としては，マレーシアで1994年に設立されたイスラーム銀行間短期金融市場（Islamic Interbank Money Market; IIMM）や同じくマレーシアでコモディティ・ムラーバハの仕組みを利用した短期金融取引のプラットフォームであるマレーシア証券取引所（Bursa Malaysia）の「商品市場（Suq al Sila'）」などがある。中東湾岸諸国の金融機関は，ロンドン金属取引所（London Metal Exchange; LME）を利用して，専門業者や商品ブローカー等を経由した，コモディティ・ムラーバハに基づくイスラーム短期金融取引を実施しているケースが多い。

　こうした取引が全てエクイティ系取引になるとしたらどうなるか。まずエクイティ系取引は，**図表1−5**にも掲載したとおり，償還期限を定めないものであるのが通常であるため，資金余剰銀行が流動性供給を逡巡することとなる可能性が高く，そうなると短期金融市場が効率的に機能しない。実は，上述したIIMMでは，1994年の設立当初，ムダーラバの概念を含む，ムダーラバ銀行間投資証券（Mudaraba Interbank Investments; MII）を利用した短期金融取引が実践されていたが，次第にデット系取引など（バイウ・イーナやバイウ・ダインを含む取引）に淘汰されていったという歴史もある［長岡 2011; 139-140］。なおそもそも，MIIを用いた短期金融取引ではオーバーナイト（翌日物）から1年物までの期限別の設定がなされていたという点で，エクイティ系取引の性格とはやや異なる部分があるほか，当局であるマレーシア中央銀行が1996年に最低ベンチマーク利益率の制度を導入している点（最低利益率を保証することで，資金余剰銀行の資金供給を促す目的があったとみられる）において，（当時であればともかく）現代のイスラーム金融におけるシャリーア・スクリーニングの基準からみれば，ムダーラバ契約の要件を満たしているかどうかは疑わしい。これらを総合的に考慮すれば，シャリーア適格なエクイティ系取引による短期金融市場は，その実現が極めて困難なものであると考えてよいだろう。

　また，カルド・ハサンに基づく貸付，すなわち無利子のローンについて考

えみよう。無利子のローン，すなわち貸し付けた金額と同額のみ返済される契約は，リバーを伴わない取引であるためシャリーア適格である。資金調達者は，資金供給者に対して債務を負うため，これもデット系取引と考えられる。こうした取引は利益を生まないためビジネス・ベースで広範に用いられているわけではないが，同一企業グループ内の貸付（例：コンベンショナルな親銀行から子会社であるイスラーム銀行への一時的な融資）やタカーフル事業において拠出ファンドに損失が生じた場合のタカーフル会社からの資金供給等，事業を支える諸側面においてとりわけ資金不足を解消する手段として必要に応じて用いられるものである。こうした取引は，期限を区切り全額回収する契約をしているからこそ成立するものであり，回収を原則としないエクイティ系取引ではやはり資金供給者が資金の供給を躊躇する可能性が高い。期限を区切った資金の一時的貸与のようなケースにおいても，やはりエクイティ系の取引では成立が困難になると考えられる。

　最後の点として，レバレッジ取引としてのデット供与の役割を考える。ここで言うレバレッジ取引とは，エクイティを供与した投資先にデットも供与することによりエクイティの投資効率を高める手法を指す。レバレッジと言うと，少ない資金で多額の利益を狙うような，いかにもマネーゲームのような印象を与えるかもしれないが，上述の意味で用いたレバレッジ取引は，プロジェクト投資や不動産投資において頻繁に用いられる手法であり，イスラーム金融での投資にも当然ながら当てはまる。その合理性を数値例により確認しよう。現在，10の価格を持つプロジェクトへの投資を検討しているとする。10をエクイティとして拠出し，1年後に1の利益が上がってきたとすると，出資（エクイティ）に対する収益率（Return on Equity; ROE）は10%となる（税金や減価償却費等の細かい点は捨象する）。これに対し，当初のエクイティ拠出を5とし，残りの5をデットによる調達（金利を年利5%とする）としよう。そうなると，ROEの分子は，利益1－利子支払い$5 \times 0.05 = 0.75$となり，分母は5であるから，$0.75/5 = 15\%$に上昇する。このことは，エクイティ投資金額を一定とすればより多くの利潤が上がることであり，投資プロジェクトを一定とすればデット取引のおかげでより少ない金額で同様の利潤を上げられるということである。

もちろん，こうした投資効率性偏重の考え方を戒める意味を含めて，倫理的な観点からイスラーム金融の存在意義が認められる論調もあるが，デット供与の存在によりエクイティ投資が実行され，もって投資プロジェクトが実現されるという面は軽視すべきではない。デット供与を前提とせず，エクイティのみによる資金供給を考えると，デットのみならずエクイティの供給量も減少し，却って経済が停滞することになりかねず，イスラーム法の是とする実体経済の活性化とは逆の結果が生じてしまう可能性があるということである。

　その意味で，エクイティ系取引が金融システムの全てである状態がイスラーム金融システムの向かうべき方向性である，という主張がマカースィド・アッ゠シャリーア見地やムダーラバ・コンセンサスの本質であると捉えると，経済的インセンティブに基づき行動する経済主体の前提を大幅に変えた，理念上の基礎研究と位置づけられるのかもしれない。[17]

　以上みてきたように，マカースィド・アッ゠シャリーア見地をムダーラバ・コンセンサスに基づいたエクイティ系取引の追及と捉えるならば，将来を展望する上で様々な困難があり現実的でない面が多くある。デット系取引の存在を前提とする，すなわちデット系を含むイスラーム金融システムを想定することで，実体経済部門への資金供給が円滑に進む。また，エクイティ系のみではなく，デット系取引は言うに及ばず手数料取引やその他様々な補完取引についてもシャリーア適格なものを確立することで，各パーツ間の機能が相乗的に高められ，金融システムとしての役割を果たす。むしろ，こうしたメカニズムにより，提供できる金融機能がいっそう高められ，イスラーム法の理念に基づく金融取引を具現化する能力を高められることを期待してもよいだろう。このようなメカニズムこそ，「実物経済に埋め込まれた金融」の果たすべき役割だと考える。

　一方で，イスラーム金融を考慮しない論考において，エクイティ取引を是とする見方もある。ハーバード大学のケネス・ロゴフは，金融危機の根源が過度のデット偏重にあり，損益分担方式の金融が理想的であることを指摘している［Rogoff 2011］。イスラーム金融やイスラーム経済ではなく，国際金融論を専門とするマクロ経済学者がこのような指摘をしていることは，イス

ラーム金融の理想とするエクイティ選好（≒ムダーラバ・コンセンサス）が，イスラームの理念を前提としないコンベンショナル経済学の観点からみて展望し得るものであることを示しており，特筆に値しよう。

　また，現実をみても，経済取引や金融取引を構成する諸要素の変化により，エクイティ取引の割合が高まる可能性も大いに考慮すべきであり，そうした状況はイスラーム金融の世界からも期待されるところであろう。実際に起こりつつある分野として，例えば，インターネットの普及や情報技術の向上により，エクイティ性小口資金を多くの人数より集めて一定の規模とする金融仲介形態を含む，クラウドファンディングが注目を集めている。クラウドファンディングとは，あるプロジェクトへに必要な金額を，限られた数の大口資金提供者からではなく，大多数の一般人（＝クラウド）から集める形態を意味している。金額の仮説例を挙げれば，総額1億円の出資を集める場合に，5,000万円の出資を2者から，あるいは1,000万円の出資を10者から集めるのは極めて困難かもしれないが，インターネット上のクラウドファンディングのサイト（プラットフォームなどと呼ばれることもある）を通じてプロジェクトのことを知った1万人の個人から各1万円の出資を得るのは，案外容易な場合もあるだろう。そして，資金使途をシャリーア適格な事業に限定し，種々の契約条項をシャリーア適格なものに仕立てた上でシャリーア・スクリーニングによりファトワーを取得すれば，イスラミック・クラウドファンディングが成立する。既に，エジプトのシェクラ（Shekra）社などイスラミック・クラウドファンディングのプラットフォームとして事業を開始した事例はある。[18]

　これは一例に過ぎないが，単に「エクイティ取引が望ましい」とするのみならず，現実の経済・金融の動きや実現可能性を考慮しながら金融のあり方を論じることで，追いつくことのできない理念が，手の届く現実に変わり得る，という方向性を軽視すべきではあるまい。この文脈において，Dusuki [2010: 211] の以下のくだりが，イスラーム金融の商品的進展を適切かつ実に巧妙に表現している。

　　イスラーム金融の真の成否は，実務家がどれだけその社会的目標を金融革新の技術と統合できたかという度合いによって計測されるものである。

## 4　コンバージョン・コンセンサスと逆説的捷径

　前節で議論したムダーラバ・コンセンサスは，損益分担方式（PLS）の資金取引がそれ以外――とりわけ，ムラーバハ等のデット系取引――に比べ望ましいとする考え方であり，それは近代イスラーム経済学において既に確立されたものであった。

　こうした明確な理念的方向性がある一方で，実際のイスラーム金融の実践状況をみると，それがイスラームの理念を反映していないとして，批判的な論調があるのも事実である。「シャリーア・コンプライアンス批判」と呼ばれる［長岡 2011: 82］，コンベンショナル金融において取引されている金融商品をイスラーム法に適合させることのみに重きをおいた風潮に対する批判は，カビル・ハッサンとマーヴィン・ルイスの主導のもと，サンダーバード国際ビジネス・レビュー（Thunderbird International Business Review）の「イスラーム金融：岐路に立つシステムか（Islamic Finance: A system at the Crossroads?)」と題する特集において，チャプラ［Chapra 2007］や上述のエル゠ガマール[19]などをも交えて広範に論じられている。また，ハビブ・アフメドはこうした現状を客観的に「現在実践されているイスラーム金融は，マカースィドを満たしていないとして批判されてきた」と表現している［Ahmed 2011c: 150］。さらに，ズバイル・ハサンはこのような現状をより直截に「商品設計と教義目的のミスマッチ（structure-objective mismatch）」と表現し，イスラームの理念を具現化した金融取引の隆盛への希望を述べた［Hasan 2010］。

　以下では，このようなシャリーア・コンプライアンス批判につき，その達成できていない理想により2種に大別して議論を進めたい。

　ひとつは，これまで論じてきたような，ムダーラバ・コンセンサスであり，ジェッダ学派の理想でもあり，またルイスが「チャプラ・モデル」［Lewis and Algaoud 2001: 95-96］と形容する，イスラームが望ましいとするリスク共有（PLS）をベースとした金融が実践されている度合いが小規模にとどまっているという批判である。本章の前節では，イスラーム金融に限った形で，

第4章　イスラーム金融商品の発展系譜　　149

こうしたシステム構築（エクイティ性金融による社会）の議論には大きな課題が伴うことを指摘した。

　もうひとつの批判の論調は，より広い概念としてのイスラームの理念である，社会公正の実現，貧困削減等につき，現行のイスラーム金融産業がその方向に向かっていないとする批判である。ワフバ・ズハイリーは，コンベンショナル金融機関とイスラーム金融機関の違いに関する文脈の中で，「イスラーム金融機関の最終的な目的は利潤追求ではなく，社会経済の発展の到達点の確認と貧困の削減である」と述べた。またエル＝ガマールは，金融を通じたイスラームの理念の追求が二の次となり，コンベンショナル金融とさほど変わらぬ意識での取引が蔓延している現状を憂い，そのような状態であるなら「イスラーム」の看板を下ろすべきだと主張した［El-Gamal 2006: 174］。さらに，Mansour et al.［2015: 53-59］は「イスラーム金融システムは，分配的公正，貧困削減，社会的公平等の社会的目的の実現を目的としている」との前提をおいた上で，「イスラーム銀行は，イスラームの倫理的な価値の推進ではなく，イスラーム法の遵守に関する実定法的・技術的な側面をより気にかけているようだ」と指摘し，ハビブ・アフメドも「イスラーム金融産業が短期間で飛躍的な成長を遂げた一方で，イスラーム金融はイスラーム法の社会的・倫理的目標を満たすことができなかったと一般に考えられている」と表現している［Ahmed 2011b: 1］。

　このような考えは，知識層に限られるわけではない。アシュラフ・ワジュディ・ドゥスキーは，1,500人ものイスラーム金融の利害関係者（stakeholders）にアンケート調査を行ない，その結果として関係者は，イスラーム銀行を，職員・顧客・大衆のため社会目的の追求とイスラームの価値観の推進を行なうべきものとして捉えていることを明らかにした［Dusuki 2008a］。

　このようにイスラームの内側から敵対視される「イスラーム金融のコンベンショナル金融への「接近」」に関し，前節にて商品開発の歴史を時系列に追った。そのような現象の背景であるサービス提供側，すなわち金融機関側の商品開発の実態やロジックについて，Ahmed［2011a］が興味深い調査を実施している。サウディアラビアの商業銀行であるナショナル・コマーシャル銀行（National Commercial Bank）で銀行員として勤務した経験を持つため

実務にも明るい著者のアフメドは，20の銀行への商品開発に関するアンケート調査の結果，「イスラームの理念の観点からの商品開発を軽視し，あるコンベンショナル金融商品と同等の機能を有するイスラーム金融商品の開発という点に重きがおかれてしまうことが，シャリーア・ベースの商品の開発が疎かになっている一因」と述べている[22]。

　理念と現実の狭間で，イスラーム金融のこれからの商品開発の方向性をどのように捉えたらよいのだろうか。これまで論じてきた近年のイスラーム金融の世界的な発展は，利益重視の金融業界による近代資本主義的ビジネスとしての営為に過ぎないのか。また，この先イスラーム金融市場が拡大・拡張することはあっても，「マカースィド・アッ＝シャリーア見地」が期待するような質的な進展は望みにくいのであろうか。

　先に本節の冒頭で，現行のイスラーム金融への批判を2つに整理したが，まずはその後者，すなわちイスラーム金融業界が分配的公正や貧困削減等の社会的に資する取引を実現していないとする批判から論じていく。

　端的に言えば，こうした指摘は，金融面でもイスラーム法に沿って社会生活を送らんとするムスリムの要求をはるかに超えたものとの印象を受けざるを得ない。個人ベース（リテール取引）[23]では，預金をしたり，住宅・耐久消費財等のための借り入れをしたり，あるいは給与振込口座，インターネット・バンキングによる支払や送金，クレジット・カード利用など，また企業ベース（ホールセール取引）[24]では，預金や代金決済のほか，事業投資のためのローンや共同出資，債券の発行や投資，運用対象としての株式ファンドや不動産など，極めてベーシックな部分の金融取引について，ともすればイスラーム法に反するコンベンショナル金融ではなく，イスラーム金融を選好しているという需要がイスラーム金融資産の大半を占めている[25]とみることができる。一方で，マカースィドの内容は，チャプラがガザーリーを引いたところ［Chapra 2008b: 4］によれば，信仰，自己，知性，子孫，富の5つである。このような壮大な「目的」に対し，経済取引のひとつの要素に過ぎないと解釈することもできる金融が果たせる役割は極めて限られているだろう。その点，ニーンハウスはバランスの取れた記述をしている。「イスラーム金融はそれ自体が倫理的な金融ということではない。（中略）経済が適切に機能する上

で，倫理的に望ましい活動だけでなく，倫理的に中立的（で社会的には害悪ではないよう）な活動も必要なのであり，倫理的に望ましい活動のみが資金供与を受けるべきとの主張は単純すぎるであろう。このため，倫理的な金融は，コンベンショナル金融においてもわずかな部分を占めるに過ぎないのである」[Nienhaus 2011: 613]。このため，シャリーア・コンプライアンス批判のうち，第1の論点であった，イスラーム金融業界が分配的公正や貧困削減等の社会的に資する取引を実現していないとする論調は，日常生活ではなく私欲を捨てた社会正義にのみ焦点を当てているという点で，実社会のごく一部に対象を絞りすぎた議論とみることができる。

シャリーア・コンプライアンス批判のもうひとつ，リスク共有（PLS）型ではなく，デット性のイスラーム金融がマジョリティとなっている現状への批判について，その金融システム論的な観点での難点は前節にて第3の理由として指摘したとおりであるが，本節では，現状，圧倒的な量的優位で対峙するコンベンショナル金融との関係を改めて問うてみたい。

理念を重視し現実を批判する学者に「ムダーラバ・コンセンサス」がある一方，私企業であるため利潤を追求せざるを得ない，商品開発・実践の担い手である金融機関の実務家の間には，Gainor [2000: 6] が「適合（adaptation）」との語を用いて「市場に存在するイスラーム金融商品のほとんどは，コンベンショナル金融商品を適合させる形で研究開発された（中略）コンベンショナル金融市場で成功した金融商品は，イスラーム法に抵触しない形に組成するだけで，イスラーム金融市場でも成功するのである」と述べたように，コンベンショナル金融に既存の取引機能をイスラーム金融方式に適合させ，その際にはイスラームの理念を軽視する傾向がある。これを，先に引いたデ・ロレンツォの筆致を借りて「コンバージョン・コンセンサス」と呼べば，ムダーラバ・コンセンサスとの間にあるギャップ――「コンセンサス・ギャップ（gap of consensuses）」――を埋めることはできないのだろうか。

前節でも例示したとおり，ひとつの金融システムを構築する上では，エクイティ系取引だけでなく，デット系取引があることで資金が円滑に循環しやすくなる面がある。前節で既に指摘した「合成の誤謬」であるのみならず，ムダーラバ・コンセンサスのイスラーム金融を「ムダーラバやムシャーラカ

を大半とする金融システム」と考えた場合，理念としてはそれが正しいとしても，現実のものとなるかが不確実では，理念の実践としての取引実現には至らない。ムダーラバ・コンセンサスは，小杉が「理屈の上では正しくとも，実践可能かどうかは別問題」と指摘する［小杉 2006: 576］中の，実践可能性が低い問題なのかもしれない。そもそも，規範性が強く基礎研究的色彩の濃い近代イスラーム経済学の思考スタイルにおいて実現可能性を議論すべきかどうなのかはさておき，「マカースィド・アッ＝シャリーア見地」から導き出されるイスラーム金融システムの姿は，現実性を伴わないものとなりがちである。こうした状況を，あえてズバイル・ハサンの言い回しと対比させれば，「教義目的と制度のミスマッチ（objective-institution mismatch）」と言うことができるだろう。ムダーラバに代表されるPLS取引が良いとしても，また金融を通じてイスラーム的社会厚生を高めることが理想だとしても，現実の議論としては具体性に欠けるということである。

　こうした論調は，2008年の金融危機後のイスラーム金融を巡る議論でもしばしばみられた。チャプラは「イスラーム金融システムは，コンベンショナル金融システムの難点を排除しており，金融危機の度合いと生起頻度を最小化することができる」［Chapra 2009: 23］と述べたほか，世界銀行専務理事（当時）のマフムート・モヒールディンは「イスラーム銀行は，サブプライム関連資産やその他悪質な資産（toxic assets）を保有しておらず，実体経済取引との緊密な関係を維持したため，総じて2008年に生じた金融危機の最悪の影響から逃れることができた」［Mohieldin 2012: 2］と綴った。トルコ中央銀行総裁（当時）のイルマズも，IFSBの会議にて，イスラーム金融取引が持つ外的ショックへの耐性に触れ，イスラーム金融が全体の金融システムの安定性に貢献すると講演した。計量的にも，国際通貨基金（IMF）のHasan and Didri［2010］や世界銀行のBeck et al.［2010］が金融危機時におけるイスラーム銀行のコンベンショナル銀行に対するパフォーマンスの優位性を示している。

　ところが，このような議論の解釈には総じて注意が必要だと考えている。イスラーム金融が実体経済の結びつきを重視しているとはいえ，実際の取引データをみると，スクークの新規発行高，ファンド残高，シンジケート・ロ

第4章　イスラーム金融商品の発展系譜　　153

ーン組成額などは大幅に減少している［吉田 2012］。

　確かに，コンベンショナル金融の範疇において金融危機が勃発したが，それは「コンベンショナル金融だから脆弱で，イスラーム金融だから耐性が高い」ことを意味するものではない。経済学者の野口悠紀雄は，コンベンショナル金融の理論的支柱たるファイナンス理論について「適正に用いることによって，われわれの生活を豊かで安全なものにしてくれる。惨劇が起こるのは，使い方を誤ったからだ」として，コンベンショナル金融の大半が社会厚生をもたらすものであることを指摘している［野口 2009: 4］。金融危機の教訓として，コンベンショナル金融を議論の中心とする金融当局は，規制強化等により再発防止・耐性向上に努めているが，イスラーム金融の関係当事者がこうした成果を学び取り入れれば，イスラーム金融システムの安定性向上に資する部分も大いにあるだろう。

　同様に，コンベンショナル金融システムの中にもイスラーム金融が望ましいとする要素を志向する取引分野があることを，コンベンショナル金融を敵対視する傾向さえある近代イスラーム経済学者はもう少し認識してもよいと考える。慈善としての寄付，ESG（環境・社会・ガバナンス）投資や社会的責任投資（Socially Responsible Investment），インパクト投資（impact investment），先に本章でも述べたクラウドファンディング，BOP投資，次章で論じるマイクロファイナンスなど，単なる経済合理性や利益至上主義に基づくものではない金融取引は，コンベンショナル金融においても多くのものが存在する。むしろ，イスラームの是とする公平・公正・貧困削減等の理念は，イスラームの枠外にある社会においても一般に美徳とされるものであり，その意味では普遍的なものと括ることもできる。その美徳を現実社会において実現する手段としての金融取引につき，イスラームではリバー禁止という原則があるが，イスラームの枠外であるコンベンショナル金融側より学ぶことは，イスラーム世界にとっても——イスラーム金融の発展という意味でも——有益なことであろう。それをシャリーア適格なストラクチャとすることは，これまでの歴史にもみられたように，実務上，さほど難度が高いものではない。

　換言すれば，コンベンショナル金融も含めて，種々の事例から学び，システムとしてのイスラーム金融の安定性を高めることが，マカースィド・アッ

=シャリーアやムダーラバ・コンセンサスの必要条件になるという接近法も考えられるということである。要するに，ムダーラバをベースとする金融システムを現状から一足飛びに志向するよりも，その周辺に位置するデット系取引を含めた金融サービスの充実を図りかつシステムの安定性を高めるべく，コンベンショナル金融との共存や，イスラームの理念に沿ったものを「転換」して取り入れるような姿勢を伴ったアプローチの方が，結果としてそのゴールへの近道なのではないか，ということである。これは，ムダーラバをベースとする金融システムへの逆説的捷径と言うことができるだろう。

　より実務的な側面を重視する上で，経営学者の野中郁次郎と竹内弘高が提唱した，経営組織論で言う「ミドル・アップ・ダウン」の概念を参考に考えよう。(32) 通常，トップ・ダウンは経営陣から社員への指示によるアプローチ，反対にボトム・アップは現場社員から経営陣への提案によるアプローチであるが，野中と竹内は，日本企業の競争力の源泉として，中間管理層（ミドル）が経営陣（アップ）や現場社員（ダウン）を巻き込みながら事業運営を行なっていたことを指摘した。イスラーム金融への応用のため，ここでの座標軸である企業における階層を，「イスラームの理念（川上）からイスラーム金融の実践現場（川下）への流れ」に置き換える。そうすると，マカースィド・アッ=シャリーア見地に象徴されるイスラーム法の規範から得られる「べき論」は，トップ・ダウン・アプローチとみることができる。反対に，コンバージョン・コンセンサスと形容した現場重視の考え方は，ボトム・アップ・アプローチと解される。しかしながら，極端に言えば，利潤が得られれば理念を考慮しなくてよいと考える実務家と，現実味のない議論を展開する学者のみで構成される状況を考えると，イスラーム金融の実践における理念面での進展は期待できない。そこで，ミドルの役割を改めて問い直す意味が出てくる。この文脈で言うミドルとは，イスラームに関する極めて高い学識を持ちつつ金融実務の現場にもいる（近い）人々のこととなる。仏教用語を借りれば，さしずめ「求道する金融アントレプレナー」である。より具体的には，シャリーア・ボードの構成員たるイスラーム法学者や，金融機関のシャリーア担当部署の職員，イスラーム法の観点からイスラーム金融の現場を対象とする研究者——例えば，マレーシアにある国際シャリーア研究アカデミー

(International Shari'ah Research Academy for Islaic Finance; ISRA）など──が想定される。

　こうした発想は，絵空事ではない。現場では，ミドル・アップ・ダウンとみることのできる動きが既に起こっている。英国のゲートハウス銀行（Gatehouse Bank）は，シャリーア・ボードの構成員でもある若手イスラーム法学者のムハンマド・ヌルラー・シクダーを，同行の職員としてシャリーア・アドバイザリーおよびシャリーア・コンプライアンスの責任者に据えている。また過去には，運用会社シャリーア・キャピタル（Shariah Capital）が著名イスラーム法学者のユスフ・タラル・デ・ロレンツォをチーフ・シャリーア・オフィサーという肩書を持つ役員としていた。このような，イスラーム法学者の内生化の動きは，金融機関が提供するサービスのイスラーム法的な価値を高めるものとしていっそう期待されるだろう。

　このようにみると，近年のイスラーム金融の商品的発展は，その誕生した1970年代から一定の年月を経て成長・拡張し，コンベンショナル金融に概ね匹敵する品揃えを得た中で，新たな次元を目指して模索を継続している段階にあるようにもみえる。こうした発展過程は，わが国の武道や芸事等に言う「守・破・離」になぞらえて言えば，コンベンショナル金融と同様の品揃えを得て「守」とする段階から，その先を求める「破」の段階にあるということだろう。禅僧の藤原稜三は，守破離の思想の原典が大乗仏教の「華厳経」と「中論」にあると捉え，それらを引きながら「「守」は，あるものを続くように守ることで，次いで治めたり，集めたり，抱えたり，数えたりすることをも意味する。「破」は，過誤を究尽し，破砕し，論破し，事柄の矛盾を露出させ，真実を現然化することである。「離」は，悪行を断ち，煩悩を除去し，現世の欲望から完全離脱することである」と表現した［藤原1993: 35］。これまでみてきたイスラーム金融サービスのあり方に関する議論の対立は，ここで言う「破」に相当すると解釈できるだろう。そして，規範として「望ましいイスラーム金融システムのあり方」を論じるマカースィド・アッ＝シャリーア見地の結論は「離」の議論とみることができる。「離」は，理想的到達点を示す現状との比較静学としての議論であり，そこまでの過程をより現実的に考えるならば，このような守破離のプロセスを考慮する

ことが——先に逆説的捷径として述べたように——近道なのではなかろうか。
　その「離」に相当するであろう，イスラーム金融独自の概念の開発，そしてそのコンベンショナル金融へのフィードバックを期待するエールが，西側あるいは近代資本主義側と捉えることもできるわが国の金融セクターの要人からも送られている。日本銀行総裁（当時）の福井俊彦は，日本経済新聞社主催の「イスラム金融シンポジウム」で次のように述べた［福井 2008］。

> これまでのところ，イスラム金融の取引の多くは，利子をとらないといったイスラムの価値観に従いつつ，最新の金融技術を利用して既存の金融と同じ機能を果たすことが出来るというものです。今後は，イスラムの価値観を活かして，既存の金融取引では実現できなかった金融機能を果たし，より効率的な資源配分に繋げていくことを期待したいと思います。

　イスラーム金融の商品的発展は，今後も，イスラームの理念と実務の現場，コンベンショナル金融との敵対とそこからの模倣，といった混沌とした力学の中で模索を繰り返しながらなされていくことだろう。

## 5　小　括

　現実社会におけるイスラーム金融の商品面での進展は，教義の望ましいと考える方向を目指しているのだろうか。ムダーラバ・コンセンサスや，ひいてはマカースィド・アッ＝シャリーアに向かった進展が少しずつでも遂げられているのだろうか。本章は，そうした問いを起点に，2つの対立する見地——マカースィド・アッ＝シャリーア見地と非ハラーム制約見地——を仮説として設定し，実際の商品学的進展の過程を追いながら，2つの見地につき議論を展開してきた。
　規範的な性格が強いイスラームの理念に関する議論を実際の商品発展史に照らして実証の対象としたのは，統計学に言う帰無仮説[33]としてマカースィド・アッ＝シャリーア見地を設定した面もある。

40年ほどのイスラーム金融の歴史を商品の発展に注目して振り返る限り，「シャリーア・コンプライアンス批判」の潮流に抗うロジックを史実から構築することは困難であった。しかし，マカースィド・アッ゠シャリーア見地に基づく議論のひとつであるムダーラバ・コンセンサスなど，イスラームの理念から金融システムを再構築しようとするイスラーム経済学を無意味だと結論づけるのは早計である。本章で提案した相対的ムダーラバ・コンセンサスは，イスラーム金融の商品開発の議論におけるムダーラバ・コンセンサスの主張を（達成不可能だからといって議論の対象外とするのではなく）達成可能な目標との前提のもとで再解釈する作業のひとつである。

　また，単にムダーラバを中心とするモデルに基づく金融システムの構築という考え方では現実性に乏しいと捉える向きも多いだろうが，多種多様なイスラーム金融取引により構成される「イスラーム金融システム」であれば現実味を帯びてくる。また，コンベンショナル金融の存在を議論の材料に加え，イスラーム金融がそこから学ぶことで共存・共栄を展望することが可能となり，結果としてそのような成長モデルの方が早期の実現に至りやすいのではないかとの見方も示した。

　規範としての教義の議論は基礎研究としての意味を持つ。実践の歴史の解釈を試みた本書としては，基礎研究の成果を借りた応用分野として，マイクロファイナンスやクラウドファンディング等について言及した。今後は，理念と金融技術の相互作用により，理念に近づくという意味での進展が期待される。

第 5 章

# 「地域軸×商品軸ベクトル」によるイスラーム金融市場発展の解釈法

## 1　はじめに

　イスラーム金融と一口に言っても，商品レベルでみればコンベンショナル金融に匹敵するような品揃えを持つ。中東諸国で数十億ドル規模のスクークやイスラミック・プロジェクト・ファイナンスの取引がある一方で，バングラデシュの農村では50ドルに満たないイスラミック・マイクロファイナンス取引により低所得層向けの融資が実行されている。こうした多様な形態を持つイスラーム金融は，どのような経緯でその商品的多様性を生成するに至ったのであろうか。本章では，発展史という性格から自ずと要求される時間軸の要素も踏まえつつ，第2章で呈示した地域分類の枠組みと，第4章で描いた商品発展の系譜・展望を同時に考慮した枠組みを用いて，イスラーム金融の発展に関する包括的な把握を試みる。

　イスラーム金融，とりわけ1975年以降の現代イスラーム金融の発展史に関する既存の研究業績をみる限り，上記の問いに明確な答えを提供しているものはないと認識している。大方の既存文献では，以下の2種による記述が典型的である。第1に，地域の軸を明確に捉えることなく，商業的実践の経緯を記述したタイプである。Iqbal and Molyneux［2005］や Cizakca［2011］

がこの典型例と言える。第2に，特定の地域や国に絞ってイスラーム金融の発展史を論じたものである。代表的な文献は，第2章の1にて触れたとおりである。

第1種の記述振りでは，イスラーム金融の発展史を大局的に捉えてはいるものの，本書の趣旨でもある，地域別の違いを考慮した（商品の意味で詳細な）発展史という観点において十分ではない。その点で，仮にAという革新的取引が例えばサウディアラビアで生じようとルクセンブルクで生じようと，その記述振りにおいては，国の名前が変わるだけであり，地域ごとの発展というような含意は得られない。第2種の記述振りについては，国・地域に絞った歴史を追うことはできても，たとえ全ての国のイスラーム金融発展史を並べたところで，国ごとに縦割りの記述ではグローバル化を伴いながらの発展の態様を捉えることは困難である。

本章では，第1種の書き振りよりも地域という括りを意識し，第2種の書き振りよりも1国の属する地域や全世界における位置づけを意識して，商品面の発展とともにグローバル化してきたイスラーム金融の現代的な進展の様子を観察することとしたい。地域の違いを意識する上では，第2章で考察した地域特性の類型枠組みを一部で用いる。とりわけ，次節にて展開するように，同マトリクスの各セル——コア市場型，潜在市場型，先端金融型，不毛地域型——は，商品との関係においても一定の傾向を把握することが可能なものであり，それゆえ，商品面での発展という観点で捉える場合には，有効なツールとなり得る。こうしたツールは，上述した第1種，第2種の論考の欠点を補完するものであり，結果として，イスラーム金融の多様な形態でのグローバルな発展を有意に捉えることができるものと考えている。

## 2　事業環境マトリクスと商品との関係

前節にて既述のとおり，第2章で呈示した国・地域を類型化する「事業環境マトリクス」は，実は商品の分類とも一定の関係性を有している。コア市場型（ムスリム・マジョリティ国＋金融先進国）の各国では，ほぼあらゆるタイプのイスラーム金融商品が揃っていると言える。自国内にはイスラーム銀行

がありそれらが提供する貸付や預金等の単純な銀行商品はもちろんのこと，銀行とは異なる業態の機関により保険商品や資産運用商品なども提供されている。金融先進国の要素もあるので，資本市場取引やファンドビジネスも活発であり，プロジェクト・ファイナンスといった高度なストラクチャを有する取引も実施される。場合によっては，いわゆるデリバティブ取引を提供する金融機関もある。

　潜在市場型（ムスリム・マジョリティ国＋金融途上国）では，上述した品揃えのうち，銀行が提供する預金や貸付等の単純な商品はあるものの，総じて自国内では資本市場取引（スクークや株式ファンド等）がない，あるいは極めて少ないのが実情である。

　これに対し，先端金融型（ムスリム・マイノリティ国＋金融先進国）では，国内にムスリムがいない，あるいは極めて少ないという背景により，国内顧客向けのイスラーム銀行があるケースは少なく，個人向けの預金・貸付業務は提供されない。英国は例外的なケースである。英国のバーミンガム近辺には南アジア系のムスリム移民が多いことから，同地を本店とする旧英国イスラーム銀行（Islamic Bank of Britain; IBB。現在は，アッ＝ラヤーン銀行に改名）は国内個人向けの預金・貸付業務を中心としている。他方，旧IBB以外にも英国には5つのイスラーム専業銀行があるが（**図表3-5**），いずれもロンドンに本店をおく企業・金融機関向けのホールセール業務を中心としている。

　不毛地域型（ムスリム・マイノリティ国＋金融途上国）でのイスラーム金融の実践は，ハラール食品の貿易のための金融などごく一部に限られる。

　ところで，**図表1-6**に整理したとおり，金融取引は大まかに言って，個人向けのリテール分野と，大企業や金融機関向けのホールセール分野とに分けることができる。ホールセール分野は，金融機関や大企業の経営陣・財務部門などが取引当事者となっており，金融技術の意味で高度な商品も取引される。また，個人向け債券や個人向け投資信託などの一部の例外を除けば，資本市場取引もホールセール分野でなされる取引である。逆にリテール分野の金融取引は，単純な構造での預金や貸出，保険に限られることが大半である。

　このリテールとホールセールという分類について，上記の4つの地域分類

に対応する形で，提供されるイスラーム金融商品によって大きく分けると，**図表 5-1** のように整理することができる。

この図表の意味するところについてもう少し詳しく述べよう。コア市場型の国においては，一定程度高度化したコンベンショナル金融のおかげで，ホールセール取引に必要な構成要素——金融サービス提供者（金融機関），金融サービス享受者（投資家，企業）をはじめ，金融当局，取引プラットフォーム（証券取引所等の市場），法制度，決済制度，会計制度，格付会社，弁護士，公認会計士，システム・エンジニア等々——が既に十分に備わっている。こうした環境を背景に，イスラーム金融のホールセールについては，既存のコンベンショナル金融のストラクチャを若干組み替えてシャリーア適格な形態とし，必要なシャリーア・スクリーニングのプロセスを経るだけでイスラーム金融取引として成立させることが可能となる。逆に，例えば潜在市場型では，コンベンショナル金融の観点において上記のようなホールセール取引の構成要素に不十分な部分があるため，取引を成立させる上で時間がかかってしまう。

ソブリン・スクーク（イスラーム国債）を例にとろう。潜在市場型に属する国のうち，コンベンショナルでも国債を発行したことがなく民間債（社債）の発行・流通もほとんどないような国の政府が，イスラーム金融振興のためスクークを発行しようとした場合，どのように物事が進むだろうか。議論を単純化するため，外国金融機関や海外市場の存在はないものとする。まず，コンベンショナルで国債を発行したことがなければ，「国が債券を発行する」ということに関する法律が必要となる。法的には，債券とスクークは違う商品と捉えられることが多く（後者は bond ではなく trust certificate と分類される

**図表 5-1　事業環境マトリクスと主な金融商品分野**

|  | 金融先進国 | 金融途上国 |
|---|---|---|
| ムスリム・マジョリティ国 | Ⅰ：コア市場型<br>リテール＋ホールセール | Ⅱ：潜在市場型<br>リテール |
| ムスリム・マイノリティ国 | Ⅲ：先端金融型<br>ホールセール | Ⅳ：不毛地域型<br>（限定的） |

（出所）　筆者作成。

ケースが大半），仮に債券発行の法的根拠が整っていたとしても，信託証書（trust certificate）を国が発行できるよう法体系が整備されている必要がある。同国の金融市場が一定程度発展していて，コンベンショナル金融の意味での信託証書に関する法制度が整っていればよいが，そうでない国であれば信託証書に関連する法制度を整備しなければならない。法制度だけではない。発行したスクークを購入する投資家が必要であり，そうした投資家と発行体（政府）をつなぎ種々の手続きを進める証券会社も必要であるが，コンベンショナル金融が発展していない国ではこの点でも難がある。投資家が購入する際には証券決済システムが必要であるほか，格付も必要となる場合が多い。購入したスクークをポートフォリオ管理するシステム，配当所得や売却所得に関する税制・会計制度も実務的には無視できない。そして何より，これらの広義の制度について，実際に設計・構築する人材が必要であり，イスラーム金融の知識以上に，一定程度の金融全般の知識が求められる。これらを一朝一夕に成立させることができないのは明白である。このため，潜在市場型にとっては，コンベンショナル金融とパラレルな形で徐々にイスラーム金融のホールセール取引市場が誕生・拡大していく，とみた方がよいだろう。換言すれば，コンベンショナル金融の発展を超えて，イスラーム金融が商品的な面で急速に成長することを展望するのは困難ということである。

　逆に，先端金融型の国においては，上述したホールセール取引の要素が既に整っているため，イスラーム金融のホールセール取引も成立しやすい。唯一先端金融型の国がこれまでに持っていない構成要素であるイスラーム法学者等についても，優れてグローバル化している現代のイスラーム金融においては，多くのムスリムが先端金融型市場も含めて活躍しているほか，情報通信コストの飛躍的な低下により，シャリーア・スクリーニング・プロセスについての地理的・社会的な難点は問題なくクリアすることができる。

　他方，先端金融型市場の場合には，自国内にムスリムがほとんどいないという前提であるため，リテール金融は発展しにくい。逆に潜在市場型では，自国民の大半がムスリムであることから，預金や貸付などの個人の社会生活におけるイスラーム金融の需要は大きなものがあり，リテール市場が大きく発展する潜在能力を有している。

このように,ムスリム・マジョリティ国かムスリム・マイノリティ国か,金融先進国か金融途上国かによって分類されるマトリクスは,ホールセールとリテールという大きな金融商品分類と密接に関わってくるのである。

ところで本書では,先に第3章において,アフリカ諸国ならびに英・仏・シンガポール・日本についてとり上げ,コア市場型ではない「周縁地域」においても着実にイスラーム金融が誕生・成長していることを確認した。本節にて事業環境マトリクスと商品との関係を確認したが,一般にホールセール取引はリテール取引に比べ,金融技術という観点では高度となることから,先端金融型の発展は,グローバル・イスラーム金融市場という観点からみれば,金融技術面での平均的な向上と捉えることもできる。一方で,アフリカ諸国に代表される潜在市場型にイスラーム金融の取り込みがみられる部分もあり,技術の向上ならびに範囲の拡張という観点により,**図表5-2**に示すとおり,グローバルにみればイスラーム金融市場の面的拡大と言える現象が起こっていると言える。

図表5-2 金融技術の向上と実践国数の増加:面的拡大

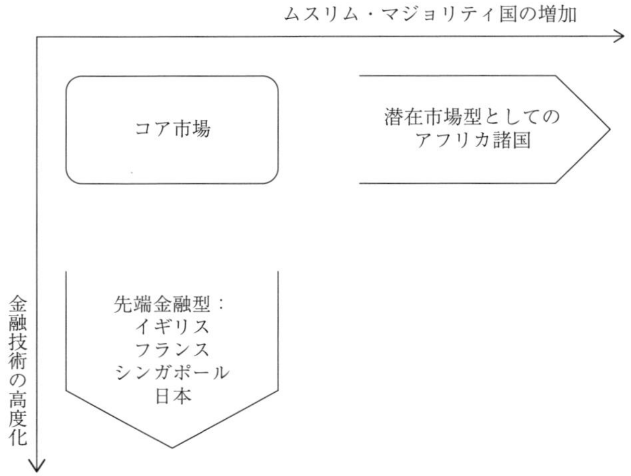

(出所) 筆者作成。

## 3 「地域軸×商品軸ベクトル」によるイスラーム金融発展史

本節では，地域特性と商品特性の関係を同時に把握しながら，イスラーム金融の成長の最前線を動態的な軌跡として描き出すことを試みる。そして，その枠組みをもとに，今後のイスラーム金融の発展を展望する。

図表 5-3 は，商品の発展の歴史（以下，「商品軸」という）を縦軸に，ムスリム・マジョリティ国かムスリム・マイノリティ国かという地域分類（以下，「地域軸」という）を横軸にそれぞれ取り，二次元で図示したものである。この座標軸をもとに，イスラーム金融市場の拡張のフロンティアを，具体的な事例を交えながら以下に述べる。

図表 5-3 「地域軸×商品軸ベクトル」でみるイスラーム金融の発展

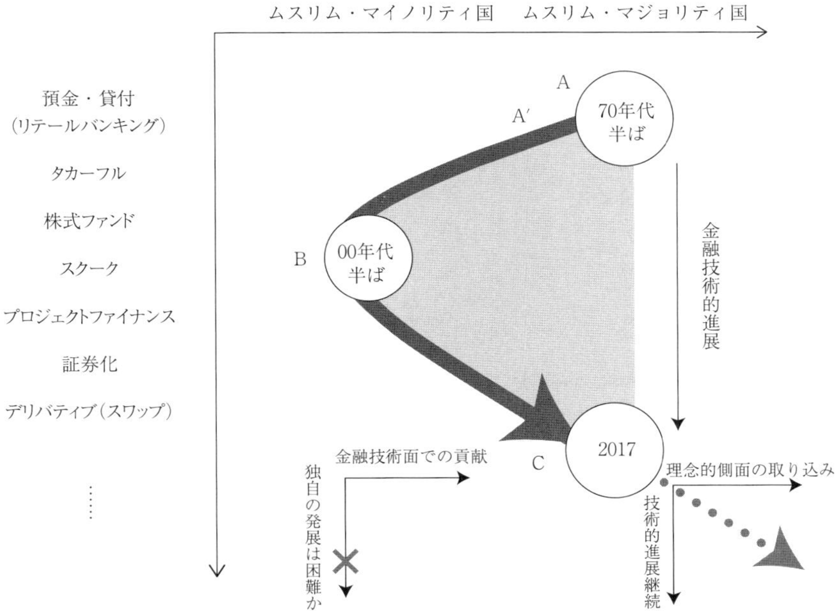

(出所) 筆者作成。

商品の発展史を改めて概観すると，既に随所で言及しているように，現代イスラーム金融の嚆矢は1975年のドバイ・イスラーム銀行の設立に求めることができる。その後，**図表5-4**のとおり，中東・北アフリカ地域にイスラーム銀行設立の動きが広がり，マレーシアでも1983年にバンク・イスラーム・マレーシアが設立された(1)。それらは，いずれも地場市場のムスリムを対象とした商業銀行業務（個人向けの預金や小口貸付が中心）であり，この頃の動きは，イスラーム世界における商業銀行業務ということで，**図表5-3**のA点と捉えることができる。

　その間，スーダンにおいてファイサル・グループのイスラーム保険会社（Islamic Insurance Company）がタカーフル（イスラーム保険）の供与を1979年に開始した。マレーシアでも，1984年にタカーフル・マレーシア会社（Syarikat Takaful Malaysia Berhad）が営業を開始した。これらの事象は，**図表5-3**のA点とは異なる商品という側面があるという一方で，同じくイスラームのリテール金融商品の品揃えの一部と捉えられることから，A'点と位置づける。

　なお，その後のイスラーム金融の地理的拡張の状況をみると(2)，中東資本の国際展開が目立つようになり，なかには欧州へ拠点を設置する機関もみられた。代表的なのは，1978年にルクセンブルクに設立された「イスラーム銀行システム国際ホールディングス（Islamic Banking System International Holdings）」，1984年にデンマークに設けられた「国際イスラーム銀行（Islamic Bank International）」，1981年にスイスに運営本部がおかれたDMIグループ，1982年に英国で誕生した「アルバラカ国際銀行（Albaraka

図表5-4　中東・北アフリカ地域で広がった初期イスラーム銀行の設立

| 銀行名 | 所在国 | 設立年月 |
| --- | --- | --- |
| ドバイ・イスラーム銀行 | UAE | 1975年3月 |
| クウェート・ファイナンス・ハウス | クウェート | 1977年3月 |
| エジプト・ファイサル・イスラーム銀行 | エジプト | 1977年8月 |
| ヨルダン・イスラーム銀行 | ヨルダン | 1978年11月 |
| バハレーン・イスラーム銀行 | バハレーン | 1979年3月 |

（出所）　長岡［2011:23］

International Bank)」である。これらは，中東資本のビジネスモデルを海外に持っていった側面が強く，商品面の特段の発展はみられなかったと考えられることから，商品面の発展に重きをおく本章においては詳述する必要性に乏しいだろう。

その後，イスラーム金融商品の観点では，1990年代に，今で言うスクークが発行され始めたり，イスラーム株式ファンドが販売され始めたりする。これらについては，イスラーム世界で開発されたものである一方で，非イスラーム世界の関与もある取引となった。

世界初のスクークは，1990年にシェルMDS（Shell MDS。石油会社Shellのマレーシア現地法人）が発行したバイ・ビサマン・アジル（Bai Bithaman Ajil。実体はムラーバハと解される）を裏づけ取引とする，7,500万リンギットの5年債ならびに5,000万リンギットの8年債と捉えられることが多い。世界初のスクークの発行体は，紛れもない西洋企業ということである。

また，その頃，イスラーム株式投資ファンド（シャリーア適格な銘柄で構成され，ファンドの設立様式や投資家との契約形態も含めてシャリーア・スクリーニングを経ているファンド）も提供され始めた。前章でもみたとおり，Al-Rifai [1999] は，初期のイスラーム株式ファンドとして，米国（1986年6月），シンガポール（1991年5月），南アフリカ（1992年6月），サウディアラビア（1992年7月），マレーシア（1993年1月）を挙げており，ムスリム・マイノリティの金融先進国が多いことがうかがえる。

これらのスクークやイスラーム株式投資ファンドの取引を考えると，ムスリム・マイノリティ国の関与もみられることから，**図表5-3**のうち，非イスラーム世界側（かつ商品の発展があったという意味で下側）に位置をずらしたところに，B点をおくこととしよう。

なお，こうしたやや高度な商品取引がなされるようになったことは，非イスラームの先進国においてコンベンショナル金融が発展していたことと無関係ではあるまい。スクークについては，証券化技術を応用したものと捉えることができるほか，イスラーム株式投資ファンドについては，その構造上はコンベンショナル金融におけるそれと異なるところはなく，唯一の違いはシャリーア・スクリーニングのプロセスが伴う点である。より非イスラームの

コンベンショナル金融機関の技術やノウハウを活かしやすいように，イスラーム金融が発展してきたことは，ムスリム・マイノリティ国との接点を多くする堅固な土台の形成と捉えることもできるだろう．

　イスラーム金融商品のその後の発展は，無論イスラーム世界においても継続されたが，原油価格の高騰，グローバル化した国際金融市場や大手外資系金融機関の存在，国際金融に関する情報通信手段の発展などとも相俟って，非イスラームの国や金融機関におけるそれに注目が集まった．こうした様子は，わが国の事例も含め，第3章の後半にて論じたとおりである．

　とりわけデリバティブの進展においては，非イスラームの金融先進国が果たした役割が大きい．Askari et al. [2010: 144-145] は，イスラーム金融の商品学的発展について記述した文脈の中で金融工学を利用した取引を紹介しており，そこで西洋の金融機関（Western institutions）が貢献したことを指摘している．そこで挙げられている具体的な事例は以下のとおりである．

- ドイツ銀行が，オプションを含んだストラクチャによるパフォーマンス・ボンド類似商品を提供．シャリーア適格な投資対象からの利潤を顧客の望むスタイルに変換することが可能となるもの．
- スタンダード・チャータード銀行（マレーシア）が，コンベンショナル金融で言う金利スワップと同じ効果を持つイスラミック・プロフィット・レート・スワップ（Islamic Profit Rate Swap）を提供．また，同様のスキームにより，異なる通貨とのスワップ取引であるイスラミック・クロス・カレンシー・スワップ（Islamic Cross-Currency Swap）も提供可能とした．
- ドイツ銀行がドバイ・イスラーム銀行との間で，シャリーア適格な上限および下限付金利スワップ契約を2007年に締結．想定元本5億ドル．

　また吉田 [2007: 85] でも同様に，上記のスタンダード・チャータード銀行（マレーシア）の事例に加え，シティグループの実績が紹介されている．

　一方で，第2章の地域特性の類型に関する記述においても指摘したとおり，先端金融型の取り組みは，ひとたび制度対応（税制中立化措置等）や主要取引

（ソブリン・スクーク発行等）が完了すると，その後のいっそうの進展はみられにくくなる傾向がある。逆に，イスラーム世界では，コア市場型であるマレーシアにおいてイスラーム銀行法（Islamic Banking Act 1983）からイスラーム金融サービス法（Islamic Financial Services Act 2013）への改編がみられたり，アフリカ諸国でイスラーム銀行が設立されたりするなど，近年でも進展が続いている。このようにみると，イスラーム世界で誕生したイスラーム金融は，一旦非イスラーム世界の要素を巻き込みつつ成長し，近年になると再度ムスリム・マジョリティ国においてイスラーム色を強めながら発展しようとしている様子を捉えることができる。**図表 5-3** のC点がイスラーム世界に戻ったところにおかれているのは，こうした背景によるものである。

　上記の記述からは，次のような大局的な流れを摑み取ることができる。イスラーム金融は，1970年代にムスリムの信仰に応えた金融取引としてイスラーム世界において誕生し，主としてムスリム個人の社会生活における金融サービスとして各国に根づきながら発展していった。このときは，各国それぞれにおいて独立した金融取引であった。その後，企業部門との取引や金融機関間の取引が増加し，国際的な取引も行なわれるようになると，ムスリム・マイノリティ国の金融機関も巻き込むようになり，金融商品面でも資本市場取引を含めて発展しながら，イスラーム金融が国際金融システムの中で制度化された一角を占めるようになった。ここに，グローバル化の萌芽を見出すことができる。その後，原油価格の高騰もあって中東経済が活気づき，イスラーム世界・非イスラーム世界を問わず各国の金融機関がイスラーム金融への対応姿勢を強めていった。このことは，非イスラームの国際的金融機関が持つ高度な商品組成技術を，イスラーム金融取引に巻き込むことを可能とする土台となった。こうした現象は，イスラーム金融が商品面でいっそう成長する上で，極めて重要なステップとなった。こうした流れのもとで，ムスリム・マジョリティ国は，イスラームの理念をより反映した金融取引の実現に向けて動いたり，アフリカ諸国や中央アジア諸国などより多様なムスリム・マジョリティ国に拡張されたりしており，グローバル化の過程で培った高度な商品組成技術も応用しながら，イスラーム金融システムの健全かつ安定的な成長に向けて邁進している。

このように，**図表 5-3** で呈示した流れを受け継ぎ，ムスリム・マジョリティ国は，単に技術的な商品の発展ではなく，損益分担方式の追求や金融取引を通じた貧困の削減など，イスラームの理念をより反映した金融取引の商品開発・事業開発を，必要に応じて技術的に高度な要素も用いながら，進めていく可能性がある。

　そうした方向性につき，以下にて近年関心が高まりつつあるイスラミック・マイクロファイナンスやワクフ取引を例にその具体像を示してみたい。[3]

　マイクロファイナンスは，一般に，低所得層向けの小口金融と捉えられる。貧者救済は，公平を美徳とするイスラームの基本理念のひとつでもあり，その目的に沿ったマイクロファイナンスはイスラーム金融の学界・産業界でも注目が高まっている（例えば，Dusuki [2006; 2008b], Obaidullah [2008], Karim et al. [2008], Dar (ed.) [2014: 162-174] など）。また，世界銀行の世界金融開発レポート（Global Financial Development Report）の 2014 年版は副題が「金融包摂（Financial Inclusion）」であるが，その一部にイスラーム金融と金融包摂をまとめた特集があり [World Bank 2014: 36-38]，その中ではイスラミック・マイクロファイナンスに大きな期待を寄せる記述もみられている。

　マイクロファイナンスは，よく知られるようにバングラデシュのグラミン銀行という形態でモハメド・ユヌスにより創始されたものであるが，その取引形態は利子付金融であることから，仮にシャリーア・スクリーニングを実施すれば，シャリーア不適格とならざるを得ない取引である。そこで，これまでのイスラーム銀行業務の蓄積から得られる知見が，マイクロファイナンスの分野でも活用されることとなる。マイクロファイナンスは，（例外もあるが）基本的には融資，すなわちデット性取引であり，実際の例ではムラーバハなどが用いられている。

　マイクロファイナンス取引の実務的な要諦は，（しばしば誤解されるような）単に金額が少ないということのみならず，貧困層向けだからこその回収の確保にある。借入人の信用リスク（融資が貸し倒れるリスク）が高いからこそ，事業として成立されるためには回収の確実性を高める措置が講じられているということであり，具体的には，連帯責任を負う複数名を保証人としたり，貸し手組織が頻繁に借り手のもとを訪れたりといった方法がある。「貧困層

にこそ，回収を前提としないエクイティ取引が望ましい」との考え方もあり得ようが，これまで資金が行きわたらなかった貧困層に資金が供給され，彼らの経済的自立を資金支援により促すことだけでも十分にイスラームの理念に沿っているものだろう。むしろ，貧困層にエクイティ系金融を適用するのは，大きなリターンを見込むことが困難と考えられ，寄付的な要素を除けば資金提供者が見込まれず，現実的には機能しない可能性が高い。

「よりイスラームの理念を反映した金融」として，ワクフ (waqf，寄進) への注目も高まっている。ワクフとは，設定者 (ワーキフ，waqif) が対象資産 (ワクフ物件) の所有権を永久に停止し (これが凍結を意味する waqf との語を用いている背景)，対象資産の管理を管理人 (ナージル，nazir) に任せ，対象資産から得られる収益をイスラームの観点で望ましい慈善事業に充当する，という仕組みである。事業としては，モスク，イスラームの知識を学ぶ機関，貧困層や寡婦・孤児などの支援といったものが挙げられる。

近年注目されている事例として，例えば Nagaoka [2013] はワクフを「伝統的イスラーム経済制度の再活性化 (Revitalization of the Traditional Islamic Economic Institutions)」のひとつと捉え，シンガポールの事例を用いながらその活用が期待されていることを論じ，イスラーム経済学の中での位置づけを整理している。弥永 [2008] も，主として法学的アプローチからワクフを論じている。

実際，近年はワクフを活用する機関の設立が相次いでいる。2004 年にはドバイ首長国政府が「ワクフ財団 (Awqaf and Minors Affairs Foundation)」を，(4) 2006 年にはバハレーン中銀が同国のイスラーム銀行と共同で「ワクフ・ファンド (The Waqf Fund)」を設立し，ワクフを用いた社会的投資等を行なっている。また 2013 年には，上述したドバイ政府のワクフ財団とドバイの民間イスラーム銀行グループであるヌール投資グループ (Noor Investment Group) との共同出資によりワクフ運用機関として「ヌール・ワクフ (Noor Awqaf)」が設立された。民間銀行との協調により，よりきめ細かくスピーディーなワクフ案件の推進を企図したものとみられる。

忘れてならないのは，こうした取引においても現代の高度な金融技術が大いに活用されているということである。上述したように，マイクロファイナ

ンスの分野では，回収リスクの低減を企図した策が活用されている。この点で，コンベンショナルなマイクロファイナンス業務を通じて蓄積された回収リスクの低減のための制度やノウハウが活用され，イスラミック・マイクロファイナンスにおいても事業として成立する要素として貢献している部分がある。ワクフにおいても，資産管理，そのための資金収集等において，コンベンショナル金融の技術が活用されている部分も多い。例えばシンガポールで相次ぐワクフ物件の再開発は，不動産投資の技法を大いに活用して付加価値の向上が図られている。高岩［2010: 252］は，シンガポールのワクフ取引において不動産投資信託の手法が用いられていると論じた。

　以上をまとめると，イスラーム金融の当面の将来像として，公平性という観点での貧困削減や公益への貢献としてのワクフなどイスラームの経済理念により沿った取引を，ますます高度化する金融技術を用いながら実現していく，という姿を描くことができる。その文脈での最大の注目市場は，両者の性質を兼ね備えているという意味で，やはりコア市場であるとみることができよう。

## 4　小　括

　以上みたように，本書の最終章として，これまでに設定してきた事業環境マトリクスや前章で確認した商品の発展史などを統合した「地域軸×商品軸ベクトル」を用いながら，グローバル・イスラーム金融市場の特徴を把握した。

　その前提として，事業環境マトリクスと商品面の特徴の対応関係を確認した上で，イスラーム金融の初期には単純な銀行取引が主流であったが，徐々にスクークやファンドといった資本市場取引にも拡張していった。その上で，コンベンショナル金融が果たした役割は言うまでもなく大きいが，地理的側面と商品との対応を考慮すると，先端金融型諸国の果たした役割があることも確認することができる。

　こうした状況を踏まえ，改めて事業環境マトリクスの観点からイスラーム金融の近い将来像を展望すると，コア市場型の優勢，潜在市場型の拡張とい

った特徴が浮かび上がった。その陰にあって，先端金融型や，稀に不毛地域型が，グローバル・イスラーム金融の文脈に登場することも少なくないだろう。

　そもそもイスラーム金融の実践自体，長岡［2006: 15］が「かろうじてレジティマシーと経済合理性を両立させている不安定性を持つ解としての鞍点」と論じたように，単純明快な理屈で割り切ることが困難と評価できるものである。そして，その実践の場である各国市場についても，もともと多様な国が存在し，教義の解釈も単一の解を持つわけではない状況のもとで，イスラーム金融商品は様々なニーズに応えるために多様化し，その品揃えを拡張させている。そうした認識を踏まえると，イスラーム金融の進展をグローバルな視点で観察するということは，巨視的鳥瞰と微視的分解能を同時に求められる総合芸術のような行為と捉えるべきなのかもしれない。

# 結　論

　本書は，現在世界の各地で様々な態様で実践されているイスラーム金融について動態的な考察を試み，今日みられるようなグローバルな事象に至るまでに発展した経路やその特徴を，主として各国・地域のおかれた社会環境やイスラーム金融取引の商品性・市場特性などの観点から実証的に分析してきた。

　40年余りのイスラーム金融の歴史はどのように解釈することができ，今後どのような発展を遂げるのだろうか。このような問いに答えるひとつの示唆として，本書では，「事業環境マトリクス」，「コンバージョン・コンセンサス」，「地域軸×商品軸ベクトル」という枠組みを必要な文脈にて呈示しながら，単に総体的な"グローバル市場"ではなく，各国・地域市場の特性を踏まえたより具体的な解釈を試みた。これらの内容を，本書の冒頭において掲げた3つの研究目的に沿って，より具体的にみていこう。3つの研究目的とは，次のものであった。第1に，各国におけるイスラーム金融の発展の現状を，国ごとにみた発展史の集合体（上述の「単に総体的な"グローバル市場"」）ではなく，幾つかの共通要素により類型化して特徴を把握することができないか。第2に，イスラーム金融の具体的な商品の発展史が，教義が望ましいと考える方向に向かっていると評価できるのか。第3に，市場規模では今なお支配的であるコンベンショナル金融の存在を思考の対象に組み入れた際，イスラーム金融の発展との関係をどう捉えることができるのか。

　これら3つの問いについて，第1章で述べた基本知識を前提としつつ，第2章から第5章にかけて論じてきた。本書が貢献し得る学術的論点に触れつ

つ.本文での論考を要約して3つの問いへの答えをまとめると以下のとおりである.

　第1の点として,イスラーム金融が多くの国で発展している現状は,ムスリム・マジョリティ国とムスリム・マイノリティ国という軸,ならびに金融先進国と金融途上国という軸を用いたマトリクス(本書で言う「事業環境マトリクス」)により,有意な形態で類型化することができた.コア市場型,潜在市場型,先端金融型,不毛地域型というそれぞれのカテゴリの特徴を理解することで,異なるカテゴリとの違いを明確にすることが可能となった.この枠組みは,例えばイスラーム金融の制度設計やマーケティング戦略,また学術研究の対象とする上での具体性を向上させ,不確実を減少させる.また,一国の金融市場が発展すればカテゴリの変更もあり得ること,異なるカテゴリ同士での協調のあり方・可能性にも言及しており,静的なグルーピングにとどまらず,動態的な枠組みとしての示唆も得られた.

　第2の点として,イスラーム金融の商品としての発展史を具体的事象により観察し,「ムダーラバ・コンセンサス」に代表される,教義が望ましいとする方向に向かった発展を遂げているわけでは必ずしもないと結論づけた.むしろ,実務家を中心に,コンベンショナル金融の各機能を,シャリーア適格な形態に転換する傾向が強く,これを「コンバージョン・コンセンサス」と名づけ,近代イスラーム経済学者(やイスラーム法学者)とイスラーム金融の実業界との間にコンセンサス・ギャップがあることを指摘した.もっとも,ムダーラバ・コンセンサスや,より広範に言えば,マカースィド・アッ＝シャリーアに基づくイスラーム金融のあり方に関する議論に意味がないということではない.より現実的な解釈として,マカースィド・アッ＝シャリーアやムダーラバ中心の金融システムに向かうベクトルとしての意義を確認し,それを可能とするひとつの試みとして,ミドル・アップ・ダウンの組織概念によるイスラーム金融商品の開発体制を示した.こうした作業により,「イスラーム金融の実践が教義に沿っていない」と憂うシャリーア・コンプライアンス批判に対して,より客観的な議論の方向性を呈示することができたと考えられる.

　第3の点として,コンベンショナル金融がイスラーム金融とともにイスラ

ーム世界においても存在していることを前提とし，イスラーム金融の発展についてコンベンショナル金融も交えて論考を深めることで，それがイスラーム金融の成長にもプラスの影響を与えることを明らかにした。その様子を**図表6**により改めてまとめて説明する。

本書でも随所で指摘したイスラーム金融に関する「理念重視の立場」と「現実重視の立場」（用語は長岡［2011: 6］による）という対立概念は，より広くイスラーム世界に一般化して捉えるならば，小杉［2012: 175-176］にみられる「イスラーム学」と「イスラーム地域研究」の違いの文脈と捉えることができ，より抽象化して言えば，理念的接近と実証的接近の違いと捉えることができる。これを踏まえた上で，イスラーム世界とそれ以外の存在を交えて図示すると，**図表6**が得られる。

イスラーム金融の地域研究に関するこれまでの研究成果をみると，各国・地域を対象としてイスラーム金融が実践された様子を記述する形態が主流であった（序章の3や第2章の1にて記述）。これは，イスラーム世界を対象とした実証的接近ということで，**図表6**の左上の領域に位置づけることができる。本書では，第5章において，非イスラーム世界の産物たるコンベンショナル金融が一国においてイスラーム金融の発展に貢献し得ることを指摘した（図表中の①）。加えて，第4章にて，金融論的観点からイスラーム金融サービス（商品）をエクイティ性取引とデット性取引として整理し（図表中の②），イス

図表6　イスラーム金融研究の接近手法とその循環

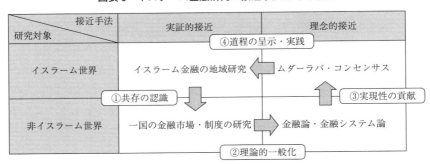

（出所）　筆者作成。

ラーム金融の望ましい姿である「ムダーラバ・コンセンサス」につき，コンベンショナル金融におけるクラウドファンディングの成長などを含めた実現可能性をも踏まえてムダーラバ・コンセンサスを捉え直すことで，イスラーム金融の発展につながり得ることを第4章の4で示した（図表中の③）。このようなムダーラバ・コンセンサスの再解釈は，イスラーム金融のいっそうの質的進展（理念に沿った進展）を期待させるものであり，それが実現すれば，実証的アプローチとしてイスラーム金融の地域研究の対象となり得ると考えられる（図表中の④）。

　第4章でもみたように，イスラーム金融の論者にはコンベンショナル金融を敵対視する論調（とりわけ金融危機の震源地として）も根強いが，コンベンショナル金融の存在・機能を客観的に捉えることで，むしろイスラーム金融の発展に資する可能性があることに立脚したアプローチ——本書では「逆説的捷径」と表現——も大いなる可能性を秘めているとみてよい。

　これまでみてきたように，現代イスラーム金融は，地域と商品の2つの側面で，その質において変容を遂げながら発展してきた。そして，先に掲げた，本書で呈示した種々の分析枠組みは，こうした変容を動態的に把握する上で有益なツールとなり得た。社会環境として，イスラーム世界における人口増加やイスラーム復興の動き，またムスリム・マジョリティ諸国の経済成長が見込まれる中で，グローバルにみたイスラーム金融は今後も量的かつ質的な発展を遂げることが確実視されている。こうしたイスラーム金融の発展を見通す際に，本書で述べた内容がより具体的な姿を描き出す一助となれば，本書執筆のマカースィドは達成されたこととなる。

# 注

■ 序章

(1) 例えば Said［2012］など。また，Abedifar et al.［2014］には，執筆時点までに発表された文献の分析命題，分析対象国・期間，計量経済学的手法の詳細，結論などをサーベイしたリストが掲載されている。
(2) 心理学者ダニエル・カーネマンが行動経済学の業績でノーベル経済学賞を受賞したり，ファイナンス論のロバート・シラーが投機的バブルを行動ファイナンスの手法をもとに解析し同じくノーベル経済学賞を受賞したりしたことからも，そのことがうかがえる。

■ 第 1 章

(1) 吉田［2007: 92-93］では，1970 年代半ば〜90 年代半ばのイスラーム商業銀行の黎明期を「近代」と呼び，それ以降を「現代」と呼んでいる。これは，スクークやイスラーム株式ファンドなどの資本市場取引の隆盛やイスラミック・デリバティブの発現などを特徴とする「現代」を浮かび上がらせるための分類である。本書で論考の対象とする「現代」は，同書で言う「近代」および「現代」の双方と捉えても差し支えない。また逆に，同書で言う「近代」に記された初期邦文文献である山中［1982: 74］においても，「現代イスラーム金融論」との表記があるが，その時点では当然，上述の「現代」に関する特徴的事象は起こっていないことから，同書や本書で言う「現代」とは，対象とする金融商品や時代などが大きく異なるものとして解されるべきである。
(2) 両角は，「シャリーア Shari'ah は，正確にはイスラームのシャリーア al-Shari'ah al-Islamiyah と呼ばれる。わざわざ「イスラームの」という形容詞が入るのは，イスラームのシャリーア以外にもシャリーアが存在すると考えられるためである」とし，その説明として「具体的には，ユダヤ教徒のシャリーアとして律法が，キリスト教徒のシャリーアとして福音が，それぞれアッラーから与えられた——ユダヤ教の神，キリスト教の神，そしてイスラームの神は，いずれも同じ神・アッラーである——，というのがイスラームの教えである」としている。
(3) 「イスラーム法」の有識者という意味での「学者」であって，イスラームに関する「法学者」，すなわち世俗の実定法の学者や法律家を意味するものではない。こうした

初歩的事項を含む，イスラーム法の世俗社会での扱われ方については，田中・西村あさひ法律事務所［2013: 3-11］に詳しい。
（4） シャリーア・スクリーニングの詳細や実例は，吉田［2014b］に詳しい。
（5） この点を巡り，小杉［2001: 88; 2006: 96］には「通常銀行」との表現がみられるほか，吉田［2007: 18-19］では「一般」「普通」との用語を用いている。しかし，本来の意味で用いる「通常」「一般」「普通」との混同を避けるため（例えば「イスラーム金融では一般に～である」など），本書では「コンベンショナル」との表記を採用する。なお，長岡［2011: 17-18］の提唱する「近代資本主義型金融」との呼称は，イスラーム金融との対比においてその中身の意味合いを含めた表現であるが，本書では単純さを重視して，上述のとおりの表現を用いる。
（6） 以下の歴史的な記述は，長岡［2011: 25-26］をベースとしている。
（7） HSBC がイスラーム金融事業のブランドとして用いている「HSBC アマーナ」のウェブサイト（文末リスト参照）による。
（8） 第 4 章にて，そのような現状の是非も含めて論じる。なお，長岡が金融実務家向けの論考［長岡 2014b］において「1400 年もの伝統を持つイスラームの知と，最新の金融テクノロジーが総動員され，両者の絶妙なブレンドによる独自の金融商品が次々と開発されていった」と表現している点にも，コンベンショナル金融との共通性を見出すことができる。
（9） 第 4 章にて，より多くの論考とともにその評価を検討する。
（10） 「シャリーア・コンプライアンス批判」との用語にもそのことはうかがえる。詳細は第 4 章の 4 にて論じる。
（11） より正確には，スンナ派イスラーム法学において，ハディースに登場するリバー財である，金，銀，小麦，大麦，ナツメヤシ，塩の 6 種が増殖性取引を禁じる対象の財となる。該当するハディースとその背景については，小杉・長岡［2010: 22-24］に詳しい。
（12） 基本契約概念の記述にあたり，Thomas et al.［20C5: Ch. III-VI］，SII and ESA［2009: Ch. IV］，吉田［2007: 49-65］，長岡［2011: 39-52］を参照した。
（13） ムダーラバが好ましいとするイスラーム全般の考え方については，第 4 章で論じる。

■第 2 章
（1） 吉田［2010b］に，当該論文執筆時点までの状況が簡潔にまとめられている。
（2） アフリカ地域のイスラーム金融の状況については，第 3 章の 2 においてその概要を論じている。

(3) 序章にてごく簡単に触れられてはいる。この内容については，次節後段にて評価する。
(4) おそらくは修辞上の理由により，原典ならびに経済にとどまらない総合的な指数を開発した Rehman and Askari ［2010a］において"Islamicity"と"Index"の間にスペースが入っていない。
(5) この記述は，序論でも触れたように，リバーを内包するコンベンショナル金融に対するアンチテーゼとしてイスラーム金融が発展してきた経緯に基づいている。こうした考え方は，例えば Iqbal and Molyneux ［2005: 36］において，「産業革命を経て銀行業が誕生した際，圧倒的多数のムスリムの学者が，金利メカニズムに依存したその金融仲介モデルに対し深刻な懸念を示し，ムスリム社会において金融仲介機能を果たす代替的メカニズムの開発の必要性を訴えた」との表現でもみて取れる。
(6) 英国やシンガポール等の例は，第3章の**3**において詳述する。
(7) もっとも，既に述べたように，こうした現状について主としてシャリーアの理念を重視する学者からの批判があることも事実である。この点については第4章で検討を加える。
(8) 小杉［2011: 25-26］に，文明史的観点から「イスラーム文明の中核地帯」との表現があるが，それが意味するところについては，歴史家マーシャル・ホジソンの古典を引きつつ「ナイル川からオクソス川までの地域」とされている。しかし，本書のように現代イスラーム金融を研究対象とする場合，実定法（世俗法）に基づく制度区分（英語で言う jurisdiction）がイスラーム金融の実践状況を大きく左右することから，上記表現のような地理的地域ではなく，国を単位としている。
(9) 次節にて具体例等につき述べている。
(10) **図表1-1**でも参照した，Pew Research Center ［2011］のデータによる。
(11) 名称は当時のもの。カタルのイスラーム銀行であるマスラフ・アッ＝ラヤーンが同行の筆頭株主となったことに伴い，2014年12月，同行の名称はアッ＝ラヤーン銀行（Al Rayan Bank）に変更された。
(12) 本章の**3**でも触れるように1980年代に原始的なイスラーム銀行の設立や制度対応はあったにせよ，国がスクークを発行（2012年）するなどといった現代的なイスラーム金融が進展するのは2000年代以降のことである。
(13) さらに言えば，ナイジェリアで起こった次の事例により，イスラーム教徒以外の国民（ナイジェリアで言えばキリスト教徒）が抵抗勢力になり得る面にも，個別の国のイスラーム金融政策を観察する上では重要である。ナイジェリアでは，イスラーム銀行法（Non-interest Banking Act）を成立させようとしていたが，キリスト教系議員

の反対により，長い間成立させることができなかった［Alao and Alao 2012］。同様のケースは，韓国がスクーク法案の成立を試みた際にも起こっている（例えば，2010年8月26日付ブルームバーグ記事「韓国のスクーク法案がキリスト教会派の反対に会う（South Korea Sukuk Bill Triggers Backlash From Christian Groups）」参照）。この点は，本文の同じ節で後述している政権姿勢の要素と言える部分もある。

(14)　具体的には，例えばタイ南部においては，ムスリム・マジョリティ国であるマレーシアに近いこともあってムスリムが多く，こうした環境にあったためタイ・イスラーム銀行（Islamic Bank of Thailand）が設立されている。また，300万人程度のムスリムがいる米国におけるコミュニティ銀行的なイスラーム銀行やイスラミック・ウィンドウ（例えば，ミシガン州を中心とするユニバーシティ・イスラミック・フィナンシャルやシカゴのデボン銀行など）もそうした事例として挙げられよう。一方で，ミャンマーにも統計上4％程度のムスリムがいるとされているが［Pew Research Center 2011］，少数民族（ロヒンギャ族）等の例外を除けば目立って集中している地域があるわけではなく，（先に述べた制度的補完性の議論を前提とすればミャンマーのコンベンショナル銀行が未熟なものであることが大きく影響しているが）こうした背景が同国にイスラーム銀行がないことの背景になっているとみることができる。

(15)　サドルは「イスラーム経済論」の中で，近代資本主義と照らし合わせる形で，イスラーム経済の社会主義的性格を論じたが［サドル 1993］，イスラームは，加藤が「商業や商人への好意的な態度」を持っていると形容［加藤 1995: 174］するように，資本主義的性格も含んでいるとみることができよう。

(16)　詳細は**図表5-3**参照。

(17)　パキスタンについては，1973年憲法第38条においてリバー禁止が盛り込まれるなど，1970年代のいわゆる「銀行システム全体のイスラーム化」が早期に取り組まれた。その後，1984年の中銀通達により，銀行部門から利子を段階的に廃止するプロセスが提示された。しかしながら，その後のジアー政権，ブット政権下での経済・金融情勢の極端な悪化とともに，その流れは停滞した。他方で，1999年の最高裁シャリーア控訴院による「銀行業務にリバーが含まれ，それはイスラーム法に反する」との判決が出されると，中銀内に経済変革委員会が設置され，同じく中銀内でのイスラーム銀行局の設立につながり，2003年のミーザン銀行の営業開始へとつながっていった［ハッサン 2010］。

(18)　なお，それまでの記述では，国家の法律レベルで制定されている事例を掲載したため，例えばトルコのSpecial Finance House設立（注：Special Finance Houseとは，イスラーム銀行を意味する当時の一般名詞。現在はparticipation bankと呼ばれるこ

とが多い）に関する1983年政令7506号（Decree No. 83/7506）のような政省令レベルの法令や，シンガポール金融管理局（MAS）が2010年に通達した"Guidelines on the Application of Banking Regulations to Islamic Banking"やオマーン中央銀行が制定した"Islamic Banking Regulatory Framework"といった規制体系などは含めていない。

(19) 一方で，四戸［2010: 5］は，サウディアラビアがエジプトやスーダンよりイスラーム銀行の導入が遅れた背景として，サウディアラビア等の湾岸諸国には「無利子銀行の合法化の理論を肯定しない人々の方が多くいた」と記述している。

(20) このような考え方は，コア市場型ではないものの，かつてのオマーンやカダフィ政権下のリビアといった国でも支配的であった。

(21) 近年では，ムスリム・マイノリティ国においてソブリン・スクークが発行される例も相次いでいる。事例は，本節における先端金融型の項を参照。その意味で，ソブリン・スクークの発行は，コア市場型と先端金融型の共通要因である，金融市場が発展している国の特徴とも言える。ただし，マレーシアやバハレーンが2000年代初頭より実績を持っていたのに対し，先端金融型諸国で本格化したのが2014年であることを考えると，両カテゴリの間に金融市場の性格の面で差異があることが分かる。その詳細は，先端金融型の項で触れる。

(22) この段落は，濱田［2010］を参照しつつ，必要なデータを示して記述した。

(23) 例外として，2006年2月，イスタンブール証券取引所に世界初のイスラームETF（上場投資信託）が上場された事例がある［Diaw et al. 2010］。

(24) HSBCアマーナのウェブサイト（文末リスト参照）による。

(25) スタンダード・チャータード銀行のウェブサイト（文末リスト参照）による。

(26) 厳密には，国債ではなく，中銀に相当するシンガポール金融管理局（MAS）が発行。

(27) 英国のソブリン・スクーク発行の背景や経緯については，吉田［2014a］に簡潔にまとめられている。

(28) 先に述べたサウディアラビアのような例外もある。この点については次節で言及する。

(29) 2006年6月13日，イスラーム金融・貿易会議（Islamic Finance and Trade Conference）における講演での発言。

(30) 記者への質疑応答の中での発言。The Business Times［2005］参照。

(31) 2009年1月19日付のシンガポール金融管理局によるメディア・リリース［MAS 2009］参照。なお，前段のような見方については，例えば2009年1月22日付サウデ

ィ・ガゼット紙の記事［Balan 2009］の見出し「シンガポールが湾岸諸国の投資家のためスクークを発行（Singapore launches Sukuk to tap investors in the Gulf）」にみることができる。
(32) 　学派の順番は，末近［2006: 121］に記載の，時系列順（古いものから新しいものへ）による。
(33) 　全規定類の全文がIFSBのウェブサイト（文末リスト参照）に掲載されている。
(34) 　2008年2月，当時の事務局長であったリファート・アフメド・アブデル・カリムに対し東京において実施。
(35) 　スワップ取引の契約書雛形〈マスター・アグリーメント〉の制定などで，金融業界では世界的に著名な機関。
(36) 　インドネシア，クウェート，ルクセンブルク，マレーシア，モーリシャス，ナイジェリア，カタル，トルコ，UAE。IILMのウェブサイト（文末リスト参照）による。
(37) 　ここでの記述は，同大学のパンフレットならびにウェブサイト（文末リスト参照）に基づく。
(38) 　2014年5月に実施した，当時INCEIFで最高執行役員（COO）を務めていたザムリー・イシャク氏へのインタビューによる。

## ■第3章

(1) 　あえて例を挙げれば，マレーシアに関するHegazy［1999］やHaron and Ahmad［2000］，中東についてはWilson［2009］など。このほか，第2章の1において邦文文献についても言及しているが，その多くはコア市場型とみることができる。
(2) 　以下の記述は，Ado［2014］をベースとして必要に応じ加筆・修正している。
(3) 　2014年5月20日にモーリシャスで実施された，同委員会（FRACE）の事務局を務めイスラーム法学者でもあるバシル・アリユ・ウマル・ナイジェリア中央銀行総裁特別顧問（当時）への執筆者インタビューに基づく。
(4) 　異教徒間の論争とイスラーム銀行法成立までの経緯については，Alao and Alao［2012］参照。
(5) 　同様の困難は韓国においてもみられる。韓国も，国民の半数程度がキリスト教徒である中，韓国企業（とりわけ，建設業者等）の中東における海外展開を支援するためイスラーム金融も含めたパッケージでの売り込みが鍵と目されているが，キリスト教徒系議員の反対により，スクーク関連法案の成立に時間がかかるという現象がみられている。
(6) 　ナイジェリア以外の中央銀行（あるいは，名称は異なってもそれに相当する機関）

は，インドネシア，クウェート，ルクセンブルク，マレーシア，モーリシャス，カタール，トルコ，UAE。IILM のウェブサイト（文末リスト参照）による。
(7) 以下の記述は，Hersi [2014] をベースとして必要に応じ加筆・修正している。
(8) 以下の記述は，Jassat [2014] をベースとして必要に応じ加筆・修正している。
(9) 以下の記述は，KFH Research [2014] をベースに，各国中央銀行のウェブサイト等を参照して加筆・修正している。
(10) 2014 年 6 月 27 日付ブルームバーグ記事「セネガルのスクークが南アフリカとナイジェリアの進展に道筋を示す（Senegal Sukuk Shows Way for South Africa, Nigeria to Debut）」を参照した。
(11) IFSB 年次サミットの開催国等については，図表 2 – 11 を参照。
(12) 以下の記述に際しては，Muhammad [2014] を参照し，必要に応じて修正を施した。
(13) データは，Chaia et al. [2010] に掲載されているものを用いたが，もともと公式統計として把握しにくい部分もあるだけに，概数として捉えるべきである。
(14) 本節は，吉田 [2010a] をベースとし，必要なアップデートや修正を行なっている。
(15) 2008 年 7 月，英国金融庁（当時）マイケル・エインリー氏に対し同庁オフィスで実施。
(16) このような英国におけるイスラーム金融の成立過程については，大工原 [2007] に詳しい。
(17) Pew Research Center [2011] では，287 万人（2010 時点の推計値）。
(18) UKTI [2013: 12]，各銀行ウェブサイト（文末にリスト掲載）を参照。
(19) 例えば，この数字の中には旧日本興業銀行の現地法人である「IBJ International London」が掲載されているが，現在，そうした主体はない。
(20) もっとも，掲載されている銀行のうち，日系の「IBJ International London」は実在していないことから，22 行が正確な数字とは考えにくい。
(21) 英国の政府系シンクタンクであるシティ UK（The City UK）の前身であるロンドン国際金融サービス（International Financial Services, London; IFSL）は，そのレポート「英国の国際金融市場（Internatinal Financial Markets in the UK）」において，債券流通取引におけるロンドンの世界シェアを例年 70％と推計していた。
(22) 2014 年 9 月時点で，38 銘柄（同一発行体による異なるスクークを含む）。
(23) 代表例として S&P [2012] を参照。ただし，スクーク取引実績のある証券会社や投資家等からみれば，格付会社が宗教面の評価を考慮の対象としておらず信用リスクのみに限っていることは，一般的な認識と捉えてよい。

(24) 2007年4月23日，次年度予算に関する報告書（Pre-budget Report）の説明にて．
(25) IFEGは，その後UK Islamic Finance Secretariat（UKIFS）へと改編された．
(26) 2007年6月と2008年7月，ロンドンで開催されたSukuk Summitにおける，Global Securities House（UK）（当時）のリチャード・トーマスによる発言．
(27) 英国債はギルトと呼ばれるため，英国のイスラーム国債がイスラミック・ギルトと表現されることもある．例えば，上述のキャメロン首相の計画発表を報じたブルームバーグ社記事のタイトルは，"Cameron Announces U.K. Plans for Debut Issue of Islamic Gilts"〔Hutton 2013〕である．
(28) 例えば，1998年には地場銀行OCBCがイスラーム預金の提供を開始している〔吉田 2006: 55〕．
(29) 2005年9月29日付MAS声明．同日のイスラーム金融に関するコンファレンス"International Islamic Finance Forum Asia"におけるヘンMAS長官の基調講演で明らかにされた．
(30) 2009年5月，MASでイスラーム金融を担当するズビル・アブドゥッラー課長補佐への聞き取りによる．
(31) そうした書きぶりの報道はいくつもあるが，例えばBalan〔2009〕が代表例．
(32) もっとも，2012年に上場廃止となった．
(33) Pew Research Center〔2011〕における2010年の推定ムスリム人口は470万人．
(34) 11月26日開催の第2回フランス・イスラーム金融フォーラム（Le IIème Forum Français de la Finance Islamique）における発言．
(35) 一般に，ADIAをはじめとする政府系ファンドは，その保有ポートフォリオの詳細を明らかにしないが，2008年3月19日付ブルームバーグ記事によれば，ADIAの保有する円建て資産は400〜700億ドル程度と見込まれている．
(36) 2007年11月，ドバイ・インターナショナル・キャピタル（DIC）がソニーへの株式投資を発表．
(37) 2007年9月，アブダビの政府系ファンド「国際石油投資会社（International Petroleum Investment Company; IPIC）」がコスモ石油の株式引受を発表．この結果，同社の筆頭株主はIPICとなった．
(38) この頃の日本におけるイスラーム金融への関心の高まりについては，加藤〔2010: 199-203〕にまとまった形で示されている．
(39) 以下の記述は，吉田〔2007: 149-158〕を参照しつつ，必要に応じ状況をアップデートした．
(40) 筆者による，2005年8月の旧東京銀行職員ならびに2008年5月の住友商事社員へ

のインタビューに基づく。また，当時の日本興業銀行のロンドン拠点（IBJ International London）がこうした取引に従事していたことは，al-Omar and Abdel-Haq［1996: 109］にも記載されている。

(41) マレーシア証券委員会の「List of All Known Islamic Bond and Equity Funds」による。

(42) その後の記述も含めた東京海上グループの経緯については，吉田［2007: Ch. V］を参照。

(43) 同社のプレスリリース，三井住友海上火災保険株式会社［2011］参照。

(44) 東京海上ホールディングスのウェブサイトにおける「沿革」参照。なお，Family Takaful は生命保険，General Takaful は損害保険に相当するもの。

(45) 同社のプレスリリース，東京海上ホールディングス株式会社［2010］参照。

(46) 2 社の業務に関する記述は，イオン・クレジット・サービス（マレーシア）黒田社長（当時）ならびにトヨタ・キャピタル（マレーシア）松下取締役（当時）からの 2008 年 1 月の聞き取り内容に基づく。

(47) 両者の共同名義のプレスリリース，スタンダード＆プアーズ・東京証券取引所［2007］参照。

(48) 同社のプレスリリース，大和証券投資信託委託株式会社［2008］参照。

(49) 野村證券の持ち株会社のプレスリリース，野村ホールディングス［2010a］ならびに野村ホールディングス［2010b］参照。

(50) 同社・取引当事者による 3 社合同のプレスリリース，ブービヤン・グローバル・リアル・エステート・ファンド（BGREF）ほか［2007］参照。

(51) 前掲の加藤［2010: 199-203］参照。

(52) ここで言及した銀行法の解釈を含めたイスラーム金融の日本法上の整理については，西村あさひ法律事務所編［2009: 193-211］に詳しい。

(53) 金融審議会「我が国金融・資本市場の国際化に関するスタディグループ」（第 8 回）議事録。

(54) 経緯等については，吉田［2016: 92-96］，より法律的な解釈（実質的な当局者見解）については湯川［2015］を参照。

(55) このプロセスに関するより具体的な説明は，J スクークの会計処理方法も含め，吉田・岩元［2012］に詳しい。

■第 4 章

(1) ヤアクービーが，イスラーム方式のスワップ取引やタワッルクを容認していること

からもそうした姿勢がうかがえる。こうしたスタンスを踏まえ，長岡は彼を「お雇い法学者」と評している（2013年4月15日の西村あさひ法律事務所における講演「現代イスラーム経済論の新潮流：そのビジョンと実践へのインパクト」における言及）。
(2) ジェッダ学派への言及やその考え方の要諦は，Hasan［2005: 11］にみられる。またジェッダ学派以外にも，Dar and Presley［2000］はマカースィド・アッ＝シャリーア見地に基づいた論考と言える。
(3) イスラーム法学者であるムハンマド・ダウド・バカルへの2009年11月のドバイにおけるインタビュー，また同じくイスラーム法学者のムハンマド・アル＝カーリーへの2008年10月のクアラルンプールにおけるインタビューに基づく。
(4) マレーシア中央銀行（Bank Negara Malaysia）のウェブサイトにおける幹部講演のページ（http://www.bnm.gov.my/index.php?ch=en_speech&lang=en）に基づく。
(5) **図表5-4**として後掲している，この頃に中東・北アフリカ地域で設立された初期のイスラーム専業銀行は全て，現在も営業している。
(6) Diaw et al.［2010］によれば，最初のイスラミックETFはトルコのイスタンブール証券取引所に2006年に上場されたDJIMトルコETF（DJIM Turkey Exchange Traded Fund）とされている。そのことは，同ETFの販売者である同国のBMD証券のプレスリリースでも示されている。
(7) 例えばMIFC［2013］を参照。
(8) ここで言う「再解釈」を，小杉［2006: 577］の定義になぞらえて言えば，次のとおりとなる。小杉は「イスラーム的近代を構築する解釈の方法論として，大まかに言えば，再解釈派と再構築派に分けることができる。この場合の「再解釈」とは，伝統的なイスラームの規定に再解釈を加えて，現代的な意味を取り出す方法であり，「再構築」とは，伝統的な法学の構成を解体した上で，解釈のプロセスと内容を構築し直す方法である」と表現している。本節では，伝統的解釈であるムダーラバ・コンセンサスを前提とした上で，現代における実際の金融取引・金融市場を踏まえて考察を加え，より現実的なムダーラバ・コンセンサスの考え方につき「再解釈」を試みるものである。
(9) このほか，スクークにもムダーラバやムシャーラカを裏付取引とするものがあるとの指摘もあり得ようが，それは適切なものではない。裏付取引は，単にスクークのクーポンの原資とする事業キャッシュフローを創出するために設立したスキームに過ぎず，その関係は，当該スクーク発行のために設立した特別目的会社（形式的発行体）とオリジネーター（資金調達者としての真の発行体。国や企業など）に過ぎないからである。投資家と発行体（特別目的会社であれ最終的にはオリジネーターであれ）の

間の関係は，エクイティ取引ではなくデット取引であるため，例えばムダーラバ・スクークであってもエクイティ系取引として分類するのが適切ではないものがほぼ全てである。その意味で，長岡［2014b］が，マレーシアで発行されるスクークの裏付取引においてムシャーラカが増えていることをもって「ムダーラバ・コンセンサスへの直接的応答」として評価するのは，金融面からは難があるように見受けられる。

(10) イスラーム金融商品としての認識プロセスを考えると，イスラーム金融のエクイティ系取引の残高が過少評価されている可能性もあり得る。コンベンショナル金融のうち，仮にシャリーア・スクリーニングを実施すればシャリーア適格であるような資産もあるのだが，金融商品の売り手（金融仲介機関）がシャリーア・スクリーニングを実施しなければ，イスラーム金融資産として認識されにくい。例えば，エクイティ系取引である株式について，普通株であれば形式的には（その銘柄企業の事業がシャリーア不適格でなければ）シャリーア適格であるが（優先・劣後構造を有する優先株や劣後株は，公平性に反するとしてシャリーア不適格になると考えられる），シャリーア適格な投資を行なう投資家がそうした株式を保有している場合，イスラーム金融資産の統計として計上されることは稀である。とはいえ，こうしたケースを加味したとしても，イスラーム金融のエクイティ系取引の割合が自然Ｄ／Ｅレシオに匹敵する，あるいはそれを超えることはないものと考えられる。

(11) 小杉は，イスラーム美術に関する文献の中で「世界文明というものは必ず自意識を持っている。イスラームもその例外ではなく，その美術は無意識的な作業の集大成ではない」と述べたが［小杉・渋川 1984: 2］，ここで述べたベクトルとしての再解釈をこの記述になぞらえて表現するならば，「マカースィド・アッ＝シャリーアに向かう自意識」こそがムダーラバ・コンセンサスの本旨と言うことができるだろう。

(12) 加藤博は，「信用のおける商人は，最後の審判の日に，神の玉座の影にすわるだろう」などのハディースを引いて，イスラームの「商業や商人への好意的な態度」の根拠としている［加藤 1995: 174］。

(13) 長岡［2011: 188］。なお，本書で言う「実体経済」と長岡の言う「実物経済」は，financial economy に対する real economy という点で同義と考えられるが，「実物」の語が「物理的に物体として存在しているモノ」との誤解を与えるリスクがあることから，本書では「実体経済」との表現を用いた。イスラーム金融の世界で，実物資産（tangible asset）の取引がシャリーアの面で重視される傾向があることも事実ではあるが，「投資」という目に見えない経済活動がシャリーアの観点で奨励されている点も重視されるべきであるとの視点に基づいた表現である。

(14) 他方，イスラーム金融の理想的な姿として，筆者は過去に「単なる利子ナシの金融

ではなく，顧客の事業を成長させようとする心を持っていることが，イスラム金融の本質である。顧客重視・経済活動重視の考え方は，コンベンショナル金融マンからも支持される」［北村・吉田 2008: 120］とし，実際，元野村證券社長の夢が「魅力ある企業家を日本一のお金持ちにすること」と述べたこと［吉田 2008b: 153］に共感を抱いている。

(15) 実例を挙げれば，武藤［2008: 104］における「所有しない財の売却や資産から切り離した債務の売買を認めないイスラーム金融システムでは，金融危機は起こりにくいと考えられてきた」や，マレーシア中銀イブラヒム副総裁（当時）による2013年の講演のタイトル「Role of the Islamic financial system in supporting green technology」など。古くは，"Islamic Financial Systems" を章名とする Lewis and Algaoud［2001: V］も，その一例である。この章では，イラン，スーダン，パキスタンという，銀行制度全体をイスラーム化したとされている国の状況が記載されているが，これらは，本節で論じているようなパーツ（全体を構成する要素）の集合体という意味でのシステムではない，と解釈される。

(16) 投資性預金もないではないが，世界の多くをみても元本保証型が基本である。なお，わが国の法律上，預金は民法587条に規定される消費貸借契約であり，同条（消費貸借は，当事者の一方が種類，品質および数量の同じ物をもって返還をすることを約して相手方から金銭その他の物を受け取ることによって，その効力を生ずる）より元本保証型取引であることは明らかである。

(17) ここで言う「基礎研究」とは，主に自然科学分野で用いられる表現に倣っている。実在の物・現象とすることが可能であること，また実際社会への益に資することなどを前提とした「応用研究」の対語である。例えば物理学で言う「虚時間」を現実のものとして捉えることは極めて困難であるが，基礎研究分野としては存在する（もっとも，宇宙論や熱解析論への適用により，現実社会との関係につながっているとの考え方もある）。

(18) Lotfy［2012］による。なお，Siddiqui［2013］はより幅広い議論を展開している。

(19) El-Gamal［2007］。なお，こうした論調は実務家の世界でも共有されつつあり，例えば金融情報会社ロイターの記事においても，「コンベンショナル金融のイミテーション」，「コンベンショナル金融の擬製（mimicking）」といった表現がみられる［Vizcaino 2015］。

(20) エル＝ガマールによる英文翻訳版を参照した［al-Zuhayli 2001: 350］。

(21) El-Gamal［2006］では，「シャリーア・アービトラージ」と呼ばれている。

(22) Ahmed［2011a: 157-158］。ただし，このことは必ずしも「実務家はイスラムの

理念を理解せずに利潤を追い求めてばかりいる」ということにはつながらないだろう。例えば，国際イスラーム金融大学（INCEIF）CEO の職を担っていたアギル・ナットは，かつてマレーシアのメイバンクの副会長を務めた銀行員であるが，執筆者に対し「ベンチャー・キャピタルこそ真のイスラム金融だ」と述べている［吉田 2008b: 151］。理念を理解しつつも，私企業であるため，コンベンショナル金融で需要の高いサービスをイスラーム型にする方式での商品開発は仕方ない面も大きい。

(23) **図表 1 - 6** 参照。
(24) **図表 1 - 6** 参照。
(25) 例外はワクフやマイクロファイナンスであろうが，マイクロファイナンスの資産残高は AlHuda CIBE［2015］によればイスラーム金融全資産の1％に過ぎず，同様にワクフの資産残高も極めて限定的とみてよいだろう。
(26) Musa［2011: 4］は，「イスラーム金融やイスラームのビジネス倫理に関する現在の論調においては，イスラーム金融機関がイスラームの理想的な倫理規範を実践すべき度合いに関する評価が明らかに欠如している」と評価している。
(27) コンベンショナル金融の権化とも言えるウォール街のソロモン・ブラザーズで数理解析的投資分析を担当したブックステーバーは，「高度な技術を含むコンベンショナル金融は，結局コントロール不能な事態をもたらすためゴキブリのような単純な世界に戻るべき」と主張したが［ブックステーバー 2008］，現実的な論評とは言えまい。なお，その言葉を借りれば，先に述べたチャプラやモヒールディンの主張も，「イスラーム金融は単純な世界であるため耐性が高い」と述べているように思える。
(28) 近代イスラーム経済学者によるものではないが，イスラーム金融の勃興期である 1980 年代前半における田中の論考では，「国際的な金融の影響が強まっている折柄，そうした動静の中でイスラム金融が普及，拡大していくことができるかどうか」［田中 1981: 187］と，コンベンショナル金融を脅威と捉え，イスラーム金融の成長に負の影響を与えることが懸念されている。
(29) 投資対象を絞って，その効果が直接反映されることを意識した投資。概要は菅野［2013］等を参照。
(30) BOP（Bottom of the Pyramid）と呼ばれる貧困層向け事業への投資。
(31) 貧困層向け小口融資のこと。
(32) 同概念に関する初出文献として，Nonaka and Takeuchi［1991］がある。
(33) 棄却することを前提に，ある命題を立証するためにそれと反対の意味を持つ命題として立てられた仮説。

■第5章

(1) 1985年時点における世界各国のイスラーム金融機関については，石田［1987b: 14-19］に詳しい。なお，左記文献においてムスリム・マイノリティ国にもイスラーム金融機関があることが示されているが，いずれも中東資本であるため，本節におけるその後の論旨には影響を与えない。なお，具体的には，スイスとバハマがDMI傘下，英国はアッ＝ラージュヒーの拠点，ルクセンブルクのイスラーム銀行システム・ホールディングスはアル＝バラカやアッ＝ラージュヒーの資本が入っており，デンマークの国際イスラーム銀行とオランダのイスラーム投資会社，ケイマンのイスラーム・ファイナンス・ハウスの3社はその子会社である。

(2) Lewis and Algaoud［2001: 122-125］は，1963～1999年のイスラーム金融機関の設立状況をリスト化している。

(3) イスラーム開発銀行グループの「イスラーム研究・教育機構（Islamic Research and Training Institute）」が，金融情報提供企業であるトムソン・ロイターの協力を得つつ，「イスラーム社会金融レポート（Islamic Social Finance Report）2014」と題するレポート，IRTI［2014］を出したことなどは，こうした機運の高まりの証左と言えるだろう。なお，内容としては，ザカート，ワクフ，信用組合とNPO等が対象となっている。

(4) ワクフの複数形である"*awqaf*"が固有名詞となっているが，既にワクフとの語が定着していることに伴い，*awqaf*の和訳もワクフとする。以下，同じ。

# 参考文献

■日本語文献

青木昌彦 1995『経済システムの進化と多元性——比較制度分析序説』東洋経済新報社

新井サイマ 2013「イスラム金融の法規制等の国際比較——英国とマレーシア」金融庁金融研究センター ディスカッションペーパー DP2013-03

石田進 1987a「イスラームの無利子金融の理論と実際」片倉もとこ（編）『人々のイスラーム——その学際的研究』日本放送出版協会

――― 1987b『イスラーム銀行・金融機関の活動状況』国際大学中東地域研究科

――― 1988「イスラム無利子銀行の動向」石田進・武藤幸治・田中民之『現状イスラム経済——中東ビジネスのすすめ』ジェトロ

イスラム金融検討会 2008『イスラム金融——仕組みと動向』日本経済新聞出版社

上野英治郎 2008「アブダビ投資庁が日本の株式や不動産の資産売却か」2008年3月19日 ブルームバーグ

SBIホールディングス 2010「ブルネイ財務省とのイスラム適格ファンド共同設立について」2010年3月25日付ニュースリリース

遠藤聡 2009「マレーシアにおける国際イスラム金融——イスラム銀行法とタカフル法の改正」『外国の立法』239：2009年3月（季刊版）国立国会図書館調査および立法考査局

大垣尚司 2010『金融と法——企業ファイナンス入門』有斐閣

片倉もとこ 1991『イスラームの日常世界』岩波書店

加藤博 1995『文明としてのイスラム——多元的社会叙述の試み』東京大学出版会

――― 2003「経済学とイスラーム地域研究」佐藤次高（編）『イスラーム地域研究の可能性』東京大学出版会

――― 2010『イスラム経済論——イスラムの経済倫理』書籍工房早山

北村歳治・吉田悦章 2008『現代のイスラム金融』日経BP社

金融庁 2008「平成20年金融商品取引法等の一部改正に係る政令案・内閣府令案等に対するパブリックコメントの結果等について」

――― 2010「平成23年度税制改正要望項目」

――― 2015「「主要行等向けの総合的な監督指針」，「中小・地域金融機関向けの総合的な監督指針」の一部改正（案）の公表について」

桑原尚子 1998「金融制度へのイスラーム法の導入——バンク・イスラーム・マレーシアを事例として」『アジア経済』第 39 巻第 5 号：59-91

国際協力銀行 2007「マレーシア中央銀行とイスラム金融に関する覚書を締結」2007 年 1 月 23 日付プレスリリース

─── 2008「カタール国発電・淡水化プロジェクト向け貸付契約の調印」2008 年 8 月 6 日付プレスリリース

─── ・海外投融資情報財団 2007「イスラム金融の概要」

小杉泰 1996「脅威か，共存か？「第三項」からの問い」小杉泰（編）『イスラームに何が起きているか』平凡社

─── 2001「イスラームの「教経統合論」——イスラーム法と経済の関係をめぐって」『アジア・アフリカ地域研究』第 1 号：81-94

─── 2006『現代イスラーム世界論』名古屋大学出版会

─── 2011『イスラーム 文明と国家の形成』京都大学学術出版会

─── 2012「新時代のイスラーム学構築の必要性——イスラーム復興とグローバル化を背景とする新しい課題群とその射程」『イスラーム世界研究』第 5 巻 1-2 号：175-191

─── ・渋川育由 1984『イスラムの文様 Design Manual』講談社

─── ・長岡慎介 2010『イスラーム銀行 金融と国際経済』山川出版社

サドル，M. B. 1993『イスラーム経済論』黒田壽郎（訳）未知谷

四戸潤弥 2010「イスラーム経済からイスラーム金融へ——利子回避論の 30 年」『シャリーア研究』第 7 号 拓殖大学イスラーム研究所

末近浩太 2006「イルム（知）」小杉泰・江川ひかり（編）『イスラーム 社会生活・思想・歴史』新曜社

菅野文美 2013「インパクト・インベストメント——新興国市場を勝ち抜くための新しい智慧」『JRI レビュー』Vol. 9. No. 10

鈴木均・濱田美紀 2010「地域的多様性のなかのイスラーム金融」濱田美紀・福田安志（編）『世界に広がるイスラーム金融——中東からアジア，ヨーロッパへ』〈アジ研選書 23〉アジア経済研究所

スタンダード＆プアーズ・東京証券取引所 2007「S&P 及び（株）東京証券取引所，イスラム投資家向けの日本株指数を算出開始—— S&P/TOPIX150 シャリア指数の開発」2007 年 11 月 21 日付プレス・リリース

大工原桂 2007「英国におけるイスラム金融振興とその根底にあるもの」財団法人国際金融情報センター『イスラム金融研究会』（財務省委嘱）

大和証券投資信託委託株式会社 2008「シンガポール初のシャリア適格上場投信（ETF）

「Daiwa FTSE Shariah Japan 100（ダイワ・フッツィー・シャリア・ジャパン 100）」上場のお知らせ」2008 年 5 月 27 日付ニュースリリース

高岩伸任 2010「ワクフと信託――イスラームと英米における「財産的取り決め」の比較・検討」『イスラーム世界研究』第 3 巻第 2 号：241-254

田中民之・西村あさひ法律事務所（編著）2013『中東諸国の法律事情と UAE の民法典』経済産業調査会

田中寿雄 1981「イスラム金融と西側の影響」『国際経済』No. 32：184-188

東京海上ホールディングス株式会社 2010「サウジアラビアにおける合弁生損保兼営保険会社設立について」2010 年 4 月 1 日付トピックス

中川利香 2009「マレーシアのイスラーム金融」福田安志（編）『「イスラーム金融のグローバル化と各国の対応」調査研究報告書』アジア経済研究所

長岡慎介 2006「金融機関の実践から見た現代イスラーム金融の理論――ムラーバハ契約の分析から考える」『日本中東学会年報』第 22-2 号：1-27

――― 2011『現代イスラーム金融論』名古屋大学出版会

――― 2014a「「ムダーラバ・コンセンサス」のマレーシア的転回――イスラーム資本市場が切り開く新たな地平」『イスラーム世界研究』第 7 巻（2014 年 3 月）：243-275

――― 2014b「イスラームから見た金融システムの未来」『月刊金融ジャーナル』2014.7 金融ジャーナル社

西部邁 1991（1983，2014）『経済倫理学序説』中央公論社

西村あさひ法律事務所（編）2009『最新金融レギュレーション』商事法務

日本経済新聞 2008「イスラム金融 4000 億円超の協調融資――大型案件で初――みずほコーポ主幹事」2008 年 6 月 19 日付夕刊

野口悠紀雄 2009『金融危機の本質は何か――ファイナンス理論からのアプローチ』東洋経済新報社

野村ホールディングス株式会社 2010a「野村ホールディングス，スクークの発行を発表」2010 年 7 月 6 日付ニュースリリース

――― 2010b「野村ホールディングス，ムラバハによる資金調達を発表」2010 年 7 月 15 日付ニュースリリース

ハッサン，M. 2010「イスラーム銀行およびパキスタン金融業界の概要」濱田美紀・福田安志（編）『世界に広がるイスラーム金融――中東からアジア，ヨーロッパへ』〈アジ研選書 23〉アジア経済研究所

濱田美紀 2010「インドネシアにおけるイスラーム金融の発展」濱田美紀・福田安志（編）『世界に広がるイスラーム金融――中東からアジア，ヨーロッパへ』〈アジ研選書 23〉

アジア経済研究所
──────・福田安志（編）2010「世界に広がるイスラーム金融──中東からアジア，ヨーロッパへ」〈アジ研選書 23〉アジア経済研究所
福井俊彦 2008「日本経済新聞社主催イスラム金融シンポジウムにおける福井総裁開会講演（2 月 23 日）要旨」日本銀行
福田安志 2009「イスラーム銀行の発展と政治・経済的環境」福田安志（編）『「イスラーム金融のグローバル化と各国の対応」調査研究報告書』アジア経済研究所
藤原稜三 1993『守破離の思想』ベースボール・マガジン社
ブックステーバー，R. 2008『市場リスク──暴落は必然か』遠藤真美（訳）日経 BP 社
ブービヤン・グローバル・リアル・エステート・ファンド（BGREF）／アトラス・パートナーズ株式会社／ハイポ・リアル・エステート・キャピタル・ジャパン株式会社 2007「イスラム教のシャリーア法に準拠した日本不動産向け投資案件が実現」2007 年 11 月 19 日付プレスリリース
三井住友海上火災保険株式会社 2011「マレーシアにおけるタカフル事業への出資完了について」2011 年 4 月 4 日付ニュースリリース
武藤幸治 2008「世界金融危機とイスラム金融」『季刊　国際貿易と投資』No.74
両角吉晃 2011『イスラーム法における信用と「利息」禁止』羽鳥書店
弥永真生 2008「イスラム法上の資金調達方法──ワクフ物件の開発との関係において」吉野直行（編著）『信託・証券化ファイナンス』慶應義塾大学出版会
山中一郎 1982「現代イスラーム経済論の一視点──無利子金融制度とザカート・ウシュルの徴収について」『アジア経済』第 23 巻第 6 号：74-97
────── 1988「イスラーム金融制度の理念と実態──パキスタンのケース」『アジア経済』第 29 巻第 11 号：2-24
湯川昌紀 2015「銀行本体のイスラム金融に関する主要行等向けの総合的な監督指針等の改正」『金融』2015.5 No.818，全国銀行協会
吉田悦章 2006「金融立国シンガポールのイスラム金融振興策」『国際金融』1168 号　外国為替貿易研究会
────── 2007『イスラム金融入門』東洋経済新報社
────── 2008a「イスラム資本市場の概要と論点」『証券アナリストジャーナル』2008 年 8 月
────── 2008b『イスラム金融はなぜ強い』光文社
────── 2010a「非イスラーム国のイスラーム金融」濱田美紀・福田安志（編）『世界に広がるイスラーム金融──中東からアジア，ヨーロッパへ』〈アジ研選書 23〉アジア経

済研究所
──── 2010b「イスラム金融最新事情」海外投融資情報財団『JOI』2010年9月号
──── 2012「金融危機がイスラーム金融に与える影響──ホールセール諸市場を中心としたデータからの示唆」未公表
──── 2014a「英国はなぜイスラム国債を発行したのか」2014年8月14日 ロイター
──── 2014b「イスラーム金融実務におけるシャリーア審査」イスラムビジネス法研究会・西村あさひ法律事務所（編著）『イスラーム圏ビジネスの法と実務』経済産業調査会
──── 2016『はじめてのイスラム金融』金融財政事情研究会
────・岩元聡美 2012「日本版スクーク（イスラム債）の概要と会計・税務」『企業会計』第64巻第3号：376-384

■英語文献

Abedifar, P., Ebrahim, S., Molyneux, P. and Tarazi, A. 2014. "Islamic Banking and Finance: Recent Empirical Literature and Directions for Future Research" HAL Working Paper 01073185

Adam, N. J., and Thomas, A. 2004. Islamic Bonds: Your Guide to Issuing, Structuring and Investing in Sukuk. London: Euromoney Books

Ado, A. 2014. "Nigeria: Where are we?" in Redmoney ed. The Islamic Finance Handbook: A Practitioner's Guide to the Global Markets. Singapore: John Wiley & Sons (Asia)

Ahmed, H. 2011a. Product Development in Islamic Banks. Edinburgh: Edinburgh University Press

──── 2011b. "Defining Ethics in Islamic Finance: Looking Beyond Legality" Paper presented at the 8th International Conference on Islamic Economics and Finance. December 19-21. Doha

──── 2011c. "*Maqasid al-Shari'ah* and Islamic Financial Products: A Framework for Assessment" ISRA Internaional Journal of Islamic Finance Vol. 3 Iss. 1

Ainley, M. et al. 2007. Islamic Finance in the UK. Financial Services Authority

Alao, D. O. and Alao, E. M. 2012. Islamic Banking: The Controversy Over Non-Interest Banking System in Nigeria, Arabian Journal of Business and Management Review (Nigerian Chapter) Vol. 1, No. 1

Al Baraka Banking Group (B. S. C.) 2013. "Al Baraka Global Network"

AlHuda CIBE (Center of Islamic Banking and Economics) 2015. "A 2015 Outlook:

Banking, Finance and Sukuk" February 1, Business Islamica

Ali, A. M. 2000. "The Emerging Islamic Financial Architecture: The Way Ahead" in Proceedings of the Fifth Harvard University Forum on Islamic Finance: Islamic Finance: Dynamics and Development. Cambridge: Harvard University

Askari, H., Iqbal, Z., and Mirakhor, A. 2010. Globalization and Islamic Finance: Convergence, Prospects, and Challenges. Singapore: John Wiley & Sons (Asia)

Aziz, Z. A. 2012. "Islamic finance — new frontiers in financing the economy", Keynote address at the EU-Malaysia Chambers of Commerce and Industry's (EUMCCI) Quarterly Financial Panel Discussion

Balan, R. 2009. "Singapore launches Sukuk to tap investors in the Gulf" January 22, Saudi Gazette

Baskan, E. 2004. "The Political Economy of Islamic Finance in Turkey: The Role of Fethullah Gulen and Asya Finans" in C. M. Henry and R. Wilson, eds. The Politics of Islamic Finance. Edinburgh: Edinburgh University Press, 216-239

Beck, T., Demirgüç-Kunt, A. and Merrouche, O. 2010. Islamic vs. Conventional Banking — Business Model, Efficiency and Stability, WP 5446, World Bank Policy Research Working Paper Series

Belouafi, A., Belabes, A. and Trullols, S. eds. 2012. Islamic Finance in Western Higher Education — Developments and Prospects. Hampshire: Palgrave Macmillan

Board of Taxation (Australian Government) 2010. Review of the Taxation Treatment of Islamic Finance: Discussion Paper

The Business Times 2005. "Islamic banking good for S'pore as a finance hub: SM" February 26

Chaia, A., Goland, T. and Schiff, R. 2010. "Counting the world's unbanked", McKinsey Quarterly, March 2010

Chapra, M. U. 2007. The Case against Interest: Is it compelling? Thunderbird International Business Review, Vol. 49(2): 161-186

―――― 2008a. The Islamic Vision of Development in the Light of *Maqasid al-Shari'ah*. Occasional Paper Series 15. The International Institute of Islamic Thought

―――― 2008b. The Global Financial Crisis: Can Islamic Finance Help Minimize the Severity and Frequency of such a Crisis in the Future? A paper prepared for presentation at the Forum on the Global Financial Crisis to be held at the Islamic Development Bank on 25 October 2008

—————— 2009. "The Global Financial Crisis: Some suggestions for reform of the global financial architecture in the light of Islamic finance", Kyoto Series of Islamic Area Studies

Cizakca, M. 2011. Islamic Capitalism and Finance: Origins, Evolution and the Future. Cheltenham: Edward Elgar

Dar, H. ed. 2010. Global Islamic Finance Report 2010, London: BMB Islamic U. K.

——————, Rahman, R. and Malik, R. eds. 2014. Global Islamic Finance Report 2014, London: Edbiz Consulting

—————— and Presley, J. R. 2001. Lack of profit and loss sharing in Islamic banking: Management and control imbalances. International Journal of Islamic Finance, 2(2) : 3-18

De Lorenzo, Y. T. 2007. The Total Returns Swap and the "Shariah Conversion Technology" Stratagem. Dinar Standard

Diaw, A., Hassan S., and Ng, A. B. K. 2010. Performance of Islamic and Conventional Exchange Traded Funds in Malaysia. ISRA International Journal of Islamic Finance, Vol. 2 Issue 1

Dusuki, A. W. 2006. Empowering Islamic Microfinance: Lesson from Group-Based Lending Scheme and Ibn Khaldun's Concept of 'Asabiyah. Paper presented at Monash University 4th International Islamic Banking and Finance Conference

—————— 2007. The Ideal of Islamic Banking: A survey of Stakeholders' Perceptions. Review of Islamic Economics Vol. 11 Special Issue, 29-52

—————— 2008a. Understanding the objectives of Islamic Banking: a survey of stakeholders' perspectives. International Journal of Islamic and Middle Eastern Finance and Management. Vol. 1 No. 2

—————— 2008b. Banking for the Poor: The Role of Islamic Banking in Microfinance Initiatives. International Journal of Systems and Ethics. Vol. 24 Issue 1

—————— 2010. Do equity-based Sukuk structures in Islamic capital markets manifest the objectives of Shariah? Journal of Financial Services Marketing Vol. 15, 3 : 203-214

El-Gamal, M. A. 2003. "Interest" and the Paradox of Contemporary Islamic Law and Finance, 27 Fordham International Law Journal 108

—————— 2006. Islamic Finance: Law, Economics and Practice. New York: Cambridge University Press

—————— 2007. Mutuality as an Antidote to Rent-seeking Shariah Arbitrage in Islamic

Finance. Thunderbird International Business Review, Vol. 49(2)：187-202

Emon, A. M. 2012 "Sharia and the Modern State" in Emon, A. M., Ellis, M. and Glahn, B. eds "Islamic Law and International Law: Searching for Common Ground?" Oxford: Oxford University Press

Ernst & Young 2013. World Islamic Banking Competitiveness Report 2013-14

Financial Services Authority 2006. Islamic Banking in the UK. Briefing Note BN016/06

Gainor, T. 2000. A Practical Approach to Product Development. a paper prepared for Fourth Harvard University Forum on Islamic Finance

GIFF (Global Islamic Finance Forum) 2012. Islamic Finance Opportunities: Country and Business Guide. Kuala Lumpur

Haron, S. and Ahmad, N. 2000. The Islamic Banking System in Malaysia: Some Issues. in Proceedings of the Fourth Harvard University Forum on Islamic Finance: Islamic Finance: The Task Ahead. Cambridge: Harvard University, 155-163

Hasan, Z. 2005. "Islamic Banking at the Crossroads: Theory versus Practice" in Iqbal, M. and Wilson, R. eds. Islamic Perspectives on Wealth Creation. Edinburgh: Edinburgh University Press, 11-25

―――― 2010. "Islamic Finance: Structure-objective mismatch and its consequences", paper presented at the Workshop on Islamic Finance at the Business School Strasbourg University, France, on March 17, 2010

Hasan, M. and Dridi, J. 2010. The Effects of the Global Crisis on Islamic and Conventional Banks: A Comparative Study. WP/10/201, IMF Working Paper

Hassan, A. and Shahid, M. A. 2010. "Management and Development of the Awqaf Assets" in Seventh International Conference ― The Tawhidi Epistemology: Zakat and Waqf Economy, Bangi, 309-328

Hassan, M. K. and Lewis, M. K. 2007. Product Development and Shariah Issues in Islamic Finance. Thunderbird International Business Review, Vol. 49(3)：281-284

Hegazy, W. 1999. Islamic Finance in Malaysia: A Tax Perspective. Proceedings of the Second Harvard University Forum on Islamic Finance: Islamic Finance into the 21st Century

Henry, C. M. and Wilson, R. eds. 2004. The Politics of Islamic Finance. Edinburgh: Edinburgh University Press

Hersi, R. 2014. "Kenya: The Growth of Islamic Finance in Kenya" in Redmoney ed. The Islamic Finance Handbook: A Practitioner's Guide to the Global Markets. Singapore:

John Wiley & Sons (Asia)

Ho, Y. 2014. "Brazil's First Islamic Loan to Fatten Cattle as Trade Grows", January 20, Bloomberg

Hutton, R. 2013. "Cameron Announces U. K. Plans for Debut Issue of Islamic Gilts", Octobeer 29, Bloomberg

ICD (Islamic Corporation for the Development of the Private Sector) and Thomson Reuters 2013. Mapping Global Islamic Finance Development.

―――― and ―――― 2014. Islamic Finance Development Report 2014: Harmony on the horizon

IFSB (Islamic Financial Services Board) 2013. Islamic Financial Services Board: 10th Anniversary 2003-2013

Imam, M. and K. Kpodar 2010. Islamic Banking: How Has it Difused? IMF Working Paper WP/10/195

IMF (International Monetary Fund) 2009. Reginal Economic Outlook: Middle East and Central Asia. October, 10-11

Iqbal, M. and Molyneux, P. 2005. Thirty Years of Islamic Banking: History, Performance and Prospects. New York: Palgrave Macmillan

Ismal, R. 2013. Islamic Banking in Indonesia: New Perspectives on Monetary and Financial Issues. Singapore: John Wiley & Sons (Asia)

Islamic Finance news 2012. Islamic Finance news 2012 Guide. Kuala Lumpur

―――― 2013. Islamic Finance news 2013 Guide. Kuala Lumpur

―――― 2014. Islamic Finance news 2014 Guide. Kuala Lumpur

IRTI (Islamic Research and Training Institute) 2014. Islamic Social Finance Report 2014.

―――― and IFSB (Islamic Financial Services Board) 2007. Islamic Financial Services Industry Development: Ten-year Framework and Strategies.

Jassat, U. 2014. "Tanzania: The Growing Competition in Islamic Banking" in Redmoney ed. The Islamic Finance Handbook: A Practitioner's Guide to the Global Markets. Singapore: John Wiley & Sons (Asia)

Jobst, A. A. and Sole, J. 2012. Operative Principles of Islamic Derivatives ― Towards a Coherent Theory. IMF Working Paper No. 12/63

Kamso, N. 2013. Investing in Islamic Funds. Singapore: John Wiley & Sons (Asia)

Karim, N., Tarazi, M. and Reille, X. 2008. Islamic Microfinance: An Emerging Market Niche. CGAP Focus Note No. 49

KFH Research 2014. Islamic Finance in Africa: Unlocking the opportunities for growth
Khan, M. M. and Bhatti, M. I. 2008. Developments in Islamic Banking: The Case of Pakistan. New York: Palgrave Macmillan
Khan, M. S. and Mirakhor, A. eds. 1987. Theoretical Studies in Islamic Banking and Finance. North Haledon: Islamic Publications International
Lewis, M. K. and Algaoud, L. M. 2001. Islamic Banking. Cheltenham: Edward Elgar
Lotfy, A. 2012 "Islamic Crowd Funding Portal Launched in Egypt" November 12. Reuters
Malley, M. 2004. "Jordan: A Case Study of the Relationship between Islamic Finance and Islamist Politics" in C. M. Henry and R. Wilson, eds. The Politics of Islamic Finance. Edinburgh: Edinburgh University Press, 191-215
Mansour, W., Jedidia, K. B. and Majdoub, J. 2015. How Ethical is Islamic Banking in the Light of the Objectives of Islamic Law? Journal of Religious Ethics Vol. 43 Issue 1 : pp. 51-77
Marone, S. and Visser, J. 2014. "Senegal Sukuk Shows Way for South Africa, Nigeria to Debut" June 27, Bloomberg
MAS (Monetary Authority of Singapore) 2009. "MAS Announces the Completion of Singapore Dollar Sovereign-rated Sukuk"
MIFC (Malaysia International Islamic Financial Centre) 2013. Islamic Real Estate and Investment Trusts (Islamic REITs): A Promising Asset Class for Wealth Management. Insights, MIFC
Mohieldin, M. 2012. Realizing the Potential of Islamic Finance, Economic Premise Number 77. The World Bank
Muhammad, A. 2014 "South Africa: Minority Muslim Markets Making Major Moves" in Redmoney ed. The Islamic Finance Handbook: A Practitioner's Guide to the Global Markets. Singapore: John Wiley & Sons (Asia)
Musa, M. A. 2011. "Islamic Business Ethics & Finance: An Exploratory Study of Islamic Banks in Malaysia" Paper presented at the 8th International Conference on Islamic Economics and Finance. December 19-21. Doha
Nagaoka, S. 2007. "Beyond the Theoretical Dichotomy in Islamic Finance: Analytical Reflections on Murabahah Contracts and Islamic Debt Securities" Kyoto Bulletin of Islamic Area Studies 1-2
――― 2013. "Revitalization of the Traditional Islamic Economic Institutions (Waqf and Zakat) in the Twenty-First Century: Resuscitation of the Antique Economic System or

Novel Sustainable System?" Paper presented at the 9th International Conference on Islamic Economics and Finance, Istanbul, Turkey 9-11 September, 2013

Nethercott, C. R. and Eisenberg, D. M. eds. 2012. Islamic Finance: Law and Practice. London: Oxford University Press

Nienhaus, V. 2011. Islamic Finance Ethics and Shari'ah Law in the Aftermath of the Crisis: Concept and Practice of Shari'ah Compliant Finance. Ethical Perspectives Vol. 18 No. 4 : 591-623

Nonaka, I. and Takeuchi, H. 1995. The Knowledge-Creating Company: How Japanese Companies Create the Dynamics of Innovation. New York: Oxford University Press

Norman, T. L. 2004. "Islamic Investment Funds" in Jaffer, S. ed., Islamic Asset Management: Forming the Future for Shariah-compliant Investment Strategies. London: Euromoney Books

Obaidullah, M. 2008. Introduction to Islamic Microfinance. The Islamic Business and Finance Network, New Delhi

al-Omar, F. and Abdel-Haq, M. 1996. Islamic Banking: Theory, Practice & Challenges. Karachi: Oxford University Press; London & New Jersey: Zed Books

Parks, R. P. 2004. "Aiyyu Bank Islami? The Marginalization of Tunisia's BEST Bank" in C. M. Henry and R. Wilson, eds. The Politics of Islamic Finance. Edinburgh: Edinburgh University Press, 240-264

Pew Research Center 2011. The Future of the Global Muslim Population: Projections for 2010-2030

Rarick, C. A., and Han, T. 2010. "Islamic Finance: Panacea for the Global Financial System?" Journal of Applied Business and Economics, Vol. 11, Issue 3 : 27-32

Redmoney ed. 2014. The Islamic Finance Handbook: A Practitioner's Guide to the Global Markets. Singapore: John Wiley & Sons (Asia)

Rehman, S. S. and Askari, H. 2010a. How Islamic are Islamic Countries? Global Economy Journal, Volume 10. Issue 2. Article 2

────── and ────── 2010b. An Economic IslamicityIndex (EI2). Global Economy Journal, Volume 10. Issue 3. Article 1

Al-Rifai, T. 1999. Islamic Equity Funds: A Brief Industry Analysis. Failaka International

Rithel, L. 2011. Whose legitimacy? Islamic finance and the global financial order. Review of International Political Economy 18:1, 75-98. Routledge

Rogoff, K. 2011. Global Imbalances without Tears. Project Syndicate

Said, A. 2012. Efficiency in Islamic Banking during a Financial Crisis — an Empirical Analysis of Forty-Seven Banks. Journal of Applied Finance and Banking, vol. 2, no. 3： 163-197

Securities & Investment Institute (SII) and Ecole Superieure des Affairs (ESA) 2009. Islamic Finance Qualification (IFQ) The Official Workbook Edtion 3. London and Beirut

Siddiqui, R. 2013 "Islamic Venture Capital: Crowd Funding" February 10. Khaleej Times

Simply Sharia 2013. Transforming Islamic Finance: The Human Capital Challenge 2013: Practitioner Insights. London, United Kingdom

Smith, K. 2004. "The Kuwait Finance House and the Islamization of Public Life in Kuwait" in C. M. Henry and R. Wilson, eds. The Politics of Islamic Finance. Edinburgh: Edinburgh University Press, 168-190

Soliman, S. 2004. "The Rise and Decline of the Islamic Banking Model in Egypt" in C. M. Henry and R. Wilson, eds. The Politics of Islamic Finance. Edinburgh: Edinburgh University Press, 265-285

Standard and Poor's (S&P) 2012. Islamic Finance Outlook

Stiansen, E. 2004. "Interest Politics: Islamic Finance in the Sudan, 1977-2001" in C. M. Henry and R. Wilson, eds. The Politics of Islamic Finance. Edinburgh: Edinburgh University Press, 155-167

Sultan, S. A. M., and Hasan, A. 2012. A Mini Guide to Islamic Derivatives: A Primer To Islamic FX Forwards, Profit Rate Swaps and Options. Kuala Lumpur: CERT Publications

Sundararajan, V. and Errico, L. 2002 Islamic Financial Institutions and Products in the Global Financial System: Key Issues in Risk Management and Challenges Ahead. IMF Working Paper No. 02/192

Taiar, A. Jr. and Bitar, F. A. 2009. Brazil and Islamic Finance. Business Islamica. April 2009

Thomas, A., Cox, S. and Kraty, B. 2005. Structuring Islamic Finance Transactions. London: Euromoney Books

Udovitch, A. L. 1970. Parnership and Profit in Medieval Islam. Princeton: Princeton University Press

—————— 1981. Bankers without banks: Commerce, banking, and society in the Islamic world of the Middle Ages. Princeton: Program in Near Eastern Studies, Princeton

University

UK Islamic Finance Secretariat (UKIFS) 2012. Islamic Finance

────── 2013. UK, The Leading Centre for Islamic Finance

UK Trade & Investment (UKTI) 2013. UK Excellence in Islamic Finance

Usmani, M. T. 2005 (1998). An Introduction to Islamic Finance. Karachi: Maktaba Ma'ariful Qur'an

Vizcaino, B. 2015. "Islamic finance looks to outgrow bad habits as it expands" February 1. Reuters

Warde, I. 2000. Islamic Finance in the Global Economy. Edinburgh: Edinburgh University Press

Wilson, P. W. 1991. A Question of Interest: The Paralysis of Saudi Banking. Westview Press. San Fransisco and Oxford

Wilson, R. 1983. Banking & Finance in the Arab Middle East, London: Macmillan

────── 2002. "The evolution of the Islamic financial system" in Archer, S. and Karim, R. A. A. eds. Islamic Finance: innovation and growth, London: Euromoney Books, 29-41

────── 2007. "Islamic Asset Management" in Jaffer, K. and Jaffer, S. eds. Investing in the GCC Markets: Regional Opportunities and Challenges, Dubai: CPI Financial, 184-196

────── 2009. The development of Islamic finance in the GCC. Working Paper, Kuwait Programme on Development, Governance and Globalisation in the Gulf States

World Bank 2014. Global Financial Development Report: Financial Inclusion

Yilmaz, D. 2009. Islamic Finance: During and After the Global Financial Crisis, Central Bank of the Republic of Turkey

Yoon, F. 2010. "Korea Revives Sukuk Bill Opposed by Pastors: Islamic Finance" August 26, Bloomberg

Yoshida, E. 2014. "Japan: A Comprehensive Picture of Islamic Finance" in Redmoney ed. The Islamic Finance Handbook: A Practitioner's Guide to the Global Markets. Singapore: John Wiley & Sons (Asia)

Yurizk 2013. Global Islamic Finance Education 2013 Sperical Report

al-Zuhayli D. W. 2001. Islamic Jurisprudence and its Proofs. (translation by El-Gamal, M. A.) Damascus: Dar al-Fikr

■**参照ウェブサイト（本文中で引用した機関等）**

CIMB イスラミック　http://www.cimbislamic.com/
HSBC アマーナ　http://www.hsbcamanah.com/
アジア・イスラーム銀行　http://www.islamicbankasia.com/
イスラーム協力機構　http://www.oic-oci.org/
イスラーム金融サービス委員会　http://www.ifsb.org/
イスラーム民間開発公社　http://www.icd-idb.com/
カタル・イスラーム銀行　http://www.qib.com.qa/
クウェート・ファイナンス・ハウス　http://www.kfh.com/
スタンダード・チャータード銀行　https://www.sc.com/en/banking-services/islamic-banking/about-sc-saadiq.html
国際イスラーム金融大学（INCEIF）　http://www.inceif.org/
国際イスラーム流動性管理公社　http://www.iilm.com/
東京海上ホールディングス　http://www.tokiomarinehd.com/
ドバイ・イスラーム銀行　http://www.dib.ae/

## あとがき

　本書は，筆者が京都大学に提出した学位申請論文「現代イスラーム金融の発展と変容——地域的多様性と商品特性による動態的分析」をベースに加筆・修正したものである。また刊行に際しては，独立行政法人日本学術振興会科学研究費補助金（2016年度研究成果公開促進費）の支援を受けている。

　イスラーム金融は，本文で何度も触れたとおり，既に高度にグローバル化した金融分野である一方，その実態はあまり多くの人に理解されていないのが実情ではないかと思う。これは，ムスリムがほとんどいない日本の人々に限らない。マレーシアに行けばマレーシアのイスラーム金融のあり方しか知らないイスラーム金融利用者も多いだろうし，ロンドンやドバイでスクーク業務に従事する西洋人インベストメント・バンカーは，スクークがイスラーム金融であることすら意識せずに，自社が扱う金融商品のひとつとして淡々と，あるいは利益を狙って虎視眈々と，業務をこなしているだけかもしれない。イスラーム金融が隆盛する一方で，現在の実態は全くイスラームの精神を反映したものではない，としかめっ面をするムスリムも，有識者を中心に少なからず存在する。彼らは，ともすると自分の知るものだけがイスラーム金融であり，それ以外のものが存在することすら認識していないかもしれない。

　こうした多様性を，筆者は様々なイスラーム金融関係者と実際に接する中で如実に感じてきた。そうした認識を，具体的な情報やデータで補強しながら，京都大学や早稲田大学を中心とする研究の場で幾度も発表してきた。そうした成果の数々が博士論文ならびに本書としてまとまったことは極めて感慨深い。

　本書は上述のとおり，筆者の学位申請論文をベースとしているが，2015年9月に学位を取得して以降，イスラーム金融の世界では既に様々な変化が生じている。しかしながら，その情報を全てアップデートしたのでは本書の発刊が大幅に遅れてしまうため，最新情報の記述は一部にとどめている。とはいえ，本書で呈示したイスラーム金融をグローバルにみる枠組みについては，論文執筆の完了から1年超が経過した今にあっても，陳腐化しているものではない。

しばしば尋ねられることであるが，ムスリムではない筆者がイスラーム金融と出会ったのは，2003年頃のことである。当時，日本銀行に所属しつつ，財務省系のシンクタンクである国際金融情報センターに出向し，そのシンガポールにてアジアを中心に経済調査活動を行なっていた。詳細は拙著『イスラム金融入門』の「はじめに」に詳述したのでそれを参照されたいが，油価の上昇を背景にいわゆる「オイルマネー」の行き先などとしてイスラーム金融が注目され始め，新興金融分野のひとつとして簡単な情報収集を始めたのが，イスラーム金融の調査を行なうこととなったきっかけである。
　もっともその頃は，イスラーム金融で博士の学位を取得することになろうとは微塵も思わなかった。前掲書にも記したが，時流にも恵まれて同書の発刊に至り，それをきっかけに意図せざる出会いや全くの偶然なども重なって今日に至っている。
　博士論文を仕上げるまでの過程においては，実に多くの方，そして様々な方にお世話になった。全ての方の氏名を掲載することは現実的ではないが，博士論文の執筆の経緯も交えながら，節目節目でご指導頂いた方のお名前を挙げて感謝の意を表することとしたい。
　思い出してみれば，一介の銀行員に過ぎない筆者がイスラーム金融の学術研究との接点を得たのは，2007年7月に拓殖大学にて開催された，拓殖大学イスラーム研究所／京都大学イスラーム地域研究センター共催の「イスラーム・セミナー「イスラーム銀行・金融の仕組みとその展望～啓典クルアーンの教義に立脚したイスラーム銀行・金融の手法を解明する～」」の機会であった。その前に，上述のとおり筆者は東南アジアや中東の経済・金融をウォッチするために日本銀行のエコノミストとしてシンガポールに駐在しており，原油価格の趨勢的な上昇を梃子に成長するイスラーム金融市場に関心を抱いていた。その業務の一環として，マレーシアやシンガポールを中心とする政策的取り組みや民間金融機関の積極姿勢などを論文にまとめたこともあった。すなわち，実務的観点から「イスラーム金融とは何か」，「イスラーム金融業界に何が起こっているのか」を調査しており，一定の理解を得ているつもりであったのである。ところが，上記の拓殖大学・京都大学共催のセミナーに参加し，筆者は大きな知的衝撃を受けた。セミナー冒頭の開会挨拶で，

京都大学大学院アジア・アフリカ地域研究研究科の小杉泰先生は「イスラーム金融は，イスラーム復興という大きな流れの中のひとつの現象である」と述べられた。筆者は，時間軸としても幅広さとしても極めて大局的な着眼点からの捉え方があることを初めて知り，自らのイスラーム金融に関する認識が狭隘なものであることを思い知ったのである。とかく，金融技術面での知識や制度的な進展などを追いかけがちな筆者にとって，これがイスラーム金融について学び考えることの面白さや奥深さをかきたてられた瞬間であったことを，博士論文の作成過程において何度も思い出した。その後，小杉先生より京都大学イスラーム地域研究センターの研究会等に何度かお招き頂く中で，学位論文の執筆にチャレンジさせて頂くこととなった。学究生活を送っていない筆者にとっては不安も多くあったが，実務家の着眼点や認識などを学術の様式で明文化することにも研究意義があることに気づき（その経緯は後述），銀行勤務を続けながら時間をみつけて執筆に勤しんだ。その間，折にふれ小杉先生より熱いご助言を頂き，博士論文を完成に導いて頂いたことに，心より感謝の意を表したい。

　京都大学大学院アジア・アフリカ地域研究研究科の長岡慎介先生には，論文執筆の前から多岐にわたる場面でご指導頂いた。とりわけ，2008～09年度にアジア経済研究所の「イスラーム金融のグローバル化と各国の対応」研究会にて外部委員としてご一緒させて頂いた機会を中心に，時には激しい議論を交わしつつイスラーム金融やイスラームの基礎知識――イスラーム経済の理念やイスラーム法学，アラビア語の基礎，アラブ人との付き合い方など――を伝授頂いた。おかげで，先生が大学院生時代に執筆された論文を2007年頃に読んだ際にはほとんどの内容を理解することができなかったが，今では同論文を自分なりに理解することができるようになった。著書『現代イスラーム金融論』は，わが国イスラーム金融研究の金字塔と言える名著だが，その原稿段階でコメントする機会を頂けたことは，光栄であったと同時に，論文指導を賜る身になって振り返ると，何と恐れ多いことをしたものかと気恥ずかしくもなる。2013年の筆者の研究発表をご覧頂いた後，先生より「イスラーム金融研究の面白さを再認識させられる内容だった」との電子メールを頂戴した際には，嬉しいと同時に，筆者の研究アプローチが学術の

世界に貢献できる部分があることに気づき，上述したような不安を軽減する大きな精神的支柱となった。博士論文の内容はもちろん，それまでの研究や論文執筆の周辺的な場面を含め，様々なところで親身になってご指導頂き，深く御礼申し上げたい。

　また，博士論文審査の副査をお引き受け頂いた京都大学東南アジア研究所の水野廣祐先生にもこの場を借りて謝意を表したい。さらに，筆者が京都大学イスラーム地域研究センターの研究会で何度か報告等させて頂いた際に，アジア・アフリカ地域研究研究科を中心とする大学院生の方々より熱心な質問を頂いたことも筆者の学術的着眼点を涵養する上で大きな糧となったことを付言しておきたい。

　博士論文の執筆に際しては，筆者が2008年以降イスラーム金融の教育と研究に従事した早稲田大学ファイナンス研究科の関係各位にも感謝したい。現在は組織改編で経営管理研究科（ビジネススクール）の一部となってしまったが，多数かつ多様の学生に囲まれながら，日本橋の地に研究・教育の拠点を置くことができたことは，筆者にとって大きな資産であった。

　筆者は，日本銀行を経て現在は国際協力銀行に勤務する銀行員であり，その金融人生は，博士論文を書き終えた2015年3月でちょうど20年となった。本書は，そのような金融実務の経験を持つ筆者がこれまでに得てきた全般的な金融の明示的・暗黙的な知をもとに，現代イスラーム金融の発展の経緯を現実的視点から捉えたものであり，筆者の金融人生の中間報告とも呼べるものである。本書がそうした性格を併せ持つこともあり，イスラーム金融の実務家や当局者との他愛ない意見交換により得られた情報・着想は，本書でも随所に盛り込まれている。名前を挙げればキリがないが，年に数回，国際会議などで会うと気さくに情報交換に応じてくれたり，電子メールや電話による筆者の質問に実務や政策の技術的観点から貴重な情報提供をしてくれたりする主な方々を列挙して感謝の意を表したい。

　リチャード・トーマス（元ゲートハウス銀行），モハド・ダウド・バカル（アマニ・アドバイザーズ），ゼティ・アフタル・アジズ（元マレーシア中央銀行），バルジート・カウル・グレワル（元KFHリサーチ），サヌシ・ラミド・サヌシ（元ナイジェリア中央銀行），アフメド・オスマン（ジブチ中央銀行），アルフ

レッド・カマー（国際通貨基金），ザイン・ザイデイン（国際通貨基金），ハリド・モハメド・アル＝アブーディ（イスラーム民間開発公社），ニック・モハメド・ディン・ビン・ニック・ムサ（マレーシア中央銀行），バドゥリシャ・アブドゥル・ガニ（元 CIMB），アファク・ハーン（元スタンダード・チャータード），ダウド・ビカリー・アブドゥッラー（INCEIF），アクラム・ラルディン（ISRA），サイド・オスマン・アバシ（INCEIF），アシュラフ・モハメド（アジア開発銀行），ハイルル・ニザム（元 AAOIFI），ウマル・バシル（ナイジェリア中央銀行），リファート・アフメド・アブデル・カリーム（国際イスラーム流動性管理公社），ジャシーム・アフメド（IFSB），アブデリラ・バレティク（CIBAFI），ナズニーン・ハリム（元 Islamic Finance news），ハリム・アラムシャ（元インドネシア中央銀行），アンドリュー・ホワイト（元シンガポール経営大学），ライアン・カルダー（ジョンズ・ホプキンス大学），ズビル・アブドゥッラー（シンガポール金融管理局），ニール・ミラー（リンクレーターズ），デビッド・テスタ(元ゲートハウス銀行），モハメド・ファルーク・ラザ（IFAAS），木野勇人（SMBC 日興證券），綾部敦彦（東京海上日動），加畑直之（アンダーソン・毛利友常法律事務所），月岡崇（長島・大野・常松法律事務所），ソ・ヨンキョン（元韓国国際経済政策研究所）。また，本書を世に出す上で，ナカニシヤ出版の石崎雄高氏には多大なるお世話になった。銀行業務等で執筆に専念できないことも多い筆者は数々のご迷惑をかけたが，氏のおかげでこうして出版に至っている。

　最後に，博士論文の執筆から本書の出版までの影の功労者かつ最大の被害者である，妻・幸子に改めて感謝したい。筆者が，近年，銀行勤務時間以外の大半をイスラム金融の研究に費やしたため，寂しい時間も長かったと思うが，日常生活でのケアや精神的な応援などにより常に筆者を支えてくれた。本当にいつもありがとう。

　　　2016 年 10 月

　　　　　　　　　　　　　　　　　　　　　　　　　　　吉 田 悦 章

# 人名索引

## ア 行

青木昌彦　43
アシュラフ・ワジュディ・ドゥスキー
　　148,150
ウィルソン, ロドニー　9,80
ウマル・チャプラ　7,132,149,151,153
オスマン・アフメド　132

## カ 行

片倉もとこ　20
カビル・ハッサン　149
キャメロン, デビッド　107
小杉泰　129,153,176,208,179,180,187,188

## サ・タ 行

サイーダ・バロネス・ワルシ　107
ゼティ・アフタル・アジズ　4,81,132,209
トーマス, リチャード　4,185,209

## ナ 行

長岡慎介　6,7,10,69,130,173,176,179,187,188
西部邁　11
ネジャトゥッラー・スィッディーキー　132

## ハ 行

ハビブ・アフメド　149,150
福井俊彦　157
ブラウン, ゴードン　67,100,104
ボールズ, エド　106

## マ 行

マフムート・モヒールディン　153
ムハンマド・エル=ガマール　7,149,150,189
ムハンマド・ダウド・バカル　4,7,110,187,209
ムハンマド・タキ・ウスマーニー　7,136
ムハンマド・ヌルラー・シクダー　156
ムラト・チザクチャ　9,15,81

## ヤ・ラ・ワ 行

ユスフ・タラル・デ・ロレンツォ　152,156
ユドヴィッチ, アブラハム　9,15
ラガルド, クリスティーヌ　113
ルイス, マーヴィン　149
ロゴフ, ケネス　147
ワフバ・ズハイリー　150

# 事項索引

## A‐Z

CIMB　4,22,204,210
DMI グループ　20,94,166,191
HSBC　22,63,96,100,104,117,179,182,204
IFSB サミット　71,72
J スクーク(日本版スクーク)　122-126
OCBC　110,185
SBI グループ　51

## ア　行

アジア・イスラーム銀行　22,55,76,110,111,204
アジア経済研究所　9,208
アストン・マーティン　100
アフリカ・イスラム金融サミット(IBSA)　95
アルキャピタ　4,112,116,119
アルバラカ　20,21,85,97,98,114,166
イジャーラ　32,34-36,92,106,111,114,120,131
イジャーラ・ワ・イクティナーウ　35,106,109,122
イスティスナーウ　33-36,114
イスラミック・クロス・カレンシー・スワップ　168
イスラミック・プロフィット・レート・スワップ　168
イスラーム開発銀行　9,15,41,57,74,112,114,191
イスラーム協力機構　17-19,204
イスラーム銀行間短期金融市場(IIMM)　145
イスラーム銀行法(マレーシア)　54,55,59,169
イスラーム金融エキスパート・グループ　105
イスラーム金融機関会計・監査機構(AAOIFI)　69,70,73,74,76,210
イスラーム金融国別指数　41
イスラーム金融検定(IFQ)　66,82
イスラーム金融サービス法(マレーシア)　59,169
イスラーム金融発展指標　57
イスラーム復興　52,129,177,208
イスラーム・プライベート・エクイティ・ファンド　51,129
イスラーム法　8,10,14,16,24,66,69,73,129,130,132,136,141,142,144,147,150,151,155,156,178
イスラーム法学者　4,7,14-16,23,59,68,73-75,117,119,130,132,136,143,156,163,175,183,187
イーナ　116
インベストメント・ダール　100
英国イスラーム銀行(IBB)　48,55,102,103,161
エクイティ　24-31,131,136-143,145-148,150,171,176

## カ　行

カス・ビジネス・スクール　81
ガラル　7,32-34
カルド・ハサン　144,145
逆説的捷径　155,157,177
銀行法(日本)　119-122
近代イスラーム経済学　7,149,153
金融深度　51
クウェート・ファイナンス・ハウス　4,22,23,166,205
クラウドファンディング　148,154,177
グローバル・イスラーム金融・投資グループ　107
経済イスラーム度指数　41
コア市場型　46-47,55,58-60,65,82,84,127,160,162,169,172,183
国際イスラーム金融大学(INCEIF)　4,

66, 81, 82, 183, 190, 205, 210
国際協力銀行　　78, 119
国際通貨基金 (IMF)　　8, 69, 113, 137, 153
コモディティ・ムラーバハ　　118, 145
コンセンサス・ギャップ　　152, 175
コンバージョン・コンセンサス　　149-157, 174, 175
コンベンショナル金融　　6, 16, 17, 174-177
コンベンショナル金融　　6, 8, 15, 16, 23, 24, 40, 43-45, 59, 60, 62, 63, 67, 77, 99, 102, 104, 105, 108, 109, 136, 140, 149, 150-159, 162-163, 167, 168, 172, 174-177, 188-190

## サ 行

ザカート　　191
サラム　　33, 34, 94
ジェッダ学派　　132, 149, 187
シェル（マレーシア Shell MDS）　　134, 167
事業環境マトリクス　　46-49, 54, 57, 82, 83, 126, 160-164, 172, 174-175
自然 D/E レシオ　　139, 140, 188
シティバンク　　4, 63
シャリーア　　16, 178
シャリーア・コンプライアンス批判　　129, 149, 152, 158, 179
シャリーア適格　　16, 24, 27, 68, 73, 100, 110-112, 130-132, 143, 147, 154, 175, 188
シャリーア標準　　73
シャリーア・ボード　　16, 23, 65, 68, 69, 73, 97, 110, 115, 132, 155, 156
周縁地域　　12, 84, 127, 164
商品市場 (Suq al Sila')　　145
シンガポール金融管理局 (MAS)　　4, 52, 67, 107, 210, 182
シンガポール取引所　　111, 118
スクーク　　35, 46, 58, 60, 61, 64, 74, 75, 88, 92, 97, 100, 104, 105, 109, 111, 114, 118, 122, 125-128, 134, 135, 138, 159, 162, 163, 167, 178, 181, 183, 184, 187, 188
スクーク・サミット　　4, 76, 185
スタンダード・チャータード　　4, 22, 63, 76, 93, 95, 100, 110, 168, 205, 210, 182

ストラスブール大学　　81
スンナ派　　39, 69, 179
制度的補完性　　43, 62, 94, 98, 181
世界イスラーム金融競争力レポート　　57, 77
世界イスラーム経済フォーラム　　106
世界金融市場指数　　100
潜在市場型　　47-49, 58, 60-62, 65, 66, 82, 84-88, 96-98, 127, 161-164, 172
先端金融型　　47, 49, 62-65, 84-86, 99-127, 161-163, 168, 182
ソブリン・スクーク　　38, 44, 48, 51, 53, 60, 61, 64, 65, 67, 94, 95, 98, 106, 110, 115, 127, 162, 182
損益分担（PLS）方式　　6, 25, 29, 30, 132, 147, 149, 170

## タ・ナ 行

タカーフル　　26, 58, 91, 93, 94, 96, 114, 117, 128, 133-135, 146, 165
多国籍投資保証機関 (MIGA)　　95
ダラム大学　　79, 80
地域軸×商品軸ベクトル　　165
チャプラ・モデル　　149
ディミニッシング・ムシャーラカ　　30-32, 105
デット　　24-28, 31, 32, 131, 136-143, 146-147, 152, 170, 176, 188
ドバイ・イスラーム銀行　　9, 15, 22, 55, 95, 133, 166, 168, 205
ドバイ国際金融センター (DIFC)　　74, 81
ナーセル社会銀行　　55

## ハ 行

バーゼルⅢ　　71
ハラール食品　　47, 64, 161
パリ第9大学　　81
パリ・ユーロプラス　　112-114
範囲の経済性　　45, 62
非ハラーム制約見地　　130-132, 134-136, 157
ファイサル・イスラーム銀行（エジプト）　　20, 55, 166
ファイサル・イスラーム銀行（スーダン）　　20, 54

事項索引　　213

| | |
|---|---|
| ファトワー | 14, 68, 91, 116, 148 |
| 不毛地域型 | 47, 64, 65, 88, 162 |
| ホールセール | 26, 27, 63, 64, 82, 100-103, 110, 113-115, 161-164 |

## マ 行

| | |
|---|---|
| マイクロタカーフル | 93 |
| マイクロファイナンス | 93, 99, 154, 170, 171, 190 |
| マカースィド・アッ=シャリーア | 130-132, 136, 140, 143, 175 |
| マカースィド・アッ=シャリーア見地 | 130-148, 157, 158, 187, 188 |
| マレーシア中央銀行 | 4, 68, 81, 119, 132, 145, 187, 210 |
| ミート・ガムル貯蓄銀行 | 55 |
| ミドル・アップ・ダウン | 155 |
| ムシャーラカ | 30-32, 136, 187 |
| ムシャーラカ・ムタナーキサ | 30, 31 |
| ムスリム・マイノリティ国 | 17, 20-22, 36, 42, 43, 46-49, 53, 62-64, 73, 85, 99, 100, 104, 106, 162, 164, 165, 175 |
| ムスリム・マジョリティ国 | 17-19, 20-22, 36, 42, 43, 46-49, 162, 164, 165, 175, 177 |
| ムダーラバ | 28, 29, 36, 105, 109, 129, 136, 143-145, 152, 153, 187 |
| ムダーラバ銀行間投資証券(MII) | 145 |
| ムダーラバ・コンセンサス | 6, 130, 134, 136-149, 152, 153, 155, 157, 158, 175-177, 187, 188 |
| ムダーリブ | 29, 144 |
| ムラーバハ | 32-34, 44, 102, 105, 108, 109, 114, 115, 120, 127, 131, 138, 167, 170 |
| ムラーバハ・シンドローム | 137, 139 |
| メイバンク | 109, 190 |

## ヤ・ラ 行

| | |
|---|---|
| ヤサール | 112 |
| ヨルダン・イスラーム銀行 | 54, 55, 166 |
| ラッブ・アル=マール | 29 |
| リテール | 26, 27, 58, 82, 97, 102, 103, 109, 114, 127, 161-164 |
| リバー | 7, 24, 28-34, 69, 179-181 |
| レディング大学 | 81 |
| ロイズ TSB | 104 |
| ロンドン証券取引所 | 100, 104 |

## ワ 行

| | |
|---|---|
| ワカラ | 36, 105 |
| ワクフ | 95, 170, 171, 190, 191 |
| ワディーア | 35, 36 |

■著者略歴

吉田悦章（よしだ・えつあき）
- 1971 年　神奈川県に生まれる。
- 1995 年　一橋大学商学部卒業。
- 1995 年　日本銀行入行。国際金融市場分析や経済調査等に従事。
- 2007 年　国際協力銀行入行。イスラム金融等を担当。
- 2008 年　早稲田大学ファイナンス研究センター客員准教授（兼任）。
- 現　在　京都大学大学院アジア・アフリカ地域研究研究科特任准教授。京都大学博士（地域研究）。
- 著　作　『はじめてのイスラム金融』〈KINZAI バリュー叢書〉（きんざい，2016 年），『イスラム金融はなぜ強い』（光文社新書，2014 年），『イスラム金融入門』（東洋経済新報社，2007 年），『現代のイスラム金融』〔共著〕（日経 BP 社，2008 年），他。

---

**グローバル・イスラーム金融論**

2017 年 2 月 25 日　初版第 1 刷発行

| | | |
|---|---|---|
| 著　者 | 吉田悦章 | |
| 発行者 | 中西健夫 | |

発行所　株式会社　ナカニシヤ出版

〒 606-8161　京都市左京区一乗寺木ノ本町 15
　　　　　　TEL　(075)723-0111
　　　　　　FAX　(075)723-0095
　　　　　　http://www.nakanishiya.co.jp/

Ⓒ etsuaki YOSHIDA 2017　　装幀／白沢 正　印刷・製本／創栄図書印刷
＊落丁本・乱丁本はお取り替え致します。
ISBN978-4-7795-1119-6　　Printed in Japan

◆本書のコピー，スキャン，デジタル化等の無断複製は著作権法上での例外を除き禁じられています。本書を代行業者等の第三者に依頼してスキャンやデジタル化することはたとえ個人や家庭内での利用であっても著作権法上認められておりません。

## イスラミック・ツーリズムの勃興
――宗教の観光資源化――

安田 慎

行先は"聖地"か"観光地"か――。相反する価値観を孕んだ「宗教」と「観光」はいかに結びついたのか。イスラミック・ツーリズムを巡る思想的系譜と市場形成を、宗教観光の発展を通じて明らかに。　三〇〇〇円＋税

## 現代パキスタンの形成と変容
――イスラーム復興とウルドゥー語文化――

須永恵美子

パキスタンとは何か？　独立後に定められた国語――ウルドゥー語の浸透に伴う出版文化の発展や国民的な思想家の登場と、盛んとなるイスラーム復興との、共振する関係の分析を通し動態的に考察。　四八〇〇円＋税

## 現代アラブ・メディア
――越境するラジオから衛星テレビへ――

千葉悠志

国境を超えるメディアがアラブ世界を揺さぶる。国家主導のラジオ放送に始まり、いま国家の枠を超えた衛星放送激増の時代を迎えたアラブ・メディアの姿を、歴史的・地域的な視点から描き出す。　四二〇〇円＋税

## イランにおける宗教と国家
――現代シーア派の実相――

黒田賢治

日常の信仰から国政までも指導するイスラーム法学者。その実像を探りながら、宗教界との関係から現代イランの社会と国家体制の実態を捉え、さらに起こりつつある変動の予兆へと迫る。　四二〇〇円＋税

表示は二〇一七年二月現在の価格です。